S. FISCHER

PAUL MAAR

WIE ALLES KAM

—— *Roman meiner Kindheit* ——

S. FISCHER

Aus Verantwortung für die Umwelt hat sich der S. Fischer Verlag zu einer nachhaltigen Buchproduktion verpflichtet. Der bewusste Umgang mit unseren Ressourcen, der Schutz unseres Klimas und der Natur gehören zu unseren obersten Unternehmenszielen.

Gemeinsam mit unseren Partnern und Lieferanten setzen wir uns für eine klimaneutrale Buchproduktion ein, die den Erwerb von Klimazertifikaten zur Kompensation des CO_2-Ausstoßes einschließt.

Weitere Informationen finden Sie unter:
www.klimaneutralerverlag.de

Originalausgabe
Erschienen bei S. FISCHER
© 2020 S. Fischer Verlag GmbH, Hedderichstr. 114,
D-60596 Frankfurt am Main

Satz: Dörlemann Satz, Lemförde
Druck und Bindung: CPI books GmbH, Leck
Printed in Germany
ISBN 978-3-10-397038-8

Meinen Kindern Michael, Katja und Anne gewidmet.

SCHWEBENDE FISCHE

Die Ereignisse eines Vormittags sind fest in meinem Gedächtnis verankert. Es ist Frühjahr, vielleicht März. Im
vergangenen Dezember hatte ich meinen vierten Geburtstag gefeiert.

Mit dem Spruch »Raus aus Metz, die Festung brennt!«
schlägt Oma Kuni die Bettdecke zurück, reicht mir die
Hand und zieht mich hoch. Schlaftrunken sitze ich am
Bettrand und mache mir klar: Ich bin nicht zu Hause, dies
ist auch nicht mein Kinderzimmer, ich bin zu Besuch bei
meinen Großeltern in Obertheres. Genauer gesagt, bei
meinen Stiefgroßeltern. Meine echte Großmutter, Oma
Margarethe, von allen Rethel genannt, ist in unserem
Haus in Schweinfurt geblieben.

Oma Kuni schiebt mir die viel zu großen Pantoffeln
hin. Dann tastet sie unter der prallgefüllten Zudecke nach
dem Ziegelstein, den sie am Abend vorher in der Brat-
röhre des Küchenherds aufgeheizt und in mein Bett gelegt
hat. Sie nimmt den inzwischen erkalteten Stein in die eine
Hand und führt mich an der anderen die steile, dunkle
Treppe hinunter in die Küche, wo Opa Schorsch und das
Frühstück auf mich warten.

Ich sitze im knöchellangen Biberstoffnachthemd neben ihm. Es gibt Rührei auf selbstgebackenem Brot, dazu Pfefferminztee. Das Brot ist dünn mit Schmalz bestrichen. Butter wäre zu kostbar.

Oma Kuni hat schon gefrühstückt. Sie steht vor dem kleinen Spiegel neben dem Eisschrank und drückt sich mit der Brennschere Wellen ins graue Haar. Sie kann jetzt nicht sprechen. Zwischen ihren Lippen steckt eine Versammlung von Haarspangen, den gebogenen Teil nach innen, die stachligen Spitzen drohend nach außen gerichtet. So, denke ich, sollte sie mich lieber nicht küssen.

Dann dreht sie die Haare zu einem Nest ein, zu einem Knoten am Hinterkopf. Den steckt sie mit den Klammern fest und kann wieder sprechen.

Sie schickt mich hoch und gibt mir einen Krug mit warmem Wasser in die Hand. Ich soll mich waschen und anziehen. Oben schütte ich das Wasser in eine Porzellanschüssel. Sie steht auf dem Waschtisch aus unechtem Marmor. Nun muss ich achtgeben, dass ich den Waschlappen, der für meine obere Körperhälfte bestimmt ist, genannt der Obenrum, nicht mit dem Untenrum verwechsle. Das ist letztlich kein großes Problem für mich. Der Obenrum hängt an der seitlich angebrachten Stange weiter vorne. Außerdem ist er meist weiß oder hellgelb. Der Untenrum ist dunkler. Blau oder grün. Ein Badezimmer oder eine Dusche gibt es nicht. In keinem der Bauernhäuser ringsum gibt es ein Badezimmer oder eine Badewanne.

Nach dem Waschen trockne ich mich ab und verspüre nicht die geringste Lust, mich anzuziehen. Ich lege mich wieder ins Bett. Eigentlich will ich nur noch ein wenig dösen. Da geschieht etwas Unvergessliches.

Mit einem Mal ist das Zimmer mit blauer Luft gefüllt und in diesem Blau sehe ich Fische und fischähnliche Tiere schweben. Ich weiß, dass ich nicht träume. Ich kann den Kopf wenden und die schwebenden Tiere aus einer anderen Perspektive sehen. Sie sind bunt und bewegen sich langsam mit unterschiedlicher Geschwindigkeit von links nach rechts durch das Zimmer. Ganz deutlich erkenne ich jede Einzelheit an ihnen. Sie sind sogar im Spiegel des Kleiderschranks zu sehen. Bevor sie die Spiegelfläche berühren, drehen sie ab und müssen jetzt in die Gegenrichtung schwimmen. Dabei weichen sie elegant den anderen aus. Mit ihren gelben Augen blicken sie mich unentwegt an. Ich sehe, wie sich ihre Mäuler bewegen, scheinbar atmen sie. Später werde ich lernen, dass Fische durch ihre Kiemen Sauerstoff aus dem Wasser aufnehmen. Meine Wesen atmen durch den Mund.

Ich ahne zwar, dass diese Kreaturen nicht real sind, drehe aber immer mal am Gehirnschalter, um mich zu vergewissern, dass ich noch in Omas Schlafzimmer im Bett liege. Es ist nicht einfach, aber ich kann mich in die Realität zurückversetzen. Die Schüssel mit meinem Waschwasser steht noch auf dem Waschtisch. Oma Kuni wird sie später hinuntertragen und im Hof ausschütten. An der Wand steht stoisch der dunkelbraune Kleiderschrank, in dessen großem Spiegel ich jetzt das Unterteil des Bettes erkenne, in dem ich halb aufgerichtet liege. Jetzt, da ich sicher bin, dass die reale Welt immer noch besteht, gebe ich mich wieder ganz den Trugbildern hin.

Plötzlich gerate ich in Panik, ein so tiefer Schrecken durchfährt mich, wie ich ihn nie mehr in meinem späteren Leben erfahren habe. Ich schaffe es nicht mehr, in die Realität zu wechseln. Die Tiere ziehen im Blau des Zimmers beharrlich ihre Bahn. Ich kann sie nicht zum Verschwinden bringen. Ich schließe die Augen, warte einige Sekunden, öffne sie wieder und hoffe, dass ich das normale Zimmer vor mir sehe. Vergeblich. Die Fische schweben unbeirrt weiter.

Als Erwachsener habe ich mich gefragt, was es mit dieser so real wirkenden Vision auf sich hatte. Es scheint fast, als hätte ich damals unter Drogeneinfluss gestanden. Aber wo hätte die Droge herkommen sollen? Als ich auf den Romantitel *St. Petri Schnee* von Leo Perutz stieß und mich darüber kundig machen wollte, erfuhr ich, dass St. Petri Schnee auch unter den Namen Mutterkorn, Kornmutter, Hungerkorn, Armeseelentau oder Tollkorn bekannt ist und Halluzinationen hervorruft. Es ist ein kleiner Pilz, der auf Getreidekörnern nistet, bevorzugt auf Roggenkörnern. Oma Kuni backte jede Woche das Brot für die kommenden sieben Tage. Der Roggen stammte vom eigenen Getreidefeld. Vielleicht hatte sie den unscheinbaren Pilz übersehen und mitgebacken, und ich hatte beim morgendlichen Frühstück mit Opa Schorsch ausgerechnet die Scheibe Brot gegessen, in der er eingeschlossen war?

Erst später werde ich die Bedeutung des Ausdrucks »verrückt« lernen. Aber in diesem Moment glaube ich zu wissen, dass ich verrückt werde, wenn ich es jetzt nicht schaffe, mit letzter Willenskraft den Rückweg in die Realität zu finden. Es gelingt mir schließlich, und ich weiß: Nie mehr darf ich den Weg in diese andere Welt zulassen!

GROSSE UND KLEINE PFÜTZEN

Es gibt Menschen, die können sich in ihre früheste Kindheit zurückversetzen. Mein Schulfreund Franz behauptete, er erinnere sich sogar an die Angst, die er während seiner Geburt ausgestanden habe und an das Gefühl der Befreiung, als er endlich aus dem Mutterleib draußen war. Ich glaube nicht, dass er bewusst erfand oder prahlen wollte. Neue Studien zeigen ja, wie wenig wir unserem Gedächtnis trauen können. Wenn ich Erinnerungen aus der Kinderzeit mit meinem inzwischen auch achtzigjährigen Freund Lud austausche, staunen wir beide, wie unterschiedlich sich Situationen und Personen bei uns eingeprägt haben. Wenn wir nicht von unserem flatterhaften, unzuverlässigen Gedächtnis wüssten, wären wir manchmal nahe dran, den anderen der Lüge zu bezichtigen.

Trotzdem scheint etwas an Franzens Behauptung dran zu sein. Er war nicht fähig, enge, dunkle Räume zu betreten. Wenn wir einen alten Munitionsstollen aus dem Zweiten Weltkrieg irgendwo im Wald entdeckten und drinnen nach Patronen fahndeten, wartete er geduldig draußen, bis wir mit unserer Beute wieder ans Tageslicht kamen. Die Patronen wurden dann zum Halsschmuck. Es war unter uns Pubertierenden Mode, die Gewehrpatrone mit einem dünnen Lederriemen zu umwickeln und sie als Talisman wie eine Halskette zu tragen. Unter dem Hemd natürlich. Sie wäre schnell weg gewesen, wenn ein Erwachsener sie entdeckt hätte.

Wenn die Wissenschaft von der infantilen Amnesie spricht, lässt sie diese meistens mit dem dritten Lebensjahr enden. Bei mir setzen die Erinnerungen um die Zeit ein, als ich ungefähr vier Jahre alt war.

Lange war ich versucht, mich als Spätentwickler zu sehen, nicht fähig, sich an den Dreijährigen zu erinnern. Dann las ich in Nabokovs »Sprich, Erinnerung, sprich«, dass auch seine früheste Erinnerung einsetzte, als er vier war. Umso präziser und minutiöser kann er dann die folgenden Kinderjahre beschreiben.

Schön wäre es, wenn sich Erinnerungen wie an einer Perlenschnur von der frühesten Kindheit bis in die Jetztzeit aneinanderreihen würden. Oder, um ein anderes Bild zu gebrauchen, wenn aus einem schmalen Bach, gespeist durch immer neue Lebensmomente, ein Fluss würde, der sich zuletzt als breiter Erinnerungsstrom ins Heute ergießt. So ist es aber nicht. Erinnerungen sind keine Tagebücher. Dem Vergleich mit einem Fluss halten sie nicht stand. Eher sind es verstreute große und kleine Pfützen nach einem Starkregen. Schafft man es, mit einem Stock eine Furche zu einer benachbarten Pfütze in die feuchte Erde zu ziehen, verbindet sich der Inhalt der einen mit der anderen zu einer starken Erinnerung. Die meisten Pfützen bleiben aber isoliert.

Es gelang mir am ehesten, diesen Pfützen auf den Grund

zu gehen, wenn ich versuchte, mich an die Gerüche meiner Kindheit zu erinnern. Marcel Prousts Erinnerung an die Kindheit, ausgelöst durch den Geschmack einer in den Tee getauchten Madeleine, ist so bekannt, dass sogar in einer populären Fernseh-Quiz-Show der »Madeleine-Effekt« zu erraten war.

Ich versetzte mich nicht in die Vergangenheit, indem ich versuchte, bestimmte Gerüche herzustellen und mich an ihnen in die Kindheit zu hangeln, mir genügte die Erinnerung daran. Stellte ich mir etwa den Geruch des Montagmorgens vor, entstand vor mir das Bild der Gastwirtschaft meiner Großeltern.

Wenn ich am Montag auf dem Weg zur Schule durch die Gaststube ging, empfing mich der dumpfe Geruch kalten Rauchs und begleitete mich bis nach draußen.

Am Sonntagabend wurde an vielen Tischen gekartet, und die meisten der alten Männer rauchten dabei ihren Stumpen, eine vorne und hinten stumpf abgeschnittene Zigarre. Jüngere hätten wahrscheinlich Zigaretten geraucht, aber die jungen Männer waren alle Soldaten und im Krieg.

Kaum war abends der letzte Gast gegangen, sammelte meine Großmutter die Aschenbecher ein, ovale Schalen aus geriffeltem Glas, in die der Name des Sponsors eingraviert war: »Hiernickel-Bräu«. Obwohl sie die Aschenreste und Zigarrenkippen gleich im Abfalleimer entsorgte, und den Inhalt draußen im Hof in die Tonne kippte, ließ sich der Geruch nicht vertreiben. Er war schon von den Rauchern in deren Kleidern mitgebracht worden und hatte sich in den Vorhängen festgesetzt.

Der Zigarrengeruch hielt sich ein paar Tage. Spätestens am Mittwoch wurde er abgelöst vom Geruch des abgestandenen Biers, das sich unter dem ständig tropfenden Zapfhahn in der gelochten Auffangschale sammelte.

Im Frühsommer kam ein neuer, angenehmer Geruch dazu. Wenn die Großmutter morgens die Fenster der Wirtsstube aufriss, wehte ein süßlicher, fast schwülstiger Duft vom blühenden Akazienbaum neben der Kegelbahn herüber. Der üppige Nektar tropfte in solchen Mengen auf den Boden, dass man fast mit den Schuhsohlen daran festklebte, während über einem das Flügelschlagen Hunderter Bienen zu einem einzigen tiefen Summton verschmolz.

Fast noch stärker erinnere ich mich an unser Schulzimmer. Ein Gemisch aus dem stumpfen Geruch der Tafelkreide, dem schwachen Gummigeruch, den das kleine Schwämmchen ausströmte, das mit einer gedrehten Schnur an meiner Schiefertafel hing, und den Stallgeruch, der meine Sitznachbarn umfing, die vor Schulbeginn noch das Vieh füttern mussten. Zusammen mit der Erinnerung an die Gerüche kommt eine an die schabenden Geräusche, wenn die Erstklässler mit schwerer Hand Buchstaben in den schwarzen Schiefer ritzten.

Am stärksten allerdings werden meine Erinnerungen durch alte Fotografien heraufbeschworen.

Es gibt kaum Fotos aus meiner Kindheit. Vor achtzig Jahren besaß niemand in meiner Familie eine Kamera. Die erhaltenen Bilder stammen alle von reichen Verwandten oder von Freunden meines Vaters.

Beim Betrachten dieser Fotos versuche ich immer, und

oft vergeblich, mich an die Situation zu erinnern, in der das Bild entstand.

Ein frühes Foto zeigt mich vor einer Kirche. Hinter mir geht mein Vater im dunklen Anzug, neben ihm weht der weiße Schleier seiner neuen Frau. Ich bin ungefähr drei Jahre alt, trage eine kurze Hose aus schwarzem Samt, die durch schmale Hosenträger so straff hochgezogen ist, dass unterhalb der Hosenbeine eine weiße Unterhose hervorblitzt. In der Hand trage ich ein Körbchen, prall gefüllt mit Blumenköpfen, die ich wohl vor dem Brautpaar auf den Weg streuen soll. Es sieht nicht so aus, als hätte ich Lust dazu. Mein Gesichtsausdruck ist desinteressiert, einfach nur gelangweilt.

Meine Tante, die Schwester meiner Stiefmutter, erzählte, ich hätte während der Trauung laut »Mama« durchs Kirchenschiff gerufen und damit meine neue Mutter gemeint. Ich habe nicht die geringste Erinnerung daran, nicht einmal an die Trauung selbst. Überhaupt finde ich es verwirrend, dass ich die neue Mutter schon als »Mama« bezeichnet haben soll. Ich kannte sie ja kaum. Meine echte Mutter war gestorben, als ich sieben Wochen alt war. Sie konnte ich nicht gemeint haben.

Ein anderes Foto zeigt mich zusammen mit Oma Rethel, der Mutter meines Vaters. Wir sitzen nebeneinander im Hof vor der Hauswand. Sie in einem Korbsessel, ich in einem fahrbaren Kinderstuhl mit Armlehnen und einem dazugehörigen Tischchen. Die Sonne scheint. Die kurzen Schatten verraten mir, dass das Foto um die Mittagszeit aufgenommen wurde. Ich habe lange, dunkelblonde, stark gewellte Haare wie ein Mädchen. Sämtliche Knöpfe meiner weißen Bluse sind zugeknöpft. Auch der oberste. Die breiten Hosenträger aus Stoff haben zwei Querteile. Wie eine Leiter, die nur aus zwei Sprossen besteht. Die Querverstrebungen spannen sich vor meiner Brust und ziehen die Hosenträger aus der Senkrechten. Am unteren Bildrand ist noch ein Zentimeter meiner Hose zu sehen. Sie ist genauso gemustert wie die Hosenträger: kleine, senkrecht stehende Rauten. Es ist ein Schwarzweißfoto. Die Hose könnte blau gewesen sein. Vielleicht hellblau.

Oma Rethel liest Zeitung. Sie hält sie ausgestreckt mit beiden Händen. Auf ihrer Nasenspitze hängt die Brille mit dicken runden Gläsern.

Auf dem kleinen Tisch vor mir sitzt ein einäugiger Plüschbär mit einem dunklen, runden Fleck, wo mal das zweite Auge war. Das Fell des Bären ist von der Sonne ausgebleicht. Am dunklen Fleck, der durch das Porzellanauge verdeckt war, kann man die ursprüngliche Fellfarbe erkennen. Daneben liegen in einer Holzschachtel Bauklötze, die auf jeder Seite mit einem Märchenmotiv beklebt sind. Vier mal drei Steine passen in den Holzkasten. Vier waagrechte und drei senkrechte Reihen. Es ist ein Puzzle. Man muss die Klötze so anordnen, dass eine vollständige Märchenszene entsteht. Auf den Bildern im Kastendeckel kann man sehen, wie das Bild auszusehen hat. Ist zum Beispiel das Bild endlich fertig, auf dem man sehen kann, wie der *Prügel aus dem Sack* den betrügerischen Wirt verhaut, kann ich ein neues Bild bauen. Dabei muss ich jeweils vier der Klötze einmal um die eigene Achse drehen. Ich fasse eine Viererreihe an beiden Enden und presse sie beim Drehen aneinander. Presst man nicht stark genug, prasseln die Bauklötze auseinander und über die noch nicht gedrehten Klötze in der Schachtel. Meist von einem Wutausbruch begleitet, der so heftig sein kann, dass die ungehorsamen Klötze auf dem Boden landen. Schaffe ich es, nacheinander alle drei Reihen zu drehen, werde ich mit einem neuen Märchenbild belohnt. Schneewittchen im gläsernen Sarg, umgeben von trauernden Zwergen.

Ich habe nicht die geringste Erinnerung an die mittägliche Szene vor der Hauswand, sehe aber einige der sechs Märchenmotive so genau vor mir, dass ich sie nachzeichnen könnte: Rotkäppchen mit dem Wolf, der wie ein harmloser Schäferhund aussieht. Oder das Aschenputtel vor dem Herd, umgeben von den Tauben beim gemeinsamen Linsensortieren. Die guten in den Topf, die schlechten in den Kropf. (*Kropf* aus dem germanischen Wort *Kruppa*: die Beule.) Oder man sah Dornröschen im Turmzimmer, unvorsichtig genug, sich an einer Spindel zu stechen. Sehr dramatisch das Bild, auf dem der Wolf in die Stube stürzt und die sieben Geißlein schutzsuchend durch den Raum rennen. Immerhin wird wenigstens eines entkommen. Das ist tröstlich. Es wird sich im Uhrkasten verstecken. Was ein Uhrkasten ist, wusste ich schon als Vierjähriger. Das war das Unterteil der mannshohen Standuhr in Oma Rethels Schlafzimmer.

Bei einigen Bauklötzen hatten sich die aufgeklebten Bilder durch das häufige Drehen und Werfen am Rand gelöst. Manchmal waren sie dadurch ein- oder abgerissen, und ein weißer dreieckiger Fleck hatte dem Wolf

17

den Schwanz genommen oder einem Zwerg eine weiße Mütze beschert.

* * *

Mein bester Freund aus den Kindertagen in Obertheres war der Nachbarjunge Ludwig. Ich nannte ihn Lud. Er war damit einverstanden. Wenn ich schon unter all den Walter, Adolf, Wilhelm, Erwin und Heinrich im Dorf der Einzige mit einem nur einsilbigen Vornamen war, sollte mein Freund nicht bessergestellt sein.

Wir verbrachten fast all unsere freie Zeit miteinander. Das hinderte mich nicht daran, mich den andern Dorfkindern anzuschließen, die ihn im Chor als »Glatzenkönig, Glatzenkönig!« verhöhnten. Lud stand mit kahlgeschorenem Kopf unter dem gewölbten Steinbogen des Hoftors und wagte sich nicht hinaus. Zwar schrie ich nicht mit, kam ihm aber auch nicht zu Hilfe. Lud sah mit dem haarlosen Kopf wie ein fremdes Kind aus. Gar nicht mehr wie mein Freund.

Als schaulustiger Beobachter wurde ich in die anschließende Bestrafungsaktion mit einbezogen. Ich hatte nicht mitgesungen, hatte danach aber genauso viele rote Streifen auf der Wade wie die Spötter. Herr Viering, Luds Vater, hatte die Hohngesänge gehört. Wahrscheinlich fühlte er sich schuldig, denn er war es gewesen, der seinem Sohn den sommerlichen Kahlschnitt verpasst hatte. Er stürmte aus dem Stall, die lederne Pferdepeitsche in der Hand, und ließ die Peitschenschnur um unsere nackten Beine zwirbeln.

Auch Lud bekam zu Hause manchmal solche Hiebe zu spüren. Er sprach nicht gerne darüber. Wenn er geschlagen wurde, fühlte er sich schuldig und fand die Bestrafung angebracht. Einmal hatte er Steine auf einen vorbeifahrenden Güterzug geworfen, ein andermal hatte er trotz des Verbots wieder einen Pfennig auf die Schienen gelegt.

Das war eine Zeitlang die Lieblingsbeschäftigung unter uns Dorfkindern gewesen und hatte sogar zu einem Artikel im *Haßfurter Tagblatt* geführt mit der Überschrift »Die bösen Jungen aus Ortheres«.

Die Häuser im Unterdorf, auch das meiner Großeltern, standen aufgereiht an der Bundesstraße. Zu meiner Kinderzeit hieß sie Reichsstraße acht. Sie wurde auf der gegenüberliegenden Seite begrenzt von einer Heckenreihe. Unmittelbar dahinter verliefen die Eisenbahnschienen.

Irgendeiner von uns Jungen war auf die Idee gekommen, sich durch die Hecke zu zwängen und eine Pfennigmünze auf die Schiene zu legen, als sich ein Zug näherte. Danach hatte er stolz seine Trophäe herumgezeigt. Der Pfennig war durch das Gewicht der Lokomotive plattgewalzt und glich mit seinen unregelmäßig geformten Rändern einem kleinen, metallenen Pfannkuchen.

Das hatte sofort Nachahmer gefunden, und bald meldete ein Lokomotivführer dem Bahnhofsvorstand, Herrn Gerner, dass außerhalb des Dorfes immer eine Horde von Kindern auf dem Bahndamm nahe der Gleise lagerte und somit sich und den Bahnverkehr gefährde. So war es in dem Zeitungsartikel formuliert.

Wir lagen tatsächlich vor den Gleisen auf dem Bauch, wenn ein Zug dicht an uns vorbeifuhr. Denn wir alle hatten unsere Pfennige nebeneinander auf die Schiene gelegt, auch die bereits breitgewalzten, und mussten genau beobachten, wo unser Pfennig hinflog. Die meisten der Münzen wurden von der Schiene weg weit nach außen oder zwischen die Gleise geschleudert. Und es durfte keine Verwechslungen geben. Nicht dass etwa Norbert oder Erwin meinen Pfennig beanspruchten, der schon dreimal überwalzt worden und fast so breit war wie ein Kartoffelplätzchen in der Pfanne.

Herr Gerner war mit ernstem Gesicht von Familie zu Familie gegangen und hatte gedroht, die Eltern anzuzeigen, wenn sie in Zukunft nicht verhinderten, dass ihre Jungen das Pfennigspiel betrieben.

Auch bei Opa Schorsch war er erschienen. Ich hatte versprochen, den Bahnschienen fernzubleiben und hielt mich auch daran, wie die übrigen Jungen auch. Nur Lud wollte noch ein einziges Mal den Pfennig überfahren lassen.

Dabei hatte ihn sein Vater erwischt.

Einmal war ich sogar Zeuge von Luds Bestrafung. Er war damit beschäftigt, eines der Felder der Familie Viering zu eggen. Ich begleitete ihn und half mit. Lud führte das einzige Pferd der Vierings am Zügel, einen stämmigen Ackergaul namens Seppel. Das Pferd zog eine Egge hinter sich her, ein flaches Eisengitter, aus dem unten spitze Zinken ragten. Sie zerkleinerten grobe Erdklumpen und bereiteten so den Boden für die Aussaat vor. Der Acker war quadratisch, und Lud hatte von seinem Vater den Auftrag bekommen, das kahle, schon umgepflügte Feld in zwei Richtungen zu eggen, einmal längs, einmal quer.

Ich ging hinter dem Gaul neben der Egge her und hatte die Aufgabe, die Egge an einem seitlich angebrachten dicken Strick anzuheben, wenn sie auf einen Stein stieß und hängen blieb.

Nach einer Weile fand ich es an der Zeit, auch mal den Gaul zu führen. Lud sollte die Egge anheben. Wir tauschten. Als ich das Pferd vom Rand des Ackers bis zu dessen Ende geführt und sogar geschafft hatte, es zu wenden und zurückzuführen zum Ausgangspunkt, schickte mich Lud wieder zu meinem Platz an der Egge. Ich hatte das Pferd nicht energisch genug geführt und war zu weit nach außen gekommen. Mit dem Ergebnis, dass nun zwischen zwei Streifen glatten Bodens ein schmaler Steg voller Erdklumpen zu sehen war, den Lud noch mal nachbearbeiten musste.

Nachdem der Acker vollständig der Länge nach geeggt war, machten wir Pause, spannten Seppel aus, nahmen ihm das Halsjoch ab, und setzen uns auf den grasbewachsenen Wegrain. Dort erzählte ich Lud eine Geschichte aus meinem Indianerbuch, während das Pferd friedlich neben uns graste.

Danach waren wir beide der Meinung, dass der Acker schon so schön glatt sei, dass wir uns das Eggen in der Querrichtung sparen könnten.

Als Luds Vater dazukam, sah er es sofort an der Spur, und fragte: »Hast du in beide Richtungen geeggt, wie ich dir gesagt habe?«

»Ja, habe ich.«

»Er lügt den eigenen Vater an!«, rief Herr Viering und gab Lud eine Ohrfeige.

Ich war erschrocken und gleichzeitig empört. Es war das erste Mal, dass ich Zeuge körperlicher Gewalt wurde.

»Du gehst jetzt heim!«, befahl mir Herr Viering, und zu Lud sagte er: »Spann sofort den Seppel wieder an! Jetzt soll ich auch noch eggen. Als ob ich nichts anderes zu tun hätte. Wozu hab ich eigentlich einen Sohn?«

Im Weggehen sah ich noch, wie Herr Viering das Pferd führte und Lud neben der Egge herging. Als sein Vater in die andere Richtung blickte, winkte mir Lud schnell zu.

Ich fragte meine Mutter, weshalb manche Väter ihre Kinder schlagen. Wie zum Beispiel Herr Viering meinen Freund Lud. Herr Viering habe ihn ins Gesicht gehauen.

»Du meinst, er hat ihm eine Ohrfeige gegeben?«, fragte sie.

»Ohrfeige?« Das Wort kannte ich nicht.

»Wenn man jemandem mit der Hand auf die Backe schlägt«, übersetzte sie mir.

»Ja, das hat er«, bestätigte ich. »Warum darf er das?«

»Er kennt es nicht anders, weil er selber geschlagen wurde«, sagte sie. »In der Bibel steht ja auch, dass man seinen Sohn strafen soll.«

Dabei bezog sie sich auf eine Predigt unseres Pfarrers. Einige ältere Jungen hatten während der Messe laut gesprochen, sogar während der Wandlung, bei der doch andächtige Stille herrschen sollte.

Die These des Herrn Pfarrers war, die heutigen Jungen und Jugendlichen seien viel frecher und ungebärdiger als früher. Schuld daran sei, dass die Väter alle im Krieg seien und die Jungen nun in der Obhut der viel zu nachgiebigen Mütter. Diesen Müttern wolle er den Inhalt des Hebräerbriefs dringend ans Herz legen: Wer sein Kind liebt, der züchtigt es.

»Was ist züchtigen?«, wollte ich wissen.

»Nun, schlagen eben«, sagte sie.

Ich fragte, ob dies auch umgekehrt gelte? Wer seinen Sohn züchtigt, der liebt ihn? Liebt Herr Viering seinen Sohn? Sie lachte und nannte mich spitzfindig.

Herr Viering starb dann an Magenkrebs. In der Gastwirtschaft meines Großvaters waren sich die Stammgäste einig: Der Krebs kam daher, weil der Viering sein Bier immer eiskalt getrunken hatte. Auch im Winter. Direkt aus dem Eisschrank. Damals sagte man noch nicht Kühlschrank. Es war ja auch wirklich ein Eisschrank. Alle zwei Wochen hielt der Lastwagen mit der seitlichen Aufschrift »Hiernickel-Bräu« vor unserer Wirtschaft. Der Fahrer trug eine Eisstange ins Haus. Sie lag auf seiner linken Schulter, war einen Meter lang, viereckig, und hatte etwa den Durchmesser von Opas Zigarrenkiste. Er trug dicke Handschuhe und hatte als Schutz vor der Eiseskälte ein Lederteil über die Schulter geschnallt, auf der die Eisstange ruhte. Es erinnerte mich an einen Pferdesattel und war mit einem Riemen unter der Achsel und einem zweiten quer über seine Brust vor dem Verrutschen gesichert. Die Eisstange wurde im Keller gelagert.

Einmal hörte ich aus dem Nebenzimmer, wie Alfred, der Bierfahrer, sich bei Oma Kuni über seine Aufgabe beklagte und von seinem Rheumatismus in der linken Schulter sprach. Er nannte es »Reißmatismus«. Das weckte

Oma Kunis Mitgefühl und bewirkte eine Steigerung des Trinkgelds.

Opa Schorsch ging jeden Tag in den Keller, schlug mit dem Hammer kleine Stücke vom Eisblock ab, sammelte sie in einem Eimer und leerte ihn einen Stock höher im Eisschrank der Gaststube über dem hölzernen Bierfass aus. So blieb das Bier auch im Sommer frisch.

Dabei verabscheuten die meisten Gäste das kalte Bier und verlangten nach einem Bierwärmer. Oma Kuni füllte dann heißes Wasser in ein dünnes, metallenes Rohr mit Schraubverschluss, dem Bierwärmer, und hängte ihn an einem unten offenen, gebogenen Henkel ins Bierglas.

Besonders die alten Gäste verzichteten nicht auf ihr angewärmtes Bier. Wobei man im Dorf schon als alt galt, wenn man die sechzig überschritten hatte. Mit fünfundsiebzig war man uralt. Dann war es an der Zeit zu gehen. Die meisten hielten sich daran. Nicht so der alte Meidler. Der wurde älter und älter, ohne ans Sterben zu denken. Er saß immer allein an einem der Ecktische. Er hatte im Zuchthaus gesessen und war knapp an der Todesstrafe vorbeigeschrammt, erzählte man mir.

Viel später, als Kunststudent, besuchte ich von Stuttgart aus manchmal meine alt gewordenen Großeltern. Sie betrieben immer noch die Wirtschaft, und Herr Meidler saß immer noch am Ecktisch. Jedes Mal nahm ich mir vor, ihn beim nächsten Mal mit Tonbandgerät und Mikrophon nach seinen Erlebnissen in China zu befragen.

Als ich endlich daran dachte und ein Gerät nach Obertheres mitbrachte, war der Platz am Ecktisch leer. Herr Meidler war im Alter von hundert Jahren gestorben.

Opa Schorsch erzählte mir Meidlers Geschichte. Als junger Mann, der nie aus seinem Heimatdorf hinausgekommen war, wurde der Soldat Meidler dem Ostasiatischen Infanterieregiment zugeordnet und per Schiff nach China verfrachtet. Dort sollte er den Boxerkrieg im Sinne seines Kaisers gewinnen helfen. In Meidlers Wortwahl hatte er den Boxeraufstand niedergeschlagen. Nach seiner Entlassung und Rückkehr erzählte er in der Gaststube gern davon, wie sie den Auftrag Kaiser Wilhelms II. bei der Einschiffung des Regiments in Bremerhaven treulich umgesetzt hatten. In seiner berühmten Hunnenrede hatte der Kaiser von den Soldaten gefordert, kein Pardon zu geben und keine Gefangenen zu machen. Daran, erzählte Meidler, habe man sich gehalten, erst den gefangenen Boxern die langen Zöpfe abgeschnitten und dann den Kopf abgehauen. Danach, erzählte er lachend, seien sie zopf- und kopflos gewesen. Dieses Wortspiel gefiel ihm so gut, dass er es in keiner China-Erzählung fehlen ließ.

Wenn er betrunken war und mit schwerer Stimme von seinen Taten prahlte, rückten selbst hartgesottene Patrioten und Kaiseranhänger von ihm ab und ließen ihn alleine am Tisch zurück, wo er von der Plünderung Pekings brabbelte und wie sie jeden niedergestochen hatten, der sich wehrte. Auch die Frauen. Oma Kuni warf ihn einmal sogar aus dem Lokal, weil sie seine abscheulichen Zoten nicht mehr aushielt. Sie nahm in Kauf, dass er schimpfend verschwand, ohne sein Bier zu bezahlen.

Zur Katastrophe kam es, als er an der Straße zwischen Ober- und Untertheres eine junge Frau mit vielen Messerstichen umbrachte.

Opa Schorsch kaufte manchmal bei seinem Bruder Valtin in Untertheres einige *ausgezogene Krapfen*. Er nahm das als Vorwand, um Erbschaftsangelegenheiten zu besprechen. Valtin war Besitzer einer Bäckerei. Ich durfte Großvater oft nach Untertheres begleiten. Auf halber Strecke kommt man an einer Stelle vorbei, wo zwei alte, hohe Bäume links und rechts die Straße begrenzen. Meistens blieb Großvater neben einem der Bäume stehen, bekreuzigte sich, und sagte: Das ist die Stelle, wo der Meidler die arme junge Frau erstochen hat. Da im Straßengraben hat man sie gefunden.

»Warum hat er das gemacht?«, fragte ich.

Bei der Gerichtsverhandlung hat er ausgesagt, er sei in einen Blutrausch geraten, als er der Frau von seinen chinesischen Abenteuern erzählt habe.

»Blutrausch?«, fragte ich.

So hat er es genannt. Das hat ihm die Todesstrafe erspart. Weil er für das Vaterland in China so viele Boxer umbringen musste, dass er das Töten gelernt hat, erklärte mir Großvater.

* * *

Meine Mutter starb an den Spätfolgen meiner Geburt, als ich sieben Wochen alt war. Das Stillen hatte ihr starke Schmerzen bereitet. Mein Vater holte den Hausarzt. Der untersuchte die Kranke flüchtig und sagte, sie solle nicht so zimperlich sein. Die Frauen heutzutage seien alle verzärtelt und verweichlicht. Früher hätten die Mütter klaglos durchgehalten und ihr Kind gestillt, auch wenn es ein wenig weh tat und hätten nicht gleich den Arzt kommen lassen. Damit ging er. Zwei Tage später starb sie an der Brustentzündung.

Am Tag nach der Beerdigung seiner Frau lehnte mein Vater am unteren Ende der Bergstraße an einer Gartenmauer. Gegenüber stand das Privathaus des Arztes, der meine Mutter zimperlich genannt hatte. Es war ein kalter Februarmorgen, mein Vater trug einen Wintermantel. In der Manteltasche steckte der Revolver, mit dem er den Arzt erschießen würde, sobald der aus dem Haus trat. Den Revolver hatte ihm jemand besorgt, dessen Namen mein Vater auch später nicht verraten wollte, als er die Geschichte erzählte. Es war ein Turnbruder aus der Turngemeinde Schweinfurt.

Mein Vater war ein begeisterter Turner gewesen, und für viele ein Star. Die Trophäen, die er bei Wettkämpfen gewonnen hatte, meist hohe Kelche aus Metall und kleine Trinkbecher mit eingeprägten Wappen, standen noch in der Wohnzimmervitrine hinter Glas, als ich Nele, meine zukünftige Frau, den Eltern vorstellte. Mein Vater vergaß nicht, Nele vor die Vitrine zu führen und auf die Schaustücke hinzuweisen.

In einem alten Fotoalbum gibt es ein Bild, das ihn mit drei anderen Turnern bei der Darstellung einer lebendigen Statue zeigt. Das Ereignis fand bei einem Jubiläum der Turngemeinde statt. Die jungen Männer sind bis auf einen kleinen Lendenschurz nackt und vollständig mit Silberbronze bemalt. Selbst der Lendenschurz schimmert metallisch. Die vier haben theatralische Posen angenommen. Drei der Standbilder knien links von meinem Vater.

Er steht am rechten Rand und reckt triumphierend eine große silberne Kugel in die Höhe.

Man musste die Silberbronze gleich nach dem Posieren und Fotografieren wieder entfernen, sonst hätte die Haut nicht atmen können und die vier antiken Helden wären erstickt.

Vielleicht war es einer der drei, der ihm Revolver und Munition besorgt hatte.

Lange stand mein Vater vor dem Arzthaus und wartete. Wie er wusste, pflegte der Doktor gegen acht Uhr das Privathaus zu verlassen, um seine Praxis in der Altstadt aufzusuchen.

An diesem Morgen kam er nicht. So beschloss mein Vater, zu klingeln und ihn im Haus zu erschießen. Eigentlich hatte er der Frau des Arztes den Anblick ersparen wollen. Die Gartenpforte war abgeschlossen. Eine Frau im Nachbarhaus sah ihn an der Pforte rütteln und rief ihm aus dem Fenster zu, dass der Arzt mit seiner Frau in den Skiurlaub gefahren sei. Glück für den Arzt. Aber auch für meinen Vater und für mich. Hätte er nicht unverrichteter Dinge nach Hause gehen müssen, wäre ich nicht nur mutterlos, sondern wahrscheinlich auch ohne Vater aufgewachsen.

Einige Tage später kam mein Vater wohl schon besser mit Wut und Zorn zurecht. Gegen Mitternacht ging er auf die Ludwigsbrücke, bis zur Mitte. Als er sich vergewissert hatte, dass ihn niemand beobachtete, warf er den Revolver über die Brüstung. Ins tiefe Wasser des Mains, wie er annahm. In der kalten Februarnacht hatten sich aber die treibenden Eisschollen vor einem Wehr gestaut und zu einer Eisdecke verfestigt. So landete der Revolver nicht mit einem lauten Klatschen im Fluss, sondern blieb mit einem dumpfen Aufschlag auf der Eisdecke liegen.

Mein Vater ging in den nächsten Tagen immer wieder auf die Brücke, um sich zu vergewissern, dass die Waffe noch dalag: von hoch oben aus ein unscheinbarer dunkler Fleck inmitten aller Steine und Zweige, die Kinder inzwischen aufs Eis geworfen hatten, um die Festigkeit der Eisdecke zu prüfen. Da lag er, bis es wärmer wurde und er im Wasser versank. Vielleicht ruht er noch auf dem Grund des Mains.

Die ersten Jahre nach dem Tod meiner Mutter sind für mich ein schwarzes Loch. Irgendwer muss mich versorgt, mich gewickelt und mir das Fläschchen gegeben haben. Ich weiß nicht wer, und es lebt auch niemand mehr, den ich danach fragen könnte. Wäre das Verhältnis zu meinem Vater besser gewesen, hätte ich mich wahrscheinlich bei ihm danach erkundigt.

Es gibt ein paar Anhaltspunkte, winzige Inseln im schwarzen Meer. Mein Vater erzählte in Gesellschaft oft voll Stolz, wie er seinem Baby den Arzt ersparte. Ich litt länger als ein Jahr an einer Furunkulose. Am Nacken und am Rücken hatten sich eitergefüllte Beulen gebildet. Von der »verseuchten Milch«, die ich getrunken hatte, wie es mein Vater ausdrückte.

Er glühte sein Taschenmesser in einer Gasflamme aus, um es steril zu machen, legte mich auf den Bauch, schnitt die Furunkel auf, drückte den Inhalt aus und desinfizierte die Wunde mit hochprozentigem Zwetschgenschnaps.

Ein weiteres Anhaltsstück ist das Foto, auf dem man mich als Drei- oder Vierjährigen neben meiner Oma

Rethel vor unserem Haus in der Schützenstraße sitzen sieht. Sie muss aus ihrer Wohnung in der Hadergasse zum Haus meines Vaters umgesiedelt sein. Sie könnte es gewesen sein, die sich um mich gekümmert hat.

Dann gibt es die Geschichten von den unzuverlässigen Hausmädchen. Auch die waren wohl angestellt worden, um mich zu versorgen.

Das eine Hausmädchen hatte im Kleiderschrank spioniert und die Kleider meiner verstorbenen Mutter entdeckt. Dem Anblick eines besonders schönen Kostüms konnte sie nicht widerstehen, hatte es angezogen und war gerade dabei, sich im Frisierspiegel zu bewundern, als mein Vater überraschend nach Hause kam und sie dabei ertappte.

Zuerst gab er ihr zwei Ohrfeigen, eine links, eine rechts. In seiner Sprache: »Ich hab ihr zwei mordstrumm Schelln verpasst«. So erzählte er es später Opa Benker, dem Vater meiner leiblichen Mutter. Dann musste sie das Kostüm ausziehen und er habe sie im Unterrock »nausgeschmissen«.

Auch ein zweites Hausmädchen bekam seine Hand zu spüren, bevor er auch sie hinausschmiss, weil sie gestohlen hatte. Sie war mit zwanzig Mark in die Apotheke geschickt worden, um ein Medikament zu kaufen, kam weinend wieder und behauptete, sie habe den Zwanzigmarkschein auf dem Hinweg verloren. Das war aber nicht sehr logisch, denn sie hatte das Medikament in der Tasche und musste es folglich gekauft haben.

Von meinem Vater kannte ich nur Geschichten von betrügerischen oder unverschämten Hausmädchen und deren Bestrafung. Bestimmt gab es dazwischen auch andere, die sich nichts zuschulden kommen ließen und in den Berichten meines Vaters ausgespart wurden.

Alles wurde anders für mich, als mein Vater ein zweites Mal heiratete und ich eine neue Mutter bekam. Da ich keine Erinnerung an meine leibliche Mutter habe, und meine neue selbst in meinen frühesten Erinnerungen schon bei mir war, habe ich sie immer als meine Mutter angesehen und geliebt. Ein Foto meiner leiblichen Mutter hing lange gerahmt an der Wohnzimmerwand. Wenn ich fragte, wer die Frau auf dem Bild sei, sagte man mir nie: »deine Mutter«. Die freundlich blickende Frau war die »Himmelmama«.

Die Geschichte, wie mein Vater die neue Frau kennenlernte und für sich gewann, kann ich nur aus unterschiedlichen Quellen rekonstruieren.

Der beste Freund meines Vaters war Hannes, der Ziehharmonikaspieler. Die beiden pflegten zusammen zu trinken und zu singen. Mit meiner Mutter, deren schöne Stimme von ihrer Mutter, Oma Lina, oft hervorgehoben wurde, hatten sie ein Gesangstrio gebildet.

Hannes war es, der meinen Vater auf eine hübsche Gastwirtstochter in Obertheres aufmerksam machte. Der kleine Paul müsse doch endlich eine Mutter bekommen, es sei quasi die Pflicht meines Vaters, die Verstorbene ruhen zu lassen und in die Zukunft zu schauen.

Die beiden fuhren mit dem Auto meines Vaters, einem PKW der Marke Horch, nach Obertheres, nahmen Platz im Gasthaus Mattenheimer, ließen sich von der Wirtstochter ein Bier bringen und verwickelten sie in ein Gespräch.

Sie hieß Johanna, war wirklich sehr hübsch, Hannes hatte nicht übertrieben, und sie sah trotz ihrer zwanzig Jahre wie eine Sechzehnjährige aus. Hannes hatte seine Handharmonika dabei, und mein Vater und er beeindruckten nicht ohne Hintersinn die Wirtshausgäste mit Musik und Gesang. Beim Lied »Muss i denn zum Städtele hinaus« habe mein Vater bei der Textzeile »Wenn i komm, kehr ich ein mein Schatz bei dir« der Wirtstochter in die Augen geblickt und sie habe ihm zum ersten Mal zugelächelt.

Elvis Presley hat später genau dieses Lied auf Deutsch gesungen und auf Schallplatte veröffentlicht.

Beim nächsten Mal brachte mein Vater mich, den Zweijährigen, mit und erzählte von seinem Dasein als Witwer. Meine Mutter – und ich werde sie ab jetzt immer so bezeichnen – behauptete später, bevor sie sich in meinen Vater verliebt habe, sei sie schon in mich, den zweijährigen Lockenkopf, verliebt gewesen.

Die Hochzeit fand dann in der Marienkapelle in Obertheres statt.

* * *

Samstags holt Opa Schorsch eine große Zinkwanne aus der Waschküche und schleppt sie in die Küche. Es gibt kein fließendes Wasser im Dorf. Alle müssen es aus dem Dorfbrunnen hochpumpen. Wir haben aber das Glück, unter dem Haus einen eigenen Brunnen zu besitzen. In einer Nische im Hausflur gibt es eine Schwengelpumpe mit einem armlangen hölzernen Schwengel. Den schwenkt man vor und zurück. Dadurch wird Wasser aus dem unterirdischen Brunnen angesaugt und fließt in einen Eimer. Dreimal füllt Opa Schorsch den Eimer, trägt ihn in die Küche, und leert das kalte Wasser in die Wanne.

Gleichzeitig wird im Wasserschiff des Herdes, einem länglichen, seitlich im Herd eingelassenen Metallkasten, Wasser heiß gemacht und ebenfalls in die Wanne gekippt. Jetzt kann man baden. Zuerst darf ich hinein. Ich bin noch klein und mache am wenigsten Dreck, wie Oma es ausdrückt. Dann werden die Fenster verhängt und ich werde weggeschickt. Nun baden Oma und Opa. Wer nach mir zuerst ins warme Wasser darf, weiß ich nicht. Ich muss ja draußen bleiben und darf nicht gucken.

* * *

Mein Vater hatte sich eigentlich ein Mädchen gewünscht und musste 18 Jahre warten, bis ihm mit meiner Halbschwester Barbara dieser Wunsch erfüllt wurde.

Also machte er ein Mädchen aus mir. Als Vierjähriger hatte ich schulterlange, gewellte blonde Haare und sah mit meinem weichen Gesicht tatsächlich wie ein Mädchen aus. Er steckte mich gerne in Kleider, denen man nicht ansah, ob sie für einen Jungen oder ein Mädchen bestimmt waren.

Ich erinnere mich an einen heißen Sommertag, an dem er und ich an der Liegewiese neben dem Main lagerten. Ich trug eine etwas zu groß geratene, geblümte Pumphose, die an allen drei Öffnungen mit einem Gummi abschloss, und stand mit nacktem Oberkörper neben meinem Vater. Kamen andere Badegäste an uns vorbei, sprachen sie ihn oft an und bewunderten das süße Mädchen. Meist waren es ältere Frauen in dunklen, einteiligen Badeanzügen, die versuchten, mir über die Locken zu streichen. Der Vater sei bestimmt stolz auf das kleine Engelchen, vermuteten sie.

Das war ihm unangenehm und brachte ihn richtig in Rage. Für ihn sollte ich das Mädchen spielen, das er sich gewünscht hatte. Andere hatten ihn gefälligst für den stolzen Vater seines erstgeborenen Sohnes zu halten.

Irgendwann wurde es ihm zu viel. Als wieder eine der Frauen das hübsche Mädchen vor ihm lobte und nicht oft genug wiederholen konnte, wie niedlich sie es fand, zog er mir mit einem kräftigen Ruck die Hose herunter und rief: »Mädchen? Seit wann haben Mädchen einen Zipfel?«

Endlich hatte ich einen Namen für das spitze Ding, das zwischen meinen Beinen hervorstach. Ich hatte etwas Neues erfahren.

Als Kind lernt man ja erst mal die Namen der großen Körperteile kennen, Brust, Bauch, Kopf, Beine, Arme. Dann kann man weiter differenzieren: Ohren, Augen, Nase, Stirn, Knie. Von den Fingern konnte ich den Daumen benennen, und den zweiten, der die Pflaumen pflückt. Die nächsten drei waren noch namenlos.

Jetzt wusste ich, dass ich einen Zipfel hatte.

* * *

Das Geheimnis der Zeit erschloss sich mir im Städtischen Krankenhaus Schweinfurt.

Ich bin dort zusammen mit meiner Mutter. Sie will

eine Bekannte besuchen, die gerade ein Kind bekommen hat.

Das Krankenhaus ist mir vertraut. Da lag ich während einer Scharlacherkrankung in der Isolierstation. Es waren triste Tage. Wegen der Ansteckungsgefahr durfte ich keinen Besuch empfangen. Ab und zu wurde ein Schieber oben in der Tür geräuschvoll zur Seite gezogen und gab das besorgte Gesicht meiner Mutter frei. Ich lächelte ihr zu. Wenn ihr Gesicht wieder verschwunden und das Fensterchen verdeckt war, zog ich mir die Bettdecke über den Kopf und weinte.

Kurz vor Kriegsende wurde ich wieder eingeliefert. Verdacht auf Lungenentzündung. Wir wohnten da schon in Obertheres, und meine Mutter hatte eines der wenigen Autos organisiert, die noch fuhren, und mich nach Schweinfurt gebracht, ins Städtische Krankenhaus.

Ich lag mit fünf anderen Kindern in einem Krankenzimmer und fühlte mich trotzdem einsam. Ein älterer Junge kam mit einem Mühle-Spiel zu mir ans Bett, setzte sich bei mir auf die Kante und fragte, ob ich Lust habe, mit ihm zu spielen. Ich stimmte zu. Mühle kannte ich, das hatte ich oft mit Oma Kuni gespielt und meistens gewonnen. Beim Spiel mit dem großen Jungen begriff ich schnell, dass sie mich immer absichtlich hatte gewinnen lassen. Er setzte seine ersten beiden Steine so geschickt, dass er nur noch den dritten in die Ecke setzen musste und nun die Möglichkeit hatte, nach beiden Seiten eine Mühle zu bilden. Setzte ich meinen Stein zur Verhinderung nach rechts, stellte er seinen vierten Stein nach links, schuf sich eine Mühle und warf einen von mir gesetzten Stein raus.

Mit wenigen Spielzügen hatte er alle meine Spielsteine entfernt bis auf zwei, mit denen man keine Mühle mehr bilden konnte. Ich gab auf.

»Noch mal?«, fragte er. Ich nickte und verlor die neue Partie fast noch schneller als die erste.

Wieder fragte er: »Noch mal?« Ich gab keine Antwort und drehte ihm stumm den Rücken zu.

Ein anderer Junge war der Held in unserem Kinderkrankenzimmer. Er war bei einem Bombenangriff verschüttet worden. Zwei Tage hatte er in qualvoller Enge ausgehalten, bis er gefunden und ausgegraben worden war. Man hatte ihm ein Tapferkeitsabzeichen ans Nachthemd gesteckt, das er jedem von uns vom Bett aus zeigte. Aufstehen durfte er nicht.

»Mein Bauch war aufgeplatzt und der Kot kam heraus«, erzählte er.

»Was ist denn Kot?«, fragte ich. Das Wort war mir nicht bekannt. Wahrscheinlich hatte auch er es vorher noch nie gehört und von den Ärzten gelernt. »Na, Scheiße. Weißt du das nicht? Schei-ße!«, sagte er.

Ein Junge im Nebenbett griff das Wort auf und rief mir zu, ich solle ins Bett scheißen und es hinuntertreten. Er kam aus der Rhön, und in seinem Dialekt klang es so: »Paul, scheiß nein Bett unn trat's noh!«

Das führte zu allgemeinem Gelächter und der gemeinschaftlichen Aufforderung, seinem Vorschlag Folge zu leisten. Ich war mir nicht sicher, ob es scherzhaft gemeint war oder ob man mich jetzt zwingen würde, es tatsächlich zu tun. Ich war der Jüngste im Zimmer, fühlte mich schutzlos und erfand eine Ausrede: »Ich kann aber nicht.

Ich habe Verstopfung!« Was von mir als Ausflucht aus see-
lischer Not gemeint war, wurde von den anderen Jungen
als die genau passende, witzige Gegenrede empfunden
und mit Beifall belohnt.

Meine Mutter befreite mich später und holte mich
nach Obertheres zurück. Es war wohl keine echte Lungenentzündung gewesen. Sie unterschrieb, dass sie mich
»auf eigene Verantwortung« mit sich nahm.

Opa Schorsch amüsierte sich sehr, als ich ihm erzählte,
was der Junge aus der Rhön zu mir gesagt hatte. Ich durfte
es, zu Oma Kunis Ärger, sogar vor den Wirtshausgästen
wiederholen. Opa legte Wert darauf, dass ich den Dialekt des Jungen auch richtig wiedergab. Dadurch würde
es echter und zugleich komischer klingen: »Paul, scheiß
nein Bett unn trat's noh!«

Aber dieses Mal war ich mit meiner Mutter auf der Ent-
bindungsstation. Sie holte aus einem Regal im Flur eine
Vase, stellte den mitgebrachten Strauß hinein und war
gerade dabei, die Tür des Krankenzimmers zu öffnen, als
eine streng blickende Schwester herauskam und uns erklärte, dass das Zimmer der Wöchnerinnen nur von Erwachsenen betreten werden durfte. Sie trug das blau-weiß
gestreifte Kleid, die Schürze und das weiße Häubchen, die
Uniform, die ich von meinen Aufenthalten hier kannte.
Ich sollte auf einem Hocker vor der Tür warten, bis der
Besuch meiner Mutter beendet war. Ich klammerte mich
an deren Hand fest und wollte sie nicht hineingehen lassen. Wer wusste denn, was die Schwester in der Zwischenzeit mit mir gemacht, in welcher Krankenstube sie

mich abgestellt hätte, ohne die schützende Hand meiner Mutter. In diesem Haus hatte ich schlechte Erfahrungen gemacht.

Meine Mutter versuchte, die Schwester zu überzeugen, dass man mich, ein besonders ängstliches Kind, unmöglich alleine vor der Tür sitzen lassen könne. Der Anschein gab ihr recht, die Krankenschwester ließ sich erweichen: »Aber dass er still sitzt und nicht herumläuft!«

Ich ging hinein, aufs höchste gespannt und aufgeregt. Was war das Geheimnis des Zimmers? Etwas, was nur Erwachsene sehen durften. Etwas, was Kindern verboten war.

Mir wurde ein Stuhl zugewiesen, ich blickte mich betont gleichgültig und unauffällig um. Die maisgelben Vorhänge ließen das Zimmer hell und sonnig erscheinen.

Eine Frau hatte gerade eine Brust entblößt und stillte ein winziges Kind. Der kahle Kopf des Säuglings war kaum größer als ein Sellerieknollen. Eine andere lag schlafend im Bett, den Arm behütend um ihre eingerollte Zudecke geschlungen. Das war die Frau, die wir besuchen wollten. Meine Mutter stellte den Strauß auf das Nachtschränkchen, nahm Platz und wartete geduldig darauf, dass ihre Bekannte aufwachte.

Das konnte nicht das Geheimnis des Zimmers sein.

Plötzlich entdeckte ich es. Erst aus den Augenwinkeln, dann bei einer heimlichen, schnellen Kopfwendung. Es war die große, runde Uhr an der Wand! Ich drehte den Kopf rasch zurück und beobachtete die Erwachsenen im Zimmer. Sie hatten nicht gemerkt, dass ich ihr Geheimnis gesehen hatte. Ganz langsam schaute ich wieder zur Uhr hin. Sie hatte ein weißes Ziffernblatt, schlanke Ziffern, dazwischen jeweils fünf Striche. Zwei Zeiger, ein großer und ein kleiner, die kannte ich. Aber hier gab es noch einen dritten, roten, der zitternd von Strich zu Strich, von Sekunde zu Sekunde sprang, geradezu hüpfte!

Unsere Uhr zu Hause war mir immer ein Rätsel gewesen. Man sah nie, dass sich die Zeiger bewegten. Und doch mussten sie es tun. Manchmal, wenn ich fragte, wann wir zu einem Spaziergang aufbrechen würden, sagte meine Mutter: »Wenn der kleine Zeiger dort steht!«, und ihr Finger zeigte auf eine Zahl auf der rechten Seite des Zifferblattes. Ich blickte wieder und wieder hin, aber der Zeiger bewegte sich nicht. Doch wenn ich die Uhr vergessen und eine Zeitlang in meinem Zimmer gespielt hatte, zeigte der kleine Zeiger urplötzlich auf eine andere Zahl.

Es gab Geheimnisse, die die Erwachsenen vor uns Kindern verbargen. Sie schienen den Osterhasen sehen zu können und dem Christkind beim Arrangieren der Weihnachtsgeschenke sogar zur Hand zu gehen. Uns Kindern zeigte sich keiner von beiden.

Andächtig schaute ich jetzt dem Rasen des roten Zeigers zu und vergaß dabei alle Vorsicht. Ich teilte jetzt ein Geheimnis mit den Großen: Jetzt wusste ich, dass man sehen kann, wie die Zeit vergeht!

* * *

Irgendwann wurde es meiner Mutter zu viel.

Früher Sonnenschein hatte mich geweckt, ich war in die Kleider geschlüpft, die Treppe hinuntergeschlichen und hatte unser Haus durch die Hintertür verlassen, ohne den Großeltern und meiner Mutter, die mit dem Frühstück auf mich warteten, einen guten Morgen zu wünschen. Ich ging zum Nachbarhaus, dort gleich durch die Haustüre, eine Klingel gab es sowieso nicht, und klopfte an die Küchentüre. Drinnen machte sich keiner die Mühe »Herein!« zu rufen, deshalb trat ich ein. Lud saß mit seiner Familie beim Frühstück. Frau Viering sagte: »Du magst bestimmt auch noch ein Brot?« Das »noch« bezog sich darauf, dass sie annahm, ich habe nebenan schon mal gefrühstückt. Ich nickte. Sie schnitt vom Brotlaib eine Scheibe ab, die war ungefähr so lang wie mein Unterarm. Auch sie backte ihr Brot selbst, genau wie meine Oma Kuni. Einmal in der Woche trugen die Dorffrauen zwei oder drei mit Sauerteig gefüllte Gärkörbe zum Bäcker Vollert. Die runden Laibe wurden in den Backofen geschoben und gut ausgebacken. Da die fertigen Brote kaum zu unterscheiden waren, hatte jede Familie ihr Brotzeichen, das in den Sauerteig eingedrückt wurde und nach dem Backen noch auf der Unterseite des Brotlaibs zu sehen war. Oma Kunis Zeichen waren zwei konzentrische Kreise. Erst drückte sie mit der Öffnung nach unten eine Tasse in den Teig, dann eine kleine, runde Plätzchenform mitten in den Kreis, den die Tasse hinterlassen hatte.

Frau Viering bestrich die Brotscheibe mit Schweineschmalz, salzte sie, schnitt sie in der Mitte durch und gab eine Hälfte an mich, die andere an Ludwig weiter. Sie mochte es nicht, wenn ich meinen Freund »Lud« nannte. Schließlich hatte sie ihm den Namen ihres verstorbenen Vaters gegeben, und der hatte Ludwig und nicht Lud geheißen.

Lud trank lauwarme Milch, frisch gemolken. Die mochte ich nicht. Seine große Schwester Josefa war schon beim Brunnen gewesen und hatte Wasser geholt. So bekam ich zum Brot einen Steingutbecher voll Wasser. Irene, Luds zweitälteste Schwester, tropfte etwas Apfelessig in meinen Becher, damit das Wasser nicht »so fad« schmeckte.

Danach waren Lud und ich frei und verbrachten den Vormittag damit, uns im Schilf am Mainufer eine Art Nest zu bauen. Wir nannten es Höhle, obwohl das Charakteristische einer Höhle eigentlich darin besteht, dass sie eine Decke hat. Unsere Höhlendecke war der Himmel.

Am Nachmittag erst war ich nach Hause gekommen.

»Kannst du dir vorstellen, was für Sorgen ich mir gemacht habe, als ich dich wecken wollte und dein Bett leer war!«, sagte meine Mutter.

»Wir haben doch Sommerferien«, sagte ich.

»Ich weiß genau, dass du im Main badest, obwohl ich es dir verboten habe.«

»Ich geh nur bis zum Bauch rein«, versicherte ich. Das war eine Lüge, denn das Wasser ging mir immer bis zum Hals. Ich spielte schwimmen, indem ich mit den Armen ruderte, wie ich es von den Schwimmern gesehen hatte. Unter Wasser setzte ich aber Fuß für Fuß in den weichen Boden.

Lud und ich wateten gerne durch den asphaltfarbenen Schlamm, stiegen dann ans Ufer und ließen die künstlichen Stiefeletten an unseren Unterschenkeln trocken und heller werden. Bevor wir in unsere Sandalen schlüpften und uns auf den Heimweg machten, wuschen wir die bröselige Schicht lieber ab, bevor sie verriet, dass wir doch wieder im Main gewesen waren.

»Ich war drauf und dran, zum Main hinunterzugehen und dich zu holen«, sagte sie. »In meinen schlimmsten Vorstellungen hat man dich ertrunken aus dem Fluss gezogen!«

»Wer hat mich rausgezogen? Der Heiner?«, fragte ich. Heiner war der Hüter der Fähre, auf der er Passagiere auf die andere Mainseite brachte.

»Das ist doch völlig egal!«, rief sie. »So kann das nicht weitergehen. Es fehlt der Vater im Haus.«

»Wir haben doch den Opa Schorsch«, sagte ich.

»Der ist viel zu nachgiebig mit dir«, sagte sie und wiederholte noch einmal ihr »So kann das nicht weitergehen!«

Dann machte sie ein ernstes Gesicht und sagte: »Ich muss dich leider in ein Erziehungsheim bringen.«

»Erziehungsheim? Wirklich? Wann denn?«, fragte ich.

»Am besten noch heute.«

Sie holte einen Koffer vom Schrank herunter, staubte ihn ab, und begann, meine Unterwäsche darin zu verstauen.

Ich stand daneben und versuchte, möglichst unbeteiligt auszusehen. Ich war unentschieden. Einerseits hatte ich ein so großes Vertrauen in meine Mutter, dass ich mir sicher war, sie würde ihren Jungen niemals weggeben. Wahrscheinlich, dachte ich, spielt sie mir dies alles vor und wartet darauf, dass ich meine Missetaten bereue und Besserung verspreche. Dann würde sie den Koffer wieder auspacken.

Andererseits konnte ich nicht ganz sicher sein, ob sie es

vielleicht nicht doch ernst meinte. Der Gedanke machte mir Angst.

Ich ging auf die Toilette, schloss mich ein und weinte heftig. Danach trocknete ich mir die Augen mit Toilettenpapier, damit meine Mutter nicht sah, dass ich geweint hatte, und ging zurück ins Zimmer, wo sie inzwischen den Koffer gefüllt und geschlossen hatte.

»Machst du den Koffer bitte wieder auf?«, fragte ich.

Lächelnd ließ sie die beiden Verschlüsse rechts und links vom Koffergriff aufschnalzen. Das war der Moment, auf den sie gewartet hatte. Jetzt würde von mir ein Reuebekenntnis kommen und das Versprechen, in Zukunft brav zu sein!

Ich ging zum Regal und holte meinen Lieblingspullover heraus. Sie hatte ihn selbst gestrickt, grün mit einem dunkelroten Bündchen.

»Du hast den Pullover vergessen. Im Erziehungsheim kann es kalt werden.«

Darauf begann sie zu weinen und fragte: »Dir macht es wohl gar nichts aus, von mir weg zu sein?«

»*Du* schickst mich doch weg!«, rief ich. »Du willst mich doch nicht mehr haben!«

Nun begann auch ich zu weinen. Sie nahm mich in den Arm und versicherte, dass sie es sich anders überlegt habe. Ich käme nun doch nicht ins Erziehungsheim. Sie sei sicher, dass ich meine üblen Streiche bereue und mich bessern wolle. Ich könne den Koffer wieder auspacken und die Wäsche in den Schubfächern verstauen.

DER SCHATTEN MEINES VATERS

————

1.

Ich bin in der ersten Klasse des Gymnasiums. Der Musiklehrer findet, ich habe eine gute Singstimme. Deshalb werde ich in den Schulchor aufgenommen.

Während des Winterhalbjahrs üben wir ein Frühlingskonzert ein. Die Premiere findet dann im März außerhalb der Schule statt, in der nahe gelegenen Stadthalle. Es ist eine Abendveranstaltung, der Saal ist gut gefüllt.

Der Schulchor steht auf der Bühne, gestaffelt nach der Größe der Kinder. Ich stehe mit den anderen aus den drei ersten Klassen in der vordersten Reihe und singe mit inbrünstiger Begeisterung »Wie herrlich leuchtet mir die Natur, wie glänzt die Sonne, wie lacht die Flur …«

Die Liedtexte habe ich während der vielen Proben auswendig gelernt, so kann ich die Zuhörer vor mir betrachten. Es sind die Eltern, Großeltern und Verwandten der Kinder auf der Bühne.

Mit offensichtlichem Stolz blicken sie zu uns Sängern hoch. Ich lasse den Blick an den lächelnden Menschen in der ersten Reihe vorbeiwandern und spüre plötzlich, dass mich jemand fixiert.

Es ist mein Vater. Er sucht den Blickkontakt und blickt mich starr mit weit aufgerissenen Augen an, ohne zu blinzeln. Als er feststellt, dass der Kontakt hergestellt ist, setzt er sich betont aufrecht hin und zieht die Schulterblätter immer wieder vor und zurück, vor und zurück.

Ich kenne die Botschaft, die er mir auf die Bühne sendet: »Du stehst wieder krumm da und schiebst einen Buckel! Man muss sich schämen für dich.«

Ich richte mich auf, nehme die Schultern zurück und versuche, seinem Blick auszuweichen. Das Singen macht mir nicht mehr so viel Freude wie zu Beginn.

2.

Es gab einen in unserer Klasse, Martin hieß er, der war ein Jahr älter als die anderen. Er war sitzengeblieben und musste die Klasse wiederholen. Dieser Martin hatte mich zu seinem Feind und Opfer auserkoren und ließ keine Gelegenheit aus, mich zu beleidigen oder zu quälen. Er beschimpfte mich als Streber und spuckte mir verächtlich auf die Schuhe. Wahrscheinlich, weil die Deutschlehrerin mit meinen Aufsätzen immer zufrieden war, und ich manchmal meinen Aufsatz sogar laut vorlesen sollte.

Einmal hatte mir der Benker-Opa, der Vater meiner verstorbenen Mutter, ein Döschen Pfefferminzbonbons geschenkt. Es war eine kleine blau lackierte Metalldose mit einem Firmenaufdruck am Deckel, die bis an den Rand mit weißen linsengroßen Pfefferminzplättchen gefüllt war. Ich nahm sie mit in die Schule.

In der Pause ging ich zu Martin, hielt ihm die geöffnete Dose hin. »Darfst dir ein Bonbon nehmen!« Es war als Friedensangebot gemeint. Mit einer raschen, heftigen Bewegung schlug er mir von unten gegen die Hand, alle Bonbons wurden herausgeschleudert, und ich schaute verblüfft in die leere Dose.

»Ein Wunder ist geschehen! Es hat im Sommer geschneit«, rief er und zeigte auf den weißen Pfefferminzschleier, der nun den Boden des Schulhofs bedeckte. Obwohl die meisten aus meiner Klasse zu mir hielten, mussten sie über das Schneewunder lachen. Ich verbarg meine Enttäuschung, steckte die nun leere Dose in die Tasche und lachte mit. Leider wohnte Martin im selben Stadtviertel wie ich, so dass wir den gleichen Heimweg hatten.

Eine gute Gelegenheit für ihn, mir etwa von hinten den Schulranzen zu öffnen und den Inhalt meines Federmäppchens auf den Gehsteig zu verstreuen.

Ich konnte noch so oft »Lass das, du Arsch! Hör auf damit!« rufen. Es hatte keine Wirkung. Er war älter, größer und stärker.

An einem Februartag kam ich mit einer roten Bommelmütze zur Schule. Martin bezeichnete sie als Kindergartenmütze und machte sich darüber lustig.

Auf dem gemeinsamen Heimweg zog er mir die Mütze mit einem Ruck über das Gesicht nach unten, drehte sie zusammen und schnürte sie unter meinem Kinn fest zu. Meine Nase wurde plattgepresst, ich atmete mühsam mit dem Mund durch den Wollstoff, schlug um mich und versuchte freizukommen. Je mehr ich mich wehrte, desto straffer zog er die Mütze zu und raubte mir den Atem. Mit einem Mal ließ er die Mütze los. Ich riss sie mir vom Kopf. Martin stand nicht mehr hinter mir, er rannte weg und war bestimmt schon zehn Meter weiter, als ich in meinem Zorn einen kartoffelgroßen Stein vom Wegrand aufnahm und mit einem »Du Schwein!« hinter ihm her schleuderte. Natürlich traf ich ihn nicht.

Plötzlich erkannte ich den Grund für seine plötzliche Flucht: Mein Vater war auf dem Motorrad vorbeigefahren, hatte die Szene beobachtet, gewendet und hielt nun neben mir. Ein Gefühl der Dankbarkeit stieg in mir auf: Mein Vater hatte mich aus Martins Gewalt erlöst! Aber die Freude verging schnell, als ich seine finstere Miene sah. »Wie oft habe ich dir schon gesagt, dass man nicht mit Steinen wirft!«, schrie er mich an. »Du kannst dir gleich deine Tracht abholen! Geh schon mal voraus in die Waschküche und nimm den Schlauch aus dem Regal!«

Der Schlauch war sein Züchtigungsinstrument. Ein ungefähr fünfzig Zentimeter langes Stück, das er aus einem alten Gartenschlauch herausgeschnitten hatte.

Ich legte meinen Schulranzen im Hausflur auf einer der vier Stufen ab, die zur Flurtür hochführten, ging nicht nach oben, sondern stieg die Kellertreppe hinunter in die Waschküche. Die Glasscheibe der Tür war milchig beschlagen, meine Mutter hatte wohl am Vormittag im offenen, ummauerten Zuber gewaschen. Der feuchte, warme Dampf hatte sich noch nicht ganz verzogen, hing in der Luft und schlug sich als dünne, kühle Wasserschicht auf allen Gegenständen nieder. Ich stand neben dem Zuber und wartete. Den Schlauch holte ich nicht heraus, eine winzige Geste des Widerstands.

Dann hörte ich meinen Vater kommen. Aber er ging nicht nach unten. Er schloss oben die Wohnungstüre auf. Mir wurde klar, dass er jetzt erst mal zu Mittag aß.

Immer wieder überkam mich ein Zittern. Es war die Angst vor dem Kommenden. Ich versuchte, mich auf einen umgestülpten Waschkorb zu setzen. Es gab keinen Stuhl da unten. Aber der Boden des Korbs war nass und kalt. So stellte ich mich wieder hin. Ich schätzte die Zeit ab, die mein Vater brauchte, um mit dem Mittagessen zu Ende zu kommen. Sie verging so langsam. Ich hätte das Unvermeidbare gerne schnell hinter mich gebracht. Er schien auch noch einen Nachtisch zu essen, wahrscheinlich frischgekochtes Apfelmus. Das Mittagessen konnte doch nicht derart lange dauern!

Dann hörte ich ihn kommen.

»So! Jetzt lernst du ein für alle Mal, dass man nicht mit Steinen wirft!«, sagte er, holte den Schlauch aus dem Regal, fasste mit der einen Hand meinen Kopf, drückte ihn nach unten, legte mich über sein aufgestelltes Knie und begann, auf mich einzuschlagen. Ich zappelte vor Schmerzen und versuchte, mich wegzuwinden. Das hatte zur Folge, dass seine Schläge nicht nur meinen Po, sondern auch meine Oberschenkel trafen.

Ich schrie viel lauter, als es meinen Schmerzen entsprach, weil ich hoffte, mein schreckliches Geschrei würde meinen Vater besänftigen. Gleichzeitig verachtete ich mich, weil ich seine Verachtung spürte über einen Sohn, der die Schmerzen nicht stoisch, stolz und ohne ein Wort der Klage aushielt wie die Indianer in meinen Karl-May-Büchern, sondern flennte wie ein Mädchen.

Mit einem »Merk dir das!« beendete er die Strafaktion, legte den Schlauch zurück, ließ mich stehen und ging nach oben. Ich hörte, wie er die Haustüre hinter sich schloss.

Langsam schlich ich die Stufen hoch. Die Schläge brannten auf der Haut. Oben nahm ich meine Büchertasche auf und ging in die Wohnung. Meine Mutter stellte mir das Essen hin. An ihren Augen und der roten Nase sah ich, dass sie geweint hatte. Sie hatte meine Schreie gehört.

Außer »Ich hab das Essen für dich aufgewärmt. Guten Appetit« sagte sie aber nichts. So sagte auch ich nichts, aß stumm und zog mich dann in mein Zimmer zurück. Dort legte ich mich vorsichtig aufs Bett und griff nach meinem Lieblingsbuch *Robinson Crusoe*, blätterte darin und schaute lange jede einzelne der Illustrationen von Alfred Zacharias an. Die Geschichte des Mannes, der einsam auf einer Insel lebt, musste ich nicht noch mal lesen. Die kannte ich fast auswendig.

3.

Ich besuche meinen zweiundneunzigjährigen Vater im Leopoldina-Krankenhaus. Er hat Wasser in der Lunge. Der Arzt hat ihm gesagt, dass Bewegung wichtig sei. Deshalb soll mein Vater nicht die Toilette im Krankenzimmer benutzen, sondern eine andere am Ende des Flurs aufsuchen.

Als er aufsteht, in den Morgenmantel schlüpft und leicht schwankend den Krankenhausgang entlang zur Toilette geht, begleite ich ihn und warte vor der Toilettentür.

Mir scheint, dass auf dem Rückweg sein Schwanken stärker geworden ist. Ich schiebe meine Hand unter seinem Ellbogen durch und fasse seinen Unterarm, um ihn zu stützen. Mit einer unwilligen Geste entreißt er mir den Arm, tritt einen Schritt zur Seite und geht dann schnell und gerade aufgerichtet ins Krankenzimmer zurück.

Ich weiß nicht, ob ihm meine Geste unangenehm nah war, oder ob er mir signalisieren wollte: Du hältst mich wohl für einen Tattergreis, der gestützt werden muss. Hier, schau, wie drahtig ich mich noch bewegen kann!

Im Zimmer ist inzwischen das Abendbrot gebracht und abgestellt worden. Er dankt mir für den Besuch und verabschiedet mich. Noch während ich sein Zimmer verlasse, beginnt er zu essen.

In der Nacht darauf ist er gestorben.

4.

Ich hatte gehofft, dass der Schatten meines Vaters nach seinem Tod langsam verblassen würde, und musste feststellen, dass er eher länger wurde. Trotz meines fortgeschrittenen Alters nahm ich immer mehr meine kindlichen Verhaltensweisen auf. Es nützte wenig, dass ich mir dessen bewusst wurde und die alten Reflexe abzustellen versuchte.

In Gesellschaft verhalte ich mich möglichst unauffällig. Das war meine kindliche Strategie gewesen, nicht die

Aufmerksamkeit und den Unwillen des Vaters auf mich zu lenken. Mäuschenstill in einer Zimmerecke mit der Tapete zu verschmelzen. Ich habe ein schlechtes Gewissen in Situationen, in denen ich souverän sein sollte, und versuche, es allen recht und keine Fehler zu machen. Gewöhnlich widerspreche ich nicht, wenn ich anderer Meinung bin als ein Gesprächspartner. Denn das hätte mir in meiner Kindheit leicht eine Ohrfeige einbringen können.

In meinem Zwang, den Schein zu wahren und artig zu sein, ging ich einmal so weit, dass ich in einem russischen Hotel die Duschkabine öffnete und die Brause von außen betätigte ohne zu duschen. Ich hatte keine Lust auf eine Dusche und wusch mich nur am Waschbecken.

Die nasse Duschwanne und das absichtlich angefeuchtete große Handtuch sollten den Eindruck erwecken, dass der Gast aus dem Westen geduscht habe.

Danach saß ich beim Hotelfrühstück, rief mir die Szene noch mal ins Gedächtnis und fand mein Verhalten mehr als grotesk: Da saß ein Schriftsteller am Frühstückstisch, wartete auf den Fahrer, der ihn zu einer Lesung in die Puschkin-Bibliothek fahren würde, und sorgte sich, dass sich eine unbekannte Zimmerfrau Gedanken über seine Reinlichkeit machen würde.

Als dann auch noch die nächtlichen Träume überhandnahmen, in denen mir mein Vater vorwurfsvoll gegenübertrat, fand ich es an der Zeit, mich endlich dagegen zu wehren.

Ich suchte nach einem Foto, das ihn zeigte, vergrößerte es, legte es auf einen Lichtkasten und einen Bogen Aquarellpapier darüber, dann zeichnete ich die Konturen nach, vergaß auch nicht die charakteristische Lücke zwischen seinen oberen Schneidezähnen, und bog seine Mundwinkel etwas höher als auf dem Foto, so dass sich der vage Anflug eines Lächelns auf seinem Gesicht zeigte. Anschließend kolorierte ich die Zeichnung. Das alles sollte wie ein Voodoo-Zauber wirken, eine magische Beschwörung, die mir meine unsinnige, kindische Furcht nehmen würde.

Das Bild lag dann eine Weile auf meinem Arbeitstisch. Ich fühlte mich diesem gemalten Vater sogar näher als dem aus meiner Erinnerung. Nach einer Weile legte ich das Bild in die Schublade, in der ich meine Illustrationen aufbewahre, und vergaß es.

Ein halbes Jahr später öffnete ich die Schublade auf der Suche nach einer Illustration. Urplötzlich empfand ich etwas wie einen Schlag in den Magen, eine Blutleere im Gehirn. Ich warf die Schublade so heftig zu, dass sie wieder aufsprang und noch einmal geschlossen werden musste.

Eine solche Reaktion hatte ich einmal bei meiner Schwiegertochter Anne erlebt. Sie saß im Sessel bei uns im Wohnzimmer und blätterte in einem GEO-Magazin. Mit einem lauten Schrei schleuderte sie das Heft durchs Zimmer.

Anne hat eine Schlangenphobie. Beim Umblättern hatte sie unvorbereitet das gestochen scharfe Foto einer exotischen Schlange gesehen.

Mich hatte beim Aufziehen der Schublade unvorbereitet das Bild meines Vaters angeblickt.

* * *

Mein Vater Edmund, mit Taufnamen hieß er Edmund Jeremias, war nach dem frühen Tod seiner Schwester Anna das zweitälteste Kind von Oma Rethel und Opa Paulus.

Ich habe meinen Großvater väterlicherseits nie kennengelernt, er starb vor meiner Geburt. Im Familienkreis gilt er als schwieriger, jähzorniger, geradezu bösartiger Mensch.

Als ihm einmal die Klöße nicht behagten, weil Oma Rethel sie nicht wie seine Mutter mit »Weckbröckeli« gefüllt hatte, mit in Fett angebratenen Semmelwürfeln, warf er die Schüssel mitsamt den Klößen aus dem Fenster des ersten Stockes auf die Straße. Seine Frau musste dann unten die Scherben aufkehren und die zermatschten Klöße entsorgen. Die Kinder blieben ohne Mittagessen.

Nach dem Tod von Anna war Bruno der Älteste von fünf Geschwistern. Danach kam mein Vater, dann die Schwestern Elli und Hedwig, und schließlich Richard, der Nachzügler, der elf Jahre nach Bruno geboren war.

In den Jahren nach dem Ersten Weltkrieg, als Opa Paulus in Kriegsgefangenschaft war, musste Edmund zum Versorger der Familie werden. Der Zwölfjährige arbeitete nach der Schule in einer Pferdemetzgerei. Seine Aufgabe war, in einem Eimer das Blut aufzufangen, wenn ein Pferd geschlachtet wurde.

Noch Jahrzehnte später, wenn jemand seine gern zur Schau gestellten Oberarmmuskeln bewunderte, pflegte er zu erzählen, dass die sich schon früh bei seiner Arbeit in der Pferdemetzgerei gebildet hatten. »Ihr könnt euch gar nicht vorstellen, wie schwer so ein Eimer voll Blut ist! Einmal ist er mir fast aus den Händen gefallen, als das

Pferd noch mal gezuckt hat, und das Blut in einem anderen Bogen rausgeschossen ist. Da hätte es Schläge vom Metzger gegeben.«

Am späten Nachmittag bekam er als Lohn einen noch warmen Ringel Fleischwurst um den Hals gehängt. Den trug er stolz nach Hause, wo die Wurst aufgeteilt und von der Familie zusammen mit Kartoffeln verzehrt wurde.

Die Kartoffeln hatten die Schwestern gestoppelt. Das heißt, sie suchten in umgepflügten Äckern nach Kartoffeln, die bei der Ernte übersehen worden waren, und trugen sie im Einkaufsnetz nach Hause.

Großvater Paulus war Maurermeister und hatte zwei Gesellen. Mit sechzehn Jahren fing mein Vater bei ihm als »Stift« an, als Lehrling.

Als er sich einmal weigerte, einen Befehl auszuführen, der ihm unsinnig erschien, schlug ihm Opa Paulus mit einem Ziegelstein, den er gerade in der Hand hatte, so heftig auf den Kopf, dass mein Vater zu Boden fiel und ohnmächtig liegen blieb. Meinen Großvater kümmerte das nicht. Nach Arbeitsschluss ging er wie üblich nach Hause und ließ seinen Sohn einfach liegen. Auf die Frage von Oma Rethel antwortete er lapidar, der Edmund würde schon noch kommen.

Später erwachte mein Vater, schlich nach Hause und legte sich ins Bett. Am nächsten Morgen erschien er pünktlich um sechs auf der Baustelle. Keiner von beiden verlor ein Wort über den Vorfall vom vergangenen Tag.

Von Opa Paulus' Attacke mit dem Ziegelstein erfuhr ich durch meine Schwester Barbara.

Mein Vater hatte ihr davon beim abendlichen Weintrinken erzählt. Er habe dabei geweint wie ein Kind, sagte sie. Mein Vater vertraute Barbara Dinge an, über die er mit meiner Mutter selten oder nie sprach. Er schilderte ihr seine Sorgen im Geschäft und kam manchmal sogar auf Ereignisse zu sprechen, die sich während seiner Zeit als Soldat ereignet hatten. Immer wieder tauchte das Thema »Verräter« bei ihm auf. »Alles Verrat! Überall nur Verrat! Auch in Frankreich.« Ohne Verrat wäre der Krieg nicht verloren gegangen. Selbstverständlich wurde der überführte Verräter standrechtlich erschossen. Ob er selbst an der Erschießung beteiligt war, ließ er offen.

Eine Institution gehörte seiner Überzeugung nach auf jeden Fall erschossen. »Die Gewerkschaft, die g'hört doch erschossen!«, rief er aus, als er in der Tagesschau hörte, dass sie zehn Prozent Lohnerhöhung forderte. Das hätte seine Firma ruiniert.

Die Verbrechen an den Juden redete er klein. Alles übertrieben und viel gelogen, wusste er. Der Pfarrer habe es bei einer Versammlung auch bestätigt.

»Die Juden«, sagte er beim Mittagessen, mit einem sachkundigen Nicken zu meiner Mutter hin, als in der Zeitung etwas über Israel stand, »die Juden waren schon immer ein kriegerisches Volk!«

Barbara kann wahrscheinlich meine distanzierte Haltung unserem Vater gegenüber nicht verstehen, denn sie hat ihn anders erlebt als ich. Als sie geboren wurde, lag das Kriegsende schon zwölf Jahre zurück, ich stand kurz vor dem

Abitur, und mein Vater hatte viel von seiner Härte und Strenge verloren. Sie war die lang ersehnte Tochter und wurde als Kind wie eine Prinzessin behandelt und herausgeputzt. Ging es darum, Barbara neu einzukleiden, vergaß er all seine Sparsamkeit und legte Wert darauf, dass sie das schönstmögliche Röckchen oder Blüschen bekam. Er war stolz auf ihre lockigen, blonden Haare, führte sie gerne sonntags an der Hand durch die Innenstadt und nahm gnädig die Komplimente von Bekannten entgegen, die angeblich gar nicht glauben konnten, dass er mit über fünfzig Jahren noch so ein kleines, hübsches Töchterchen habe.

Meine Mutter hatte lange versucht, die Schwangerschaft vor mir geheim zu halten. Als ich ihr mit der Bemerkung »Du solltest in deinem Zustand nicht mehr so schwer heben«, einen schweren Waschkorb abnahm, wirkte sie gleichzeitig erleichtert und besorgt.

»Ich habe mich nicht getraut, es dir zu sagen«, gestand sie. »Ich denke, dass du dich nicht darüber freuen kannst. Oder?«

»Weshalb soll ich mich nicht darüber freuen?«, fragte ich.

Ihre Begründung fand ich so abwegig, dass ich erst mal kopfschüttelnd und sprachlos vor ihr stand.

»Weil doch dann eure Erbschaft nicht durch zwei, sondern durch drei geteilt werden muss«, sagte sie.

»Das Erbe interessiert mich einen Pfifferling! Wie kannst du mich so einschätzen!«, rief ich.

»Gut, dass du mir das sagst«, antwortete sie. »Jetzt bin ich eine Sorge los.«

Damals hatten weder sie noch ich ahnen können, dass

meine Schwester, mein Bruder und ich nach dem Tod unseres Vaters bei Gericht beglaubigen mussten, dass wir sein Erbe ablehnten. Wir hätten nur seine Schulden geerbt.

Nach dem Tod von Opa Paulus übernahm mein Vater dessen kleine Firma, legte eine Meisterprüfung als Maurer und Verputzer und eine zweite als Stuckateur ab. Danach vergrößerte sich ständig sein Kundenkreis.

Als Hitler den Zweiten Weltkrieg angezettelt hatte, wurde mein Vater zum Militärdienst eingezogen. Da er eingetragenes Mitglied im Ruderclub Franken war, teilte man ihn der Marine zu. Er, der noch nie das Meer gesehen hatte, wurde zum Matrosen und ins besetzte Cherbourg abgeordnet. Sein Beruf brachte es mit sich, dass er Pläne lesen konnte. Daher landete er in der Schreibstube, zeichnete maßstabsgetreue Pläne der Hafenanlagen und markierte mit Rotstift die geheimen Stellen, an denen man Wasserminen deponiert hatte.

Nach der Invasion in die Normandie geriet er in Kriegsgefangenschaft und wurde per Schiff nach Amerika verfrachtet.

Bei der Registrierung im Gefangenenlager in Arkansas gab er als Beruf »Koch« an, was zur Folge hatte, dass er nicht wie die anderen Gefangenen zum Baumwollpflücken eingesetzt, sondern der Küche zugeteilt wurde. Er hatte seiner Mutter oft assistiert und traute sich zu, auch für hundert Leute zu kochen. Bald stieg er zum Chefkoch auf und wurde schließlich in die Kantine versetzt, in der die amerikanischen Offiziere speisten. Er sprach sie immer »Offissiere« aus.

Zu seinen liebsten Erinnerungsstücken zählte später ein großformatiges Foto, das ihn mit hoher Kochmütze im Kreis weiß gekleideter Hilfsköche zeigt. In der Hand hält er die Auszeichnung, die man ihm verliehen hatte: Ein großes Schild mit der Aufschrift »Best Mess-Hall«, bestes Kasino.

Nachdem der Krieg drüben im fernen Europa mit der deutschen Kapitulation zu Ende gegangen war, brachte man die Gefangenen mit der falschen Botschaft, es ginge nach Hause (wohl um eine Meuterei zu vermeiden) auf ein Schiff. Das legte aber nicht in Bremerhaven an, sondern in einem englischen Hafen. Diesmal half ihm die angemaßte Berufsbezeichnung »Koch« wenig. Er arbeitete ein Jahr in einem Kohlebergwerk. Danach versprach man ihm wieder die Heimkehr. In Wirklichkeit wurde er der dritten Siegermacht überstellt und in einem französischen Lager interniert.

Er hatte sich auf das Wiedersehen mit seiner Mutter gefreut. Als er fast zwei Jahre nach Kriegsende nach Hause kam, konnten wir ihm nur deren Grab zeigen. Darüber hinaus musste er feststellen, dass man in der unmittelbaren Nachkriegszeit seine Firma ausgeraubt und sämtliche Baumaschinen, das Gerüstholz, die Bretter und alle Leitern gestohlen hatte. Und mehr noch: Unser Haus, das durch den Umzug meiner Mutter nach Obertheres eine Weile leer gestanden hatte, war nun einer ausgebombten Familie zugesprochen worden, die sich jahrelang weigerte auszuziehen.

So war er gezwungen, zu seinen Schwiegereltern aufs Dorf zu ziehen und dort auszuharren, bis er wieder nach

Schweinfurt, in sein Haus zurück und sein Geschäft neu aufbauen konnte.

Den Vater meiner frühen Kindheit habe ich als ausgeglichenen, unternehmungslustigen, fröhlichen Menschen in Erinnerung. Zum Vater, der mir fremd war, der mich schlug und mir Angst machte, wurde er erst, als er verbittert als König ohne Land im dörflichen Exil ausharren musste.

Im Märchen »Schneeweißchen und Rosenrot« hat ein böser Zwerg den Prinzen »verwunschen« und ihn zu einem Tier gemacht, einem wilden Bären. Der bleibt an einem Dornbusch hängen, sein Bärenfell reißt auf und durch den Riss sieht man es golden schimmern. Das Bärenfell ist nur eine Hülle. Im Innern des Bären steckt immer noch der Prinz.

Der böse Zwerg schien auch meinen Vater verzaubert zu haben. Bei ihm wartete ich aber vergeblich auf einen goldenen Schimmer.

Dabei wird mir immer mehr bewusst, dass die Entfremdung nicht allein von ihm ausging, sondern auch von mir selbst.

Ich hatte ihn zuletzt bei einem Fronturlaub im Jahr 1943 gesehen, da war ich fünf Jahre alt. Als er zurückkam, war ich neun. Ich erkannte ihn nicht und fragte meine Mutter, wer der fremde Mann sei.

»Na, dein Papa! Erkennst du ihn denn nicht? Komm, gib ihm einen Kuss!«, sagte sie vorwurfsvoll-erstaunt.

Ich empfand ihn als Eindringling, der unsere enge Mutter-Sohn-Beziehung zerstörte.

Ich hatte kein eigenes Zimmer gehabt und im Zimmer

meiner Mutter geschlafen. Sie hatte das Doppelbett auseinandergerückt und ein Nachtschränkchen zwischen die beiden Betten geschoben. Ich schlief im linken Bett, sie im rechten. Montags war Ruhetag in der Gastwirtschaft. Da musste sie nicht in der Küche helfen und kam früher als sonst nach oben. Ich wartete in meinem Bett auf sie. Wenn dann auch sie im Bett lag und die Nachttischlampe ausgeknipst hatte, unterhielten wir uns noch eine Weile quer über den Spalt hinweg, der unsere Betten trennte. Ich erzählte, was ich zusammen mit Lud erlebt hatte, sparte allerdings einiges aus, was ihr bestimmt nicht gefallen hätte. Sie erzählte, was sie früher als junges Mädchen unternommen hatte. Es war nicht viel, denn Oma Kuni hatte streng darüber gewacht, dass meine Mutter sofort nach der Schule nach Hause kam. Und auch nachmittags hatte sie nie weggedurft. Oma Kuni sei viel zu streng gewesen, beschwerte sie sich bei mir. Anders Opa Schorsch. Der war warmherzig und hatte sich manchmal über die strengen Regeln seiner Frau hinweggesetzt und ihr etwa erlaubt, mit den BDM-Mädchen einen Ausflug nach Regensburg zu machen. Er hatte sie auch nie geschlagen. Nicht einmal eine Ohrfeige habe sie gekriegt.

Nun war also mein Vater zurück und schob die beiden Betthälften wieder aneinander.

Für mich musste eine Bleibe gefunden werden. Mir wurde ein neuer Schlafplatz in einer Kammer zugewiesen, die mit allerlei Kram vollgestellt war. Da standen die Vereinsfahne des Turnvereins, die bei Umzügen vorangetragen wurde, Kartons mit leeren Biergläsern für die Weihnachtsfeier im Tanzsaal, komische Hüte, Pappnasen und

Mützen für die jährlichen Kappenabende. Der Saal selbst war allerdings für mich nicht mehr zugänglich. Früher hatten Lud und ich mit selbstgemachten Peitschen unsere Kreisel auf dem glatten Boden tanzen lassen. Jetzt wohnte da eine vielköpfige Flüchtlingsfamilie aus Oberschlesien.

Als die Kammer schließlich entstaubt und fast leer war, holte mein Vater zusammen mit Opa Schorsch ein Bett aus dem ehemaligen Oma-Rethel-Zimmer. Das stand nun in meinem neuen Zimmer an der Wand. Immerhin wies mein kleines Fenster auf den Hof der Vierings, und ich konnte von oben sehen, wann Lud sich im Hof oder im Stall aufhielt. Von dort fanden allerdings auch die Mäuse den Weg zu mir.

Der Sommer war warm gewesen, die Tiere hatten viel zu fressen gefunden und sich gut ernährt. Vierings hatten sich zwei Katzen angeschafft, um der Mäuseplage Herr zu werden. Sie patrouillierten durch die Scheune und legten die Beweise ihrer Jagderfolge meistens vor Vierings Haustüre ab: Mäuseohren, Mäuseschwänze oder angeknabberte Mäuseleichen.

Der frühe Wintereinbruch trieb die Mäuse in die Häuser. Mehr als einmal sah ich eine Maus an der senkrechten Wand unseres Hauses emporklettern. Sie klammerte sich an winzigen Vorsprüngen der Mauersteine fest und verschwand in einem kleinen Spalt unter der Dachrinne. Dort oben kämpften die Mäuse ums Überleben.

Nachts, wenn ich im Bett lag, hörte ich ihr Trappeln über mir, das Nagen, Kratzen und Rascheln in den Wänden und den Hohlräumen der Zimmerdecke. Die Tiere schienen zu raufen und sich zu beißen, ihre spitzen, hohen Schreie rissen mich immer wieder aus dem Schlaf. Und sie nagten alles an, sei es, um sich durchs Fressen von Mörtel, Holz, Stroh und Gips vor dem Hungertod zu bewahren, sei es, weil ein Instinkt sie zwang, sich in neue, andere Räume durchzunagen, wo sie vielleicht Futter finden würden.

Besonders schlimm war es, wenn sich eine Maus durch meine Zimmerdecke fraß. Stundenlang war das trockene Schaben der Mäusezähne zu hören, und doch erschrak ich immer wieder neu, wenn plötzlich Kalk von der Decke fiel und oben aus einem Loch die zuckenden, zappelnden Hinterbeine einer Maus ragten, die aufgeregt nach Halt suchte. Manchmal gelang es dem Tier, sich ins Loch zurückzuziehen. Manchmal plumpste die Maus aber auch nach unten. Einmal war eines dieser Mäusetiere auf meine Zudecke gefallen, über meinen nackten Arm gehuscht und unter dem Bett verschwunden. Seitdem fürchtete ich mich vor herabstürzenden Mäusen.

Hatte sich eine durchgenagt, suchte ich Schutz bei Opa Schorsch. War es früh am Abend, und er noch unten in der Gaststube oder der Küche, hämmerte ich mit meinem Stuhl hart auf den Fußboden, damit er zu mir heraufkam. War es nach Mitternacht, scheute ich mich nicht, barfuß ins Schlafzimmer der Großeltern zu huschen, Opa am Arm zu rütteln und ihm zuzuflüstern, leise, damit Oma Kuni nicht geweckt wurde: »Opa, du musst kommen! Eine Maus!«

Er kam dann schlaftrunken zu mir ins Zimmer, hielt seinen abgetragenen, grauweißen Bademantel mit der Hand zu, und inspizierte das Loch in der Zimmerdecke. Ich ließ ihm keine andere Wahl: Noch in der Nacht musste er nach unten gehen und mit einem Kanten Brot, einer Tüte voll Gips und einer Dose Rattengift zurückkommen. Das Brot bestrich er dick mit der grünen Giftpaste, stieg auf meinen Stuhl und schob es oben ins Mäuseloch. Daraufhin rührte er in einer ausgedienten, henkellosen Tasse den Gips mit Wasser an, strich die Öffnung mit dem Gipsbrei zu, stieg vom Stuhl und wünschte mir eine gute Nacht.

Die Mäuseplage hielt den ganzen Winter über an. Erst im März, als der Schnee schmolz und das Hochwasser des Mains fast bis zu unserem Haus stieg, verstummte das nächtliche Nagen. Entweder die Tiere hatten sich ins Freie retten können, oder sie waren alle an den vergifteten Brotstücken verendet, und ihre kleinen, pelzigen Leichname ruhten irgendwo in den Hohlräumen meiner Zimmerdecke. Ich hätte ja auch meinen Vater wecken und ihm die Aufgabe der Mäusevergiftung übertragen können, tat es aber nie. Er war mir noch zu fremd. Außerdem hätte er, so wenig wie ich gewusst, wo Opa Schorsch das gefährliche Rattengift unter Verschluss hielt.

Mein Vater spürte die Ablehnung, die ich ihm entgegenbrachte, und ich bin mir ziemlich sicher, dass er versuchte, das alte Vater-Sohn-Verhältnis aus meiner Kindheit wieder aufzunehmen. Aber ich verweigerte ihm meine Zuneigung, die ihm bestimmt gutgetan hätte. Ich nahm ihm übel, dass er meine Mutter oft schroff behandelte und mit ihr stritt. Manchmal kam sie mit verweinten Augen aus dem Schlafzimmer und versuchte vergeblich, ihre Tränen vor mir zu verbergen. Wenn mein Vater nicht so verbittert, ungerecht, unzufrieden und immer schlecht gelaunt gewesen wäre, hätte sich eine bessere Beziehung zwischen uns aufbauen können. So aber war ich bockig, gab nur knappe Antworten, wenn er mich etwas fragte, und zeigte ihm, dass er nicht willkommen war.

Der einzige Weg für ihn, Nähe herzustellen, war mich zu schlagen. Da musste ich auf ihn reagieren, weinen, schreien, seine Nähe akzeptieren. Das verselbständigte sich zur Gewohnheit. Nun brauchte er meine Nähe nicht mehr. Nun blieb ich der ungeratene Sohn, der so gar nicht seinen Vorstellungen von einem drahtigen, sportbegeisterten Jungen entsprach, sondern mit Brille auf der Nase und krummem Rücken verweichlicht im Sessel lümmelte, ein Buch in der Hand.

IM HIMMEL

Es ist November 1943, anderthalb Jahre vor dem Ende des Zweiten Weltkriegs. Meine Mutter stürzt ins Zimmer, schon im Mantel, reißt mich aus dem Bett, ruft: »Paul, Alarm! Zieh die Schuhe an! Schnell!«, und ist schon wieder weg, um sich um Oma Rethel zu kümmern. Ich bin fünf Jahre alt, lebe in Schweinfurt zusammen mit meiner Oma und meiner Mutter.

Nachts liege ich immer angezogen im Bett, nur die Schuhe stehen am Boden. Wenn die Sirenen läuten, um vor einem Bombenangriff zu warnen, hat man höchstens zehn Minuten Zeit, um den nächsten Luftschutzkeller zu erreichen. Nicht genug, um sich anzuziehen.

Die meisten Bombenangriffe ereignen sich in der Nacht. Im Dunkeln sind die alliierten Flugzeuge schlecht zu erkennen und werden nicht so leicht von der deutschen Flak abgeschossen.

Oma Rethel ist übergewichtig. Sie bewegt sich nur ungern und sehr, sehr langsam. Mama muss ihr in die Kleider helfen und sie überreden, mit uns hinüberzugehen zum »Brauhaus-Keller«. Das ist ein gewölbter Keller, wo man sich zwischen den Bierfässern vor den Bomben einigermaßen sicher fühlen kann.

Meine Mutter ist den Tränen nah. Oma Rethel ist störrisch, will sich wieder mal nicht anziehen und schon gar nicht nachts aus dem Haus gehen. Endlich lässt sie sich doch überreden, und wir eilen zu dritt los durch die Finsternis. Keine Straßenlaterne leuchtet, es herrscht Verdunklungsgebot. Wenn in den Häusern und auf den Straßen kein Licht zu sehen ist, macht es das für die Bomberflugzeuge in der Luft schwerer, ihre Ziele zu erkennen und zu treffen.

Ich trage den kleinen, roten Koffer, in dem alle unsere wichtigen Dokumente stecken, zum Beispiel unsere Pässe. Die haben wir immer dabei. Wir wissen nie, ob unser Haus nach einem Bombenangriff noch stehen wird.

Meine Mutter zerrt Oma am Arm mit sich, in immer größerer Panik. Denn am Himmel erscheinen schon die im Dreieck angeordneten Lichter, die wir Kinder Christbäume nannten. Sie wurden aus den Flugzeugen abgeworfen, schwebten hell leuchtend auf die Stadt hinab, und zeigten den Bombenfliegern die Ziele am Boden. Jedes Kind wusste: Wenn die Christbäume erscheinen, dauert es höchstens noch zwei, drei Minuten, bevor die Bomben vom Himmel regnen. Zusammen mit den Christbäumen rieselten Tausende von Stanniolstreifen auf die Stadt. Sie sollten den deutschen Funkverkehr stören. Nach manchen Angriffen waren die Straßen mit einer silberglänzenden Schicht bedeckt, in der sich die brennenden Häuser spiegelten. Auch für den Namen dieser Streifen entliehen wir uns eine Bezeichnung aus den Weihnachtsbräuchen, wir nannten sie Lametta. Die Suchscheinwerfer der deutschen Flak-Geschütze durchstreifen den Nachthimmel, überkreuzen sich, versuchen, ein feindliches Flugzeug einzufangen. Sie schicken ihm Leuchtspurmunition hinterher, die dann zu Boden fällt und manchmal sogar Hausdächer in Brand setzt.

Wir sind wieder einmal zu spät, weil Oma so störrisch und so langsam ist. Schon bebt der Boden um uns herum, die ersten Bomben explodieren. Das große eiserne Tor, das den Keller schützt, ist geschlossen. Wir pochen mit Fäusten dagegen. Ein Mann öffnet. Er herrscht uns an, ob wir nicht wüssten, dass wir alle im Keller in Gefahr bringen, wenn wegen uns der Eingang noch mal geöffnet wird? Doch er lässt uns hinein.

Dann sitzen wir am Steinboden. Das Licht flackert, geht schließlich aus. Die Stromleitung ist wieder mal getroffen. Meine Mama versucht, eine mitgebrachte Kerze anzuzünden. Als ich sehe, dass die Streichholzflamme so sehr zittert, dass sie den Docht verfehlt und erlischt, weiß ich, dass meine Mutter Angst hat. Und die habe ich nun auch.

Doch es geht alles gut in dieser Nacht. Wir werden nicht verletzt. Aber als wir am frühen Morgen zurück zu unserem Haus kommen, ist die Fassade schwarz verkohlt. Wie viereckige Augen blicken die hellen Fenster aus der dunklen Wand. Eine Brandbombe ist neben dem Haus in den Vorgarten gefallen.

Meine Mutter fasst einen Entschluss: Am Ende der Woche packen wir vier große Koffer, schließen die Haustüre ab, laden die Koffer auf einen kleinen Wagen, rollen ihn zum Bahnhof, überlassen den Wagen dort dem Bahnhofsvorstand, und ziehen um, zu Mutters Eltern in ein fränkisches Dorf, nach Obertheres.

Schon lange wollte meine Mutter fort aus der Stadt, aber die störrische Schwiegermutter hatte sich geweigert. Nun endlich setzte sich meine Mutter durch. Entscheidend dabei war bestimmt auch der Umstand, dass sie schwanger war. Das wusste ich als Kind nicht, konnte es aber später am Geburtsdatum meines Bruders rekonstruieren.

Opa Schorsch empfing uns in Obertheres am Bahnhof, zusammen mit Tante Erna, Mutters jüngerer Schwester. Oma Rethel stieg als Erste aus dem Wagen und blieb vor der offenen Zugtüre stehen, halb vom weißen Dampf verhüllt, der von der Lokomotive hergeweht wurde und sich auf dem Bahnsteig als dunkler Fleck niederschlug.

»Mach doch mal Platz für uns!«, rief meine Mutter. »Der Zug fährt gleich weiter und wir haben die Koffer noch nicht draußen!«

Oma Rethel bequemte sich dazu, einen Schritt zur Seite zu treten und Opa Schorsch in den Wagen einsteigen zu lassen. Als Nächste stieg meine Mutter aus dem Zug und streckte mir die Hand hin. Der Abstand zwischen der Stufe und dem Bahnsteig war nicht an der Größe eines Kindes ausgerichtet.

Opa Schorsch reichte Koffer um Koffer nach draußen. Trotzdem hätte er wahrscheinlich den rechtzeitigen Ausstieg nicht geschafft und bis Haßfurt mitfahren müssen, wenn es nicht Herr Hartlieb gewesen wäre, der seitlich aus dem Lokomotivfenster schaute und uns durch Zeichen zu verstehen gab, dass wir uns beeilen sollten. Dabei hatte er die runde, breitrandige Brille, die seine Augen vor dem Kohlestaub schützen sollte, auf die Stirn geschoben. Das gab seinem Gesicht etwas affenartiges, weil die Partie um die Augen rund und hell aus dem rußgeschwärzten Gesicht leuchtete. Genauso hatte Wilhelm Busch den Affen Fips gezeichnet.

Herr Hartlieb und Opa Schorsch waren befreundet. Opa nannte ihn Oskar. Beide stammten aus Haßfurt und hatten in derselben Straße gewohnt. Herr Hartlieb wohnte immer noch da, Opa Schorsch hatte in Haßfurt das Küferhandwerk gelernt, dann als Wanderbursche halb Deutschland durchstreift, an verschiedenen Orten Arbeit gefunden und schließlich in Obertheres eine eigene Werkstatt aufgemacht.

Wenn Oskar auf der Strecke nach Schweinfurt an unserem Haus vorbeifuhr, und Opa Schorsch zufällig davorstand, grüßte er ihn, indem er zweimal an einer dünnen Eisenkette zog, worauf die Lokomotive zwei scharfe Pfiffe von sich gab. Das konnte ich genau sehen, denn die Schienen waren nur durch die Straße und eine niedrige Hecke von unserem Haus getrennt. Auch den Heizer konnte ich erkennen, der schwarzberußt riesige Kohlenstücke aus dem Tender ins gierige rote Maul der Lokomotive schaufelte.

Oskar Hartlieb kam sonntags oft mit dem Motorrad aus Haßfurt und kehrte in unserer Wirtschaft ein. Ich konnte in dem Mann, der dann im weißen Hemd mit gestärktem Kragen vor seinem Bier saß, kaum den Lokomotivführer wiedererkennen, der werktags mit rußigem Gesicht meinem Opa aus dem vorbeifahrenden Zug zuwinkte.

Schließlich setzte sich die Lokomotive wieder in Bewegung. Fahrgäste, die das Fenster heruntergeschoben hatten, um zu erkunden, weshalb der Zug hier so außergewöhnlich lange hielt, zogen die Köpfe wieder zurück und schlossen die Fenster.

Nachdem sich die Schweinfurter Verwandtschaft und die aus Obertheres ausführlich begrüßt und auf die Schulter geklopft hatte, entschieden wir, die Koffer erst mal bei Herrn Gerner, dem Bahnhofs-Chef, unterzustellen und sie später mit dem Handwagen abzuholen.

Ich hatte ja schon einige Male Oma Kuni und Opa Schorsch im Gasthaus besuchen dürfen und kannte mich aus.

Wie Oma Rethel ihre neue Heimat wohl fand? Sie war ja noch nie in Obertheres gewesen. Unten sah man den Fluss, drüben die weite Mainebene und dahinter den blaugrauen Rücken des Steigerwalds. Links von uns die Bahnschienen, durch eine Hecke von der Straße getrennt. Das Unterdorf mit seinen zweistöckigen Fachwerkhäusern, die Giebel der Straße zugewandt. Alles ein bisschen schmutzig und klein. Auf einem in der Kälte dampfenden Misthaufen pickten Hühner und zogen weiße Maden oder Würmer heraus. Oma Rethel blieb stehen und schaute kopfschüttelnd dabei zu. »Wenn man das sieht, vergeht einem ein für alle Mal die Lust auf Hühnersuppe«, sagte sie.

Eine Frau kam aus der Scheune, blieb im Hof stehen und grüßte durchs Tor. Wir grüßten vierstimmig zurück. Neugierig blickte sie unserer kleinen Prozession hinterher, die da ganz gemächlich aufs Gasthaus Mattenheimer zuschritt. Wir hatten uns an Oma Rethels Geschwindigkeit angepasst.

Das Gasthaus war das einzige dreistöckige Haus im Unterdorf. Es war nicht verputzt, sondern hatte eine gelb-graue Steinfassade. Davor, auf quadratischen Steinplatten, standen im Sommer vier Gartentische mit jeweils vier Stühlen. Jetzt standen sie zusammengeklappt in der ausrangierten Kegelbahn.

Im Sommer trugen sie blau-weiß karierte Tischdecken, an deren vier Ecken ein Eisengewicht angeklammert war. Es verhinderte, dass die Decke vom Wind hochgeweht wurde und die darauf abgestellten Gläser oder Tassen ihren Inhalt vergossen.

Oma Rethel blieb stehen und sagte: »Das ist ja überhaupt kein Bauernhaus!«

»Das hast du gut beobachtet«, sagte Opa Schorsch mit einem leichten Lächeln. »Es ist eine Gastwirtschaft. Schau dich gerne drinnen um. Ich hole schon mal das Leiterwägelchen aus der Werkstatt.«

Die Werkstatt stand im rechten Winkel zum Haus. Wie ein liegendes L: Der lange senkrechte Strich war das Haupthaus, der schmale, waagrechte die Werkstatt.

Ich durfte vorausgehen und die Haustüre aufhalten. Die anderen drängten sich an mir vorbei in einen kleinen, quadratischen Flur, an dessen Frontseite sich ein Fensterchen befand. Daneben war eine Klingel angebracht.

»Das sieht aus wie der Schalter im Bahnhof«, sagte Oma Rethel. »Ihr verkauft ja wohl keine Fahrkarten?«

Ich klingelte.

Das Fensterchen wurde hochgeschoben und gab das Gesicht von Oma Kuni frei.

»Da seid ihr ja endlich! Kommt rein!«

»Da werden keine Karten verkauft, sondern Bier«, erklärte meine Mutter. »Abends klingeln meistens Kinder mit einem leeren Krug in der Hand und lassen ihn sich von der Mama oder mir vollschenken.«

»Kinder mit Bier?« Oma Rethel gab sich entrüstet.

»Sie trinken's ja nicht selber«, sagte meine Mutter, während sie die Tür zur Gaststube aufhielt. »Sie holen es für ihren Vater zum Abendessen. Jetzt kommt aber rein!«

Rechts stand die Theke mit dem ständig tropfenden Bierhahn, dahinter ein Regal, in dem die leeren Bierkrüge aufgestellt waren. Links im Raum gab es eine Reihe von vier Tischen.

»Im Grünen Baum bei uns in Schweinfurt haben sie Tischdecken«, sagte Oma Rethel mit einer Kopfbewegung zu den glatten grünen Linoleumoberflächen der Tische.

»Wahrscheinlich spielt man da auch nicht Karten«, sagte Oma Kuni. »Auf einem Tischtuch würden die Karten nicht rutschen. An manchen Sonntagen haben wir drei Schafkopfpartien gleichzeitig. Das sind dann zwölf Spieler.«

Meine Mutter öffnete die Tür links von der Theke und ging voraus. »Das ist das Nebenzimmer«, erklärte sie Oma Rethel. »Wie du siehst, gibt es auch Tischdecken bei uns.« Sie sagte »bei uns«. Sie fühlte sich hier zu Hause.

Vom Nebenzimmer aus ging es in die Küche. »Schöner Boden«, stellte Oma Rethel fest und wies auf den schwarzweiß gesprenkelten Steinboden. »Ist nicht besonders groß, die Küche. Verkauft ihr auch warme Speisen? Wie schafft ihr das?«

»Früher hatten wir mal eine Speisekarte«, sagte Oma Kuni. »Jetzt werden wir selber kaum satt.«

»War ja nur 'ne Frage«, sagte Oma Rethel und setzte sich auf den einzigen Stuhl in der Küche. Er stand an der Schmalseite des Tisches mit der Lehne dicht am Küchenschrank.

»Gehört der Stuhl jemand Bestimmtem?«, fragte sie. »Ich will niemandem den Platz wegnehmen.«

»Bleib ruhig sitzen. Der Stuhl gehört keiner von uns«, sagte Tante Erna.

Das war ein verhängnisvoller Satz, wie sich bald herausstellen sollte.

Oma Rethel stieß einen wohligen Seufzer aus und sagte: »Wenn der Stuhl niemandem gehört, dann ist es jetzt meiner.«

Noch vor dem Abendessen wurde Oma Rethel ihr Zimmer zugewiesen. Es war die Giebelkammer im zweiten Stock. Opa Schorsch und Oma Kuni hatten das Zimmerchen schön hergerichtet und das Fenster mit einem geblümten Vorhang versehen. Vor dem Krieg hatten manchmal Pensionsgäste im zweiten Stock übernachtet. Oma Rethels neues Zimmer war damals als Doppelzimmer vermietet worden, deshalb stand darin ein Doppelbett. Oma Rethel wählte das linke aus, das dem Fenster zugewandt war.

Auch mir wurde am Abend ein Doppelbett zugewiesen, das elterliche. Schlafen würde ich auf der »Vaterseite«.

Später sollte es mein ständiger Schlafplatz werden. Da hatte aber meine Mutter mit Hilfe von Opa Schorsch die Betten auseinandergeschoben. Sie hatte geklagt, dass ich so unruhig schliefe, manchmal sogar quer im Bett liege und ihr den ganzen Platz wegnehme.

Oma Kuni bat meine Mutter: »Darf ich heute mal den Paul ins Bett bringen? Ich mach ihm auch gleich einen Ziegelstein warm. Es ist schon ziemlich kühl in der Nacht.«

Sie durfte, nahm mich sogar huckepack und trug mich hinauf in den ersten Stock.

Ich stellte meine Schuhe auf dem kleinen Teppich ab und wollte mich wie in Schweinfurt üblich mit Kleidern ins Bett legen. Oma Kuni musste lachen. »Bei uns tragen die Kinder ein Nachthemd!«, sagte sie.

Als ich dann im Bett lag, beugte sie sich zu mir hinunter und gab mir einen Kuss auf die Stirn. »Gute Nacht, Paul. Schlaf gut! Und vergiss nicht dein Abendgebet!«

Auf dem Land gab es keine Sirenen, keine Bomben, keine nächtlichen Ängste. Ich fühlte mich, als sei ich aus der Hölle in den Himmel gekommen.

NEBENZIMMERSTIL

Vom Tag des Einzugs an saß Oma Rethel auf ihrem Stuhl in der Küche. Er war den anderen Frauen oft im Weg. Früher hätten sie ihn einfach beiseitegerückt. Nun war das nicht mehr möglich. Oma Rethel saß ja darauf.

»Schwiegermama, stehst du mal kurz auf. Ich will die Schüssel in den Schrank stellen«, bat etwa meine Mutter nach dem Geschirrspülen. Aber Oma Rethel dachte nicht daran. »Warum musst du die Schüssel ausgerechnet da unten hinstellen?«, fragte sie. »Das ist unpraktisch.«

»Die Schüsseln stehen rechts unten im Schrank«, sagte meine Mutter.

»Schüsseln stellt man nach oben in den Schrank, dann muss man sich nicht ständig nach ihnen bücken. Schüsseln braucht man täglich«, sagte Oma Rethel. »Bei mir in Schweinfurt stehen unten im Fach nur die Sachen, die man selten benötigt.«

Das klang einleuchtend, und meine Mutter und Tante Erna holten die Schüsseln aus dem unteren Fach und verstauten sie oben im Schrank. Dazu mussten aber die Tassen umgeräumt werden.

»Paul soll ruhig ein bisschen mithelfen!«, befahl Oma Rethel, denn ich hatte nur untätig danebengestanden.

Statt der Schüsseln kamen nun weniger nützliche Sachen nach unten, etwa die Ausstechförmchen für die Weihnachtsplätzchen oder die kleinen Tüten mit Ostereierfarben.

Schon nach wenigen Tagen nahmen meine Mutter und Tante Erna die ständige Gegenwart Oma Rethels zwischen Tisch und Schrank wie ein Naturereignis hin, in das man sich einfach schicken muss wie in ein Gewitter oder einen plötzlichen Kälteeinbruch. Nicht so Oma Kuni.

Sie schimpfte, als sie aus dem Garten kam, eine Schüssel unten aus dem Schrank nehmen wollte, und dort auf eine Rolle Bindfaden und zwei Päckchen Zahnstocher stieß.

Ein paar Tage später gab Oma Rethel ein Kochrezept bekannt, nach dem in Zukunft die Kartoffelklöße anzurühren seien.

Oma Kuni brauste auf: »Was soll denn das! Die Kartoffelklöße haben wir seit 1920 so gekocht. Alles was recht ist!«

»Das Rezept ist veraltet«, sagte Oma Rethel. »In Schweinfurt habe ich das Salz immer erst ganz am Schluss in den Kartoffelteig gegeben, damit er kein Wasser zieht.«

Meine Mutter versuchte, zu vermitteln und Oma Kuni mit dem Vorschlag zu beruhigen, dass man das neue Rezept lediglich mal ausprobieren wolle. Wenn sich herausstellte, dass es nicht deutlich besser sei, werde man natürlich zum alten zurückkehren.

Aber Oma Kuni wollte sich nicht beruhigen lassen und ging hinüber in die Gaststube, wo sie Biergläser mit lautem, protestierendem Klirren abspülte.

Ich verbrachte nicht viel Zeit in der Küche und spielte

lieber mit Lud in Vierings Scheune, bekam aber mit, dass Oma Kuni von Tag zu Tag schlechter gelaunt war.

Ich konnte verstehen, dass Mama und Tante Erna lieber mit Oma Rethel Kartoffeln schälten oder einen Kopf Wirsing putzten, wenn Oma Kuni immer nur mit verkniffenem Gesicht in die Küche kam.

Oma Rethel war einfach besser gelaunt, genoss ihre Vorherrschaft in der Küche und erzählte während der Arbeit Witze wie ein Mann. Wahrscheinlich hatte mein Vater sie mal erzählt, und sie hatte sie sich gemerkt. Bei vielen dieser Witze spürte ich, dass meine Mutter mich am liebsten aus der Küche geschickt hätte.

Es war fast unausweichlich, dass es zum Konflikt zwischen den Omas kam. Oma Rethel legte großen Wert auf das Äußere. Oma Kuni besaß nur eine Sorte von Schürzen. Sie hatte sich vor Jahren zehn davon anfertigen lassen, alle waren gleich geschnitten, gleich groß und aus dem selben grau-weiß gestreiften Stoff. Genauso verhielt es sich mit ihren Röcken. Sie waren alle gleich, alle schwarz. Obwohl sie ihre Schürze täglich und den Rock wöchentlich wechselte, sah es so aus, als trage sie immer dieselbe Schürze über dem immer gleichen Rock.

Oma Rethel besaß weniger Schürzen. Aber alle hatten eine andere Farbe und unterschiedliche Muster.

Wenn sie morgens mit einer neuen Schürze in die Küche kam und sich auf ihrem Stuhl niederließ, sagte Tante Erna: »Eine hübsche Schürze hast du heute wieder an.«

Das hatte sie zu Oma Kuni nie gesagt, wenn die sich eine neue Schürze umband. Und da meine Mutter an deren Schürzen nichts Rühmenswertes finden konnte, lobte sie wenigstens Omas Kopftücher.

Ich saß im Nebenzimmer, malte und hörte mit halbem Ohr zu, als nebenan in der Küche Oma Kuni mit Oma Rethel sprach. Es ging wohl darum, dass Oma Rethel den Küchenschrank an die andere Wand gestellt haben wollte. Aufmerksam wurde ich bei einem lauten Satz Oma Kunis: »Hab ich in den Wind geredet? Das ist immer noch *meine* Küche hier!«

Oma Rethel antwortete etwas Unverständliches, sie sprach gegen ihre Gewohnheit ganz leise. Umso besser verstand ich wieder Oma Kuni. »Nein, das bleibt genau so! Du kannst gerne wieder nach Schweinfurt zurück. Da darfst du in deiner Küche umbauen, was du willst. Falls sie überhaupt noch steht.«

»Aber Mama!« Das war die Stimme meiner Mutter, die sich wohl bis jetzt aus dem Streit herausgehalten hatte.

»Du musst deiner Mutter gar nicht in den Rücken fallen!«, sagte Oma Kuni. »Ich meine es genau so, wie ich es gesagt habe. Und der Stuhl kommt auch da weg. Lange genug hat er uns im Weg gestanden.«

»Und wo soll Oma Rethel dann sitzen?«, fragte meine Mutter.

»Es gibt zwölf schöne Stühle im Nebenzimmer. Da kannst du dir gerne einen auswählen.« Das war an Oma Rethel gerichtet. »Kriegst auch ein weiches Sitzkissen.«

Diesmal wollte meine Mutter ihrer Mutter wohl nicht noch einmal in den Rücken fallen. »Das ist eigentlich gar keine schlechte Idee«, sagte sie.

Tante Erna kam in diesem Augenblick mit einem Korb

voll Kartoffeln in die Küche, hatte den letzten Satz gehört, und fragte: »Was ist keine schlechte Idee?«

Oma Rethel sagte: »Ich soll mich ins Nebenzimmer setzen.«

Ich hielt es an meinem Platz nicht mehr aus und ging zu den anderen in die Küche.

»Jetzt muss nur noch der Schorsch dazukommen, dann ist die Küche voll«, stellte Oma Kuni sarkastisch fest.

Zu meiner Überraschung fand Tante Erna den Vorschlag ihrer Mutter gut. »Das hab ich schon immer gemeint«, sagte sie. »Dieses Ungetüm steht immer nur im Weg!« Schnell setzte sie hinzu: »Ich meine den Stuhl! Wenn man den mal hierhin, mal dorthin rücken könnte oder ganz ins Nebenzimmer stellen, wäre viel Platz gewonnen.«

»Ins Nebenzimmer passt er nicht«, sagte Oma Kuni. »Der hat ja einen ganz anderen Stil.«

»Aber ich passe wohl dorthin?«, fragte Oma Rethel. »Ich mit meinem Nebenzimmerstil.«

Meine Mutter schilderte noch mal die Ungelegenheiten, die der Stuhl in der engen Küche verursachte, und Oma Kuni wies Oma Rethel darauf hin, dass jeder im Leben mal Opfer bringen müsse. So gab Oma Rethel schließlich nach und erklärte sich widerwillig zum Umzug bereit.

Meine Mutter führte sie am Arm ins Nebenzimmer, Tante Erna rückte ihr einen Stuhl zurecht.

»Da setze ich mich nicht hin! Ich will in die Küche gucken können«, sagte Oma Rethel.

»Ist es so richtig?«, fragte Oma Kuni und stellte den Stuhl unmittelbar vor die Türschwelle.

»Da kann er nicht stehen bleiben«, sagte meine Mutter und trug den Stuhl ein Stück nach hinten. »Ich muss mit dem Tablett durch die Tür kommen.«

»Hoffentlich einigt ihr euch langsam, wo mein Stuhl stehen soll!«, sagte Oma Rethel.

»Hier, Rethel! Hier bleibt er jetzt stehen«, sagte Oma Kuni, und Oma Rethel setzte sich.

Von nun an saß Oma Rethel tagsüber im Nebenzimmer.

Ich freute mich darüber, denn jetzt hatte ich Gesellschaft, wenn ich dort am Tisch saß und malte. Sie interessierte sich sogar für meine Bilder.

»Wieso sind deine Farbstifte so kurz?«, fragte sie.

»Weil ich sie immer wieder spitzen muss«, sagte ich.

»Und der gelbe? Warum ist der noch lang? Wieso musst du den gelben nicht spitzen?«

»Weil ich nichts Gelbes mag.«

»Und wer ist das, der da am Baum hängt?«, fragte sie

»Das ist Absalom«, erklärte ich ihr. »Der ist mit seinen langen Haaren hängen geblieben und sein Maultier ist weggerannt.«

»Und was sind das da für Stecken?«, fragte sie weiter.

»Das sind keine Stecken, das sind Speere. Als er da hing und sich nicht wehren konnte, kamen die Leute von seinem Vater und haben ihm ihre Speere in die Brust gestochen.«

»Gemeinheit!«, kommentierte sie.

»Finde ich auch«, sagte ich.

Manchmal kostete es Geduld und erforderte gute Nerven, neben Oma Rethel zu sitzen und malen zu wollen.

Alle Viertelstunde rief sie hinüber: »Johanna, Erna, was macht ihr gerade?«

Wenn meine Mutter oder Tante Erna nicht sofort antworteten, sagte sie zu mir: »Geh doch mal hinüber und schau, was die da drüben machen!«

Beim zweiten oder dritten Mal sagte ich bockig: »Warum musst du das wissen?«

»Bitte, tu's für mich!«, bat sie.

Also erhob ich mich noch einmal, streckte den Kopf durch die Tür, guckte um die Ecke und sagte: »Sie sitzen immer noch am Tisch und putzen gelbe Rüben.«

»Danke«, sagte Oma Rethel. Zehn Minuten später rief sie schon wieder: »Johanna, was macht ihr gerade?«

Es war nicht leicht für Oma Rethel. Wochenlang hatte sie drüben in der Küche gethront wie eine Königin, hatte alles im Blick gehabt und fast alles bestimmt. Nun saß sie im Nebenzimmer, und der Türausschnitt war alles, was sie überblicken konnte. Es war, als hätte man beim Krippenspiel des Turnvereins den Vorhang aus Versehen nur halb aufgezogen, und die Schauspieler kümmerten sich nicht darum und spielten einfach ihre Rolle.

Oma Rethel hörte Gesprächsfetzen aus dem verborgenen Teil der Küche, ab und zu traten meine Mutter, Oma Kuni oder Tante Erna in den schmalen Bühnenausschnitt, schütteten Wasser aus oder holten etwas aus dem kleinen Wandschränkchen neben dem Spiegel. Nie sah sie den ganzen Ablauf des Stücks, immer nur die wenigen Szenen, die in dem kleinen sichtbaren Teil der Küchenbühne aufgeführt wurden, was bewirkte, dass sie rufen musste: »Und was macht ihr jetzt? Was will Erna mit der großen Pfanne?«

Bald wurde es den Frauen in der Küche lästig. Wenn Oma Kuni ihren Töchtern bei der Küchenarbeit half, konnte es geschehen, dass sie ganz in ihre Arbeit vertieft mit Hintern oder Ferse gegen die Tür stieß und sie dadurch halb oder sogar ganz schloss.

Meine Mutter machte Oma Kuni dann auf ihr Versehen aufmerksam: »Mama, die Tür!«

Oma Kuni sagte: »Ist sie schon wieder zugefallen? Das muss mir passiert sein. Entschuldigung!«

Mit der Zeit wurden sie alle nachlässiger. Vielleicht hatten sie sich auch an das leise Einschnappen des Türschlosses gewöhnt.

Nur ich protestierte heftig, wenn ich neben Oma Rethel malend am Tisch saß und man uns die Sicht in die Küche verwehren wollte.

Als wieder einmal die Tür zugefallen war, rief Oma Rethel hinüber: »Warte nur, Kuni, bis mein Edmund zurückkommt! Dann sitzt *du* im Nebenzimmer!«

Die Küchentür wurde geöffnet und Oma Kuni rief zurück: »Das lässt mein Schorsch bestimmt nicht zu!«

Opa Schorsch, der auf der Bank geschlafen hatte, richtete sich auf. »Müsst ihr ständig streiten?«, rief er. »Etzt gebt doch mal ä Ruh!«

Opa Schorsch hielt nach dem Mittagessen immer ein viertelstündiges Verdauungsschläfchen, bevor er sich wieder in die Werkstatt begab. Erst legte er dafür seine grüne Arbeitsschürze ab, die er in der Werkstatt und auch während des Mittagessens trug, faltete sie einmal der Länge nach, dann quer, platzierte sie auf einer Zigarrenkiste und legte sich rücklings auf die harte Holzbank. Die mit der

Schürze bedeckte Zigarrenkiste schob er sich unter den Kopf. Ich hätte nie so schlafen können. Opa Schorsch sagte, das habe er sich im Krieg angewöhnt. Da hätte man oft auf dem blanken Boden übernachten müssen. Er schlief immer genau eine Viertelstunde, obwohl er nie einen Wecker stellte. Man hätte die Weltzeituhr in Paris danach stellen können, so präzise hielt er die Zeit ein.

Da gaben die beiden Großmütter wirklich Ruhe und ließen Opa Schorsch weiterschlafen.

Ein paar Tage später kam Oma Rethel nicht zum Frühstück.

Die Frauen fragten sich, ob Rethel beleidigt sei und deshalb das gemeinsame Frühstück verweigere.

Als sie gegen Mittag immer noch nicht herunterkam, ging meine Mutter im Auftrag von Oma Kuni hinauf, um die Schwiegermutter zu überreden, doch bitte schön den Streit zu vergessen und zu den anderen nach unten zu kommen.

Sie kam ganz verstört zurück. Oma Rethel habe noch im Bett gelegen und merkwürdig ausgesehen. Die eine Gesichtshälfte war irgendwie verschoben und verzerrt, außerdem habe sie unbeholfen gesprochen und sich beklagt, dass sie ihren linken Arm und das linke Bein nicht mehr bewegen könne.

»Wir müssen einen Arzt holen«, sagte Oma Kuni.

Der Arzt kam und diagnostizierte einen »kleinen Schlaganfall«. Er verschrieb Tabletten.

»Vielleicht war ich ein bisschen zu heftig mit ihr«, klagte sich Oma Kuni an. »Meint ihr, dass der Schlaganfall davon kommt?«

83

Meine Mutter schüttelte den Kopf. »Nein, Mama, du bist wirklich nicht schuld!«

Die Symptome besserten sich, Oma Rethels Gesichtszüge sahen bald wieder normaler aus, sie konnte auch besser sprechen. Nur das linke Bein blieb steif. Sie schaffte es nicht mehr, die Treppe nach unten zu steigen, und war ans Zimmer gebunden.

Jeden Morgen ging meine Mutter zu ihr hoch, half ihr beim Waschen und Anziehen und brachte ihr danach das Frühstück hinauf.

Einmal hatte ich am Vortag meine Hausaufgaben oben bei Oma Rethel gemacht und meine Büchertasche vergessen. Ich ging mit meiner Mutter hoch, um die Tasche zu holen, und bekam mit, was die Oma unter ihrem Kleid trug, auch wenn ich mich, wenn sie sich auszog, umdrehen und aus dem Fenster blicken musste. Ich hatte ja gesehen, was meine Mutter vorher aus dem kleinen Schränkchen neben der Tür genommen hatte. Da kamen erst ein paar warme, rosa Unterhosen zum Vorschein, die nicht nur oben, sondern auch an beiden Beinen einen Gummizug hatten. Mama sprach von ihnen als »Liebestöter«, was ich nicht verstand. Dann ein Büstenhalter, den Oma Rethel Mieder nannte. Er war aus dünnem Leinen, hatte breite Träger, und seine beiden Ausbuchtungen waren so groß, dass man gut zwei kleine Kürbisse hätte drinnen verstecken können.

Bald wurde ich zum Boten zwischen der oberen und der unteren Welt und Oma Rethels Vertrauter.

So trug ich nun in einem Körbchen das Mittag- und das

Abendessen zu ihr hinauf, wartete geduldig, bis sie ihre Mahlzeit beendet hatte, und nahm das gebrauchte Geschirr zusammen mit Essensresten wieder mit nach unten.

Oma Kuni erkundigte sich manchmal bei mir, wie es denn der Rethel ginge. »Geht's ihr gut da oben?«, fragte sie. »Vielleicht sollte ich sie mal besuchen.«

Ich sagte: »Lieber nicht.«

»Ich werd sie in mein Abendgebet einschließen«, sagte sie. Ich glaube, es war sogar ehrlich von ihr gemeint.

Manchmal, wenn Lud mit seinem Vater auf dem Acker war, blieb ich in Omas Zimmer und schaute mit ihr aus dem Fenster. Man hatte einen weiten Blick von da oben. Der Steigerwald jenseits des Mains konnte ganz verschiedene Farben haben, je nach Wetterlage. Meist stand er wie eine hohe graue Wand vor dem helleren Himmel. Wenn es am Vortag geregnet hatte und aller Staub aus der Luft gewaschen wurde, konnte man erkennen, dass er grün bewaldet war. Man sah sogar einzelne helle Lichtungen im dunklen Grün. Im Herbst ragte oft nur sein dunkler Walfischrücken aus dem Nebelmeer.

»Du darfst ruhig wieder nach unten gehen, wenn du willst«, sagte Oma Rethel. »Es ist bestimmt langweilig für einen jungen Bub mit einer alten Frau.«

»Du kannst ja machen, dass es nicht langweilig ist«, sagte ich und setzte mich auf die Lehne von Oma Rethels Sessel.

»Und wie?«, fragte sie.

»Erzähl mir einfach was!«

»Was willst du denn hören?«

»Am liebsten was von meinem Papa«, sagte ich.

»Von Edmund?«, fragte sie und erzählte den halben Nachmittag Geschichten von ihm. Er hatte der Familie sehr geholfen, als Opa Paulus im Krieg war. Obwohl sie den Buben oft bedauert hatte, weil er so schuften musste. Er sei ein echter Lauser gewesen, den Kopf immer voll Blödsinn. Einmal in der zweiten Volkschulklasse hatte er die Zöpfe eines Mädchens, das in der Bank vor ihm saß, in sein Tintenfass getaucht. Dass die blonden Haare danach blau waren, war nicht das Schlimmste. Das Mädchen war vor Schreck aufgesprungen und die Zopfspitzen hatten ihrem Kleid am Rücken hässliche Flecken verpasst. Die Mutter des Mädchens war zu Oma Rethel gekommen, das versaute Kleid in der Hand, um ein neues zu fordern. Oma Rethel hatte das Kleid gewaschen und die Flecken Gott sei Dank wieder rausgekriegt. Ein neues Kleid hätte ihre ganzen Ersparnisse aufgebraucht.

Einmal, als ich nachmittags nicht bei ihr bleiben wollte, weil ich mit Lud verabredet war, brachte ich ihr Mutters Bibel, die ich schon fast für meine ansah.

»Da sind spannende Geschichten drin«, pries ich ihr das Buch an. »Besonders vorne im Alten Testament.«

Von da an sah ich sie nur noch in der Bibel lesen, wenn ich ihr das Essen hochbrachte.

Mit der Zeit wurde sie immer wunderlicher. Jetzt wollte sie zum Beispiel immer wissen, wer ihr Essen gekocht hatte. Sagte ich: »Meine Mama«, aß sie mit Appetit und offensichtlichem Behagen, sagte ich: »Die Oma Kuni«, ließ sie die halbe Mahlzeit ungegessen stehen und ich musste die Überbleibsel wieder mit nach unten nehmen.

Im Lauf der Monate schmiegte sich ihre Sprache mehr

und mehr der Bibelsprache an. So wies sie mich etwa an: »Geh wieder hinab zu den Deinen!«

»Warum versuchst du nicht auch einmal, hinab zu den Deinen zu gehen?«, fragte ich. »Du marschierst doch auch hier im Zimmer hin und her. Du schnappst halt ein bisschen. Genau wie Opa Schorsch. Der lässt sich doch auch nicht bedienen.«

»Die da unten wollen mich nicht in der Küche haben«, sagte sie.

»In der Küche vielleicht nicht. Aber im Nebenzimmer.«

»Nebenzimmer, Nebenzimmer!«, murrte sie. »Mein Platz ist nicht im Nebenzimmer. Ich bin kein Möbelstück, das man umstellt. Gestern drinnen, heute draußen, morgen hinauf, übermorgen hinunter. Nein, ich bleibe hier oben. Warte nur, bis dein Vater zurückkommt! Dann werden sie erzittern. Er wird über die Gottlosen regnen lassen Blitze, Feuer und Schwefel und ihnen ein Unwetter zum Lohn geben. So steht's in den Psalmen.«

»Das meinst du doch nicht im Ernst«, sagte ich. »Du willst Feuer und Schwefel auf meine Mama regnen lassen?«

»Auf die nicht«, sagte sie. »Aber auf die Kuni. Warte, ich lese dir eine Prophezeiung vor!«

Oma Rethel griff nach der Bibel, die vor ihr auf dem Fensterbrett lag und blätterte darin. Bisher hatte ich nicht den Eindruck gehabt, dass die Oma besonders fromm war. Vor ihrem Schlaganfall war sie nur an Weihnachten in die Kirche gegangen. Aber seit ich ihr meine Bibel ausgeliehen hatte, las sie stundenlang darin. Sie markierte die Stellen, die ihr besonders gut gefielen, mit farbigen

Wollfäden. Meine Mutter hatte ihr mal einen Korb mit verschiedenfarbiger Wolle und Stricknadeln hochgebracht, in der Hoffnung, dass es Oma Freude machen würde, einen Schal oder ein paar Wollsocken zu stricken. Jetzt benutzte sie die Wollfäden, um »Worte des Zorns« mit einem schwarzen, »Worte der Hoffnung« mit einem grünen Faden zu markieren. Die schwarzen Fäden waren eindeutig in der Überzahl und ragten oben aus dem Buch wie die gesträubten Rückenhaare einer zornigen Katze.

»Hier steht es ja schon«, sagte sie und legte einen grünen Wollfaden beiseite. »Ich will dein Gefängnis beenden, spricht der Herr, und dich wiederum an den Ort bringen, von dem ich dich habe wegführen lassen.« Sie klappte das Buch knallend zu und sagte triumphierend: »Ja, so steht es geschrieben.«

Wenn ich ihr das Essen hochbrachte, fragte sie jetzt salbungsvoll: »Wer hat das Mahl zubereitet?« Früher hatte sie gefragt: »Wer hat gekocht?«

Sie aß alles auf, zerbröckelte noch eine Scheibe Brot und wischte den Teller so blitzblank aus, dass man meinen konnte, er käme direkt aus dem Geschirrschrank.

Ich versuchte, sie zu überreden, doch wenigstens ein paar Kartoffeln zu essen, wenn Oma Kuni gekocht hatte.

»Ich esse nichts, was die schon in der Hand gehabt hat«, sagte sie, und ich musste das Essen unberührt wieder nach unten tragen.

Ein andermal log ich sie einfach an. »Hier ein Essen von Mama!«, sagte ich und stellte den Teller auf den kleinen Tisch. Oma Rethel humpelte hinüber, setzte sich, und schob erst mal die Kartoffeln zu einem Hügelchen zusammen. »Schon wieder Schwarzwurzeln. Die mag ich sowieso nicht«, sagte sie und legte die Gabel hin.

»Dann iss wenigstens die eingemachten Birnen zum Nachtisch«, sagte ich, holte das Glasschüsselchen aus dem Korb, stellte es vor sie hin und reichte ihr einen kleinen Löffel.

»Nachtisch am Werktag? Was wird denn gefeiert?«, fragte sie.

»Niemand feiert irgendwas«, sagte ich. »Ein Einmachglas ist aufgegangen. Oma Kuni hat's entdeckt, weil die Birnen oben schon ganz braun waren, und ...«

»Also doch die Kuni!«, unterbrach sie mich. »Du hast mich angelogen!«

»Wenn du wenigstens ein bisschen was isst, komm ich nach dem Essen zu dir hoch und mache hier bei dir meine Hausaufgaben«, versprach ich ihr.

»Was muss ich denn essen, damit du heute Nachmittag bei mir bleibst?«, fragte Oma Rethel unschlüssig, beugte sich tief über den Teller und schnupperte am Essen.

»Vier Kartoffeln und zwei Löffel Schwarzwurzelgemüse«, schlug ich vor.

»Nein.« Sie schüttelte den Kopf. »Schwarzwurzeln mag ich nicht. Hab ich dir doch gesagt.«

Ich schraubte meine Forderungen zurück: »Drei Kartoffeln und zwei halbe Birnen!«

»Drei Kartoffeln und ein Stück Birne!«

»Na gut«, sagte ich. »Die andern warten schon auf mich. Ich geh jetzt hinunter. Wenn ich wieder hochkomme und du hast aufgegessen, bleibe ich bei dir.«

Als ich nach einer halben Stunde wieder nach oben

kam, hatte Oma Rethel nicht nur die drei Kartoffeln aufgegessen, sondern sogar alle vier Birnenstücke. Im Glasschüsselchen war nur noch ein Rest Birnensaft zurückgeblieben, den ich ausschlürfte.

Am nächsten Tag brachte ich ihr eine kleine Schüssel mit Bohnengemüse hoch.

»Schau mal: Bohnengemüse, das magst du doch gern!«
Das Spiel vom Vortag ging wieder von vorne los.

»Wie viel muss ich davon essen, damit du wieder bei mir deine Hausaufgaben machst?«, fragte sie.

»Oma, das ist Erpressung!«, sagte ich.

»Erpressung? Ich wundre mich, dass du so ein Wort überhaupt kennst. Also, sag mir: Wie viel?«

»Alles«, antwortete ich. »Den ganzen Teller leer.«

Sie schlug vor: »Fünf Löffel voll?«

»Den halben Teller«, sagte ich. »Ich esse die eine Hälfte, du die andere.«

»Du fängst an!«, befahl sie und schaute zu, wie ich meinen Teil aufaß.

»Jetzt du!« Ich schob ihr das Bohnengemüse zu.

Oma Rethel behauptete, sie könne nicht essen, wenn jemand zuschaute. »Geh hinab zu den Deinen!«, forderte sie mich auf. »Wenn du gegessen hast, will auch ich gegessen haben.«

Als ich nach einer halben Stunde wieder hochkam, war ihr Teller leer, und ich blieb bei ihr, bis ich mit den Hausaufgaben fertig war.

So ging das nun jeden Tag.

Einmal war ich gleich nach dem Essen gegangen, weil ich mit Lud verabredet war. Oma Rethel schimpfte und behauptete, ich würde mich noch weniger an Abmachungen halten als der Prophet Jonas, der Gott versprochen hatte, nach Ninive zu gehen, es aber vorzog, von Tarsis aus eine Seefahrt zu machen.

Bis sich herausstellte, dass Oma Rethel selbst alle Vereinbarungen gebrochen hatte. Von Tag zu Tag roch es merkwürdiger in ihrem Zimmer. Wie in Vierings altem, muffigem Keller.

»Oma, was riecht hier so komisch?«, fragte ich. Aber Oma Rethel wollte nichts riechen.

»Kann es sein, dass es aus deinem Nachtschränkchen kommt?«, fragte ich.

»Das ist leer wie die Erde am ersten Tag«, sagte sie schnell und stemmte vom Sessel aus ihren Gehstock gegen die Nachttischschublade, damit ich sie nicht aufziehen konnte.

Ich schob den Stock beiseite und zog die Schublade auf. »Oma, was hast du gemacht!«, rief ich. »Das sieht ja wüst aus!«

Das Schubfach, in Omas Sprache »der Schubber«, war bis an den Rand gefüllt mit dem, was Oma Rethel angeblich gegessen hatte, während ich unten bei den anderen war: Birnen, Kartoffeln, Bohnengemüse, ein Häufchen Makkaroni, sogar zwei Kartoffelklöße, alles von einem pelzigen grünschwarzen Schimmelpolster überzogen.

»Du hast alles versteckt«, sagte ich fassungslos.

»Nicht alles«, verteidigte sich Oma Rethel. »Ich hab immer gegessen. Nur nicht so viel, wie du gesagt hast. Ich wollte nicht, dass du mir zürnst.«

»Zürnst!«, wiederholte ich. »Was machen wir jetzt mit

dem schimmligen Zeug? Am besten, ich trage das ganze Schubfach nach unten und leere es ins Klo.«

»Nicht nach unten!«, bat sie wie ein kleines Mädchen. »Kuni darf es nicht sehen. Versprich mir, dass du es nicht der Kuni zeigst!«

Ich nahm die Schublade mit nach unten, ging durch die Hintertür hinaus und hinüber zu Vierings Hühnerstall und leerte den Inhalt mit der Schimmelschicht nach unten vor den Hühnern aus. Zwei machten sich gleich gierig über eine Makkaroni-Nudel her. Da kam Irene dazu, Luds große Schwester. »Woher ist das ganze Essen?«, fragte sie. »Warum wirfst du es weg? Und wieso hier bei uns? Jetzt, wo die Lebensmittel so knapp sind.«

»Es ist verschimmelt«, sagte ich. »Meine Oma wollte es nicht essen und hat es in ihrem Nachtkästchen versteckt.«

»Die spinnt, deine Oma«, sagte sie. »Wenn du das Essen schon zu uns hier herüberträgst, dann gib es unserem Schwein!«

»Wie denn?«, fragte ich.

»Schieb es halt wieder in den Schubber da, mit dem du's hergebracht hast!«

Ich tat es, wischte mir danach die Hände mit Stroh ab und trug den Inhalt der Schublade durch die Scheune in den Schweinestall und spendierte ihn einem dankbaren Schwein.

Dann wischte ich auch die Schublade mit einer Handvoll Stroh aus, trug sie wieder hinauf und schob sie an ihren Platz im Nachtschränkchen.

»Versprichst du mir, dass du nie mehr das Essen da drin versteckst?«, fragte ich.

Oma Rethel versprach es. Sie legte aber ihr Versprechen so buchstabengetreu aus, dass selbst die Schriftgelehrten aus der Bibel von ihr hätten lernen können.

Sie versteckte wirklich keine Essensreste mehr in der Schublade, nein. Aber als es wieder in ihrem Zimmer zu riechen anfing, fand ich eine Sammlung verschimmelter Lebensmittel in einem Kartondeckel unter ihrem Bett.

Ich wurde richtig böse. »So, jetzt verrat ich's aber der Mama«, drohte ich.

Sie fing an zu weinen und beschwor mich, es nicht zu tun, und ich musste noch einmal Vierings Schwein füttern.

Als ich ihr zum zweiten Mal das Versprechen abnahm, nie mehr Lebensmittel zu verstecken, sagte sie: »Wenn Edmund kommt, werde ich sowieso mit ihm unten essen.«

»Hast du denn was von meinem Papa gehört?«, fragte ich. »Hat er geschrieben?«

Wir hatten vom Roten Kreuz die Mitteilung erhalten, dass er in amerikanischer Kriegsgefangenschaft war. Nun war der unselige Krieg zu Ende, und wir alle hofften, dass man ihn bald freiließ und er zu uns zurückkehren würde.

»Nein, aber ich spüre, dass er kommen wird«, sagte sie, während sie einen grünen Wollfaden aus dem Buch nahm und beiseitelegte. »Hier steht es geschrieben: Er wird mich hinausführen, und ich werde seine Gerechtigkeit schauen. Meine Feindin wird es sehen, und Scham wird sie bedecken!«

Oma Rethel hatte sich wohl vorgestellt, ihr Sohn käme wie Elias in einem feurigen Wagen dahergefahren, das Schwert Davids in den Händen, und würde ihr unver-

züglich inmitten der Küche einen goldenen Thron errichten.

Doch sie erlitt einen zweiten, viel schwereren Schlaganfall, lag im Koma und wurde ins Krankenhaus Haßfurt
eingeliefert.

WELLENKREISE

Bevor ich eingeschlafen war, hatte ich die weißen, aufgestickten Punkte auf dem Vorhang angestarrt. Der Vorhang war blau und im Licht meiner Nachttischlampe hatten die Punkte ausgesehen wie Schneeflocken, die am Himmel festgefroren waren.

Jetzt schwebten sie im Gegenlicht dunkel vor dem hellblauen Fensterviereck wie ein Mückenschwarm. Es war Morgen. Meine Mutter musste die Lampe ausgeknipst haben, während ich schon schlief.

Ich nahm meine Kleider vom Stuhl, zog mich an und stieg hinauf ins Zimmer von Oma Rethel. Kopfkissen und Federbett waren glatt gestrichen und ohne jede Falte.

Langsam ging ich die Treppe hinunter. Vor der Küchentür blieb ich stehen und blickte hinein. Oben durch das ovale Fenster konnte ich meine Mutter hin und her gehen sehen. Ihre Augen waren vom Weinen rot und geschwollen, ihre Bewegungen sahen langsamer aus als sonst, müde und schleppend. Oma Kuni, Tante Erna und Opa Schorsch saßen am Tisch, auf dem in einem Leuchter eine Kerze brannte. Alle waren schwarz gekleidet. Eine Weile stand ich unbemerkt vor der Tür. Dann drehte ich mich um, öffnete die Hintertür und rannte hinaus.

Nach einer Weile blieb ich schwer atmend stehen. Vor mir, auf der asphaltierten Straße, hatten sie am Vortag die Schlaglöcher mit einem Gemisch aus feinem Schotter und Teer ausgefüllt. Ich stellte mich auf einen der dunklen Flecken, auf eine Insel. Das Straßengrau war das Wasser. Das Wasser des Ozeans. Ich wechselte von einer Insel zur anderen. Bis zur Nachbarinsel war es nur ein Schritt. Die nächste war weiter entfernt, die konnte ich nur durch einen Sprung erreichen. Ich sprang von Insel zu Insel. Das war gefährlich und erforderte Mut. Ein kleiner Fehltritt, verlorenes Gleichgewicht, und schon taumelte man über den Rand der Insel, hinab in die grauen Tiefen des Ozeans, wo man von blutgierigen Raubfischen zerfetzt oder von qualligen Meeresungeheuern in den Bauch untergegangener Schiffe gezerrt wurde. Manchmal stand ich nach einer Serie von Sprüngen auf einer Insel, noch schwankend vom letzten Sprung, heftig atmend, die Füße eng aneinandergestellt. Die Entfernung zur nächsten Insel war zu groß.

Vor mir zottelte ein Kuhgespann aus der Einfahrt eines Bauernhauses und bog langsam in die graue Straße ein. Im angehängten Wagen saß Hilde, die mit mir in die Klasse ging. Neben ihr kauerte eine alte Frau, wahrscheinlich ihre Oma. Vorne saß ihre Mutter. Sie hatte die Zügel in der Hand.

Die beiden Frauen blickten gleichgültig zu mir hin, Hilde winkte mir zu. Ich musste meine Spielregeln ändern, wenn ich dem Gespann folgen wollte. Jetzt war das Straßengrau fester Boden und die schwarzen Flecken waren Löcher, tiefe Löcher. Das Grau bildete eine zusammenhängende Fläche, ich musste nur einzelnen Abgründen und Schluchten ausweichen und kam schneller voran.

Dann vergaß ich alle Vorsicht und lief hinter dem Wagen her, ohne auf Inseln, Abgründe und Wasserflächen zu achten. Das Gespann war nämlich nach rechts abgebogen, wo der schmale, gepflasterte Weg zum Main und zur Fähre führte.

Ich erreichte das Fuhrwerk kurz davor, schwang mich hinauf und setzte mich auf den Wagenboden, den Rücken den beiden Frauen zugekehrt. Die Beine ließ ich hinten hinaushängen.

Hildes Großmutter, die weiter vorne auf zusammengefalteten, leeren Kartoffelsäcken saß, sagte: »Kannst du nicht warten, bis wir halten? Das ist gefährlich, was du da machst. Du bist doch der Paul, der mit der Kleinen in die Schule geht. Wohnst du nicht vorne in der Gastwirtschaft?«

Ich blickte angestrengt geradeaus, zog den Kopf ein und tat, als hätte ich die Frage nicht gehört.

Die Kühe schritten steifbeinig auf die Fähre und zogen den Wagen nach.

»Willst du mitfahren?«, fragte die Großmutter. »Wir bleiben aber zwei oder drei Stunden.«

Ich gab keine Antwort und starrte auf die Holzplanken der Fähre.

Die Fähre wurde von einer Frau bedient. Heiner hatte heute wohl mal frei.

Die Fährfrau schaute fragend zu Hildes Mutter hoch und deutete mit der Kinnspitze auf mich. Hildes Mutter zuckte mit den Schultern.

Die Fährfrau löste die Kette, mit der die Fähre am Ufer

befestigt war, und stemmte ihren Fuß aufs eiserne Gegengewicht. Der hintere Teil der Fähre hob sich vom Ufer ab, das Seil, das die Fähre hielt, straffte sich, die Rolle setzte sich quietschend in Bewegung, die Fähre kam in Fahrt.

Das Wasser an beiden Seiten rauschte, bis die Fähre schließlich am anderen Ufer stoßend und ruckelnd auf den flachen Strand auffuhr.

Hilde kam nach hinten und setzte sich neben mich. Sie schien es jetzt für selbstverständlich zu halten, dass ich weiter bei ihnen blieb.

»Wir holen Kartoffeln. Wir haben hier zwei Äcker«, sagte sie. Ich blickte kurz zu ihr hinüber und nickte.

Wir saßen jetzt schweigend nebeneinander und betrachteten den Weg, der sandig und ausgetrocknet unter dem Wagen hervorglitt.

Nach einer Weile fragte Hilde: »War deine Oma lange im Krankenhaus?«

Ich stieß mich vom Wagenboden ab, sprang auf den Weg, rannte dann hinter dem fahrenden Wagen her und schwang mich wieder hinauf.

»Kannst du das auch?«, fragte ich schwer atmend.

»Nein«, sagte Hilde.

Dann saßen wir wieder nebeneinander und schauten hinab auf den Weg.

Am Rand eines umgepflügten Kartoffelackers hielten wir an. Hildes Mutter stieg in den Wagen, sammelte die Kartoffelsäcke auf, warf sie hinunter und sprang hinterher.

Ich hüpfte auch vom Wagen und schlenderte seitlich an ihm vorbei nach vorne.

Hilde und ihre Oma blieben auf dem Wagen stehen.

»Ist deine Oma schon daheim?«, fragte die alte Frau. »Wurde sie schon gebracht?«

Eine der Kühe musste pissen, hob den Schwanz und schickte einen Urinstrahl zu Boden. Die gelbliche Flüssigkeit floss auf mich zu, ich trat einen Schritt zurück. Sie versickerte im sandigen Boden. Eine Schicht aus weißen Schaumbläschen markierte ihren Weg.

»Wann ist denn die Beerdigung? Morgen?«

Das Oval um die Mäuler der Kühe war heller als der übrige Kopf. Ich strich darüber und bekam feuchte Hände.

»Hat man dir den Mund zugenäht? Kannst du keine Antwort geben, wenn man dich was fragt?«, sagte Hildes Mutter von der anderen Seite des Wagens her.

In den eisenbeschlagenen Wagenrädern spiegelte sich die Sonne. Das kam daher, weil Hildes Mutter die Bremse betätigt hatte, als die Kühe am Ackerrand anhalten sollten. Die hölzernen Bremsbacken hatten die Radoberfläche blank geschliffen.

»Oder willst du nicht antworten?«

Ich nahm einen der leeren Säcke auf, entfaltete ihn und blickte in die dunkle Öffnung, als ob es da etwas Interessantes zu sehen gäbe.

»He! Was ist mit dir?«, rief die Großmutter.

Ich warf den Sack zu Boden, klatschte der Kuh, die gepisst hatte, aufs Hinterteil und rannte los, so schnell ich konnte. Ich lief schräg über den Acker und gab mir keine Mühe, *nicht* auf die ausgepflügten Kartoffeln zu treten.

Am Rand des Ackers blickte ich zurück. Hildes Mutter war wieder auf den Wagen geklettert. Zu dritt standen sie da oben und starrten mir nach.

Ich folgte dem Weg zurück, bis ich wieder am Main ankam. Die Fähre lag am anderen Ufer, die Fährfrau saß auf dem seitlichen Rand der Fähre und aß.

Ich warf Steine ins Wasser. An der Stelle, wo sie auftrafen und untergingen, bildeten sich Wellenkreise, die nach außen größer, dabei aber immer undeutlicher wurden. Ein Ast lag am Ufer, ich warf auch den in den Fluss, folgte ihm, als er vom Wasser weitergespült wurde, und blieb stehen, als er sich an Steinen verfing, die aus dem Wasser ragten.

Am anderen Ufer konnte ich jetzt das steinerne Haus erkennen, in dem wir wohnten. Von hier drüben sah es klein aus. Ich setzte mich ans Ufer und schaute hinüber.

Nach einer Weile fuhr drüben ein Zug vorbei. Es war der elf Uhr dreißig aus Haßfurt. Eine weiße Dampfwolke verdeckte unser Haus und löste sich dann auf.

Gegen Mittag hielt ein schwarzes Auto direkt vor dem Eingang. Ich stand auf, um alles besser sehen zu können. Zwei Männer stiegen aus und trugen einen dunklen, länglichen Kasten durch die Vordertür. Von meiner Seite des Flusses aus wirkten sie wie Zwerge. So klein wie die Zwerge aus Oma Rethels Geschichten. Die Zwerge, die Schneewittchens Sarg bewachten. Den Sarg.

Ich setzte mich hin, beugte den Kopf ganz hinunter, bis meine Stirn auf den angezogenen Knien lag. Dann schlang ich die Arme um den Kopf und weinte.

In der Nacht nach Oma Rethels Beerdigung schlief ich unter Tränen ein. Der Gedanke, dass ich nie mehr mit dem Essen zu ihr hochkommen und dass sie mir nie mehr

Geschichten von früher erzählen würde, machte mich traurig.

Ich wurde davon wach, dass sich meine Matratze auf der Seite senkte. Jemand hatte sich auf den Bettrand gesetzt. Es war Oma Rethel. Sie strich mir übers Haar und sagte, es ginge ihr gut und ich müsse nicht traurig sein. Dann stand sie auf, die Matratze hob sich wieder, und sie ging durch die verschlossene Tür nach draußen.

Ein Gefühl tiefer Zufriedenheit erfüllte mich, das auch in den nächsten Tagen unverändert anhielt.

MANCHE HUNDE GEHEN NICHT GERN
INS WASSER

An warmen Sommertagen spielten Lud und ich oft Indianer auf den Wiesen am Main. »Indianerles«, wie wir es nannten, wenn wir nicht »Fangeles« oder »Versteckerles« spielten. Unser Spiel bestand zum größten Teil darin, dass wir versuchten, mit Pfeil und Bogen über den Fluss zu schießen.

Unsere Bogen hatten wir aus einem dicken Haselnussstecken gemacht, den wir mit Draht gespannt hatten. Die Pfeile schnitzten wir aus trockenem Schilfrohr, das dunkelgelb und hart sein musste. In die Spitze schoben wir ein zentimeterlanges, ausgehöhltes Stück von einem Holunderzweig. Das gab ihm die nötige Balance.

Der Main war bei Obertheres nicht sehr breit. Trotzdem gehörte Übung dazu, wenn ein Pfeil am jenseitigen Ufer auftreffen sollte. Man durfte nicht waagrecht schießen, sonst fiel der Pfeil in den Fluss und trieb mit der Strömung davon. Nur wenn wir in einem ganz bestimmten Winkel schräg nach oben schossen, beschrieb der Pfeil einen weiten, hohen Bogen und prallte wirklich drüben am Ufer auf. Vorausgesetzt, man hatte die Sehne kräftig genug gespannt.

Die Pfeile auf der anderen Flussseite sammelten wir wieder ein. Hundert Meter weiter stromaufwärts gab es ja die Fähre. Für zwei Jungen, die auf der anderen Seite ein paar Pfeile aufsammeln wollten, hätte der Fährmann seine Fähre nie und nimmer in Bewegung versetzt. Zumal wir nicht bezahlten. Aber er hatte nichts dagegen, wenn wir dazuschlüpften, wenn er sowieso einen Traktor oder einen vollbeladenen Heuwagen über den Fluss setzen musste.

Lud und ich schlenderten dann am Ufer entlang, suchten nach unseren Pfeilen, fanden zwar nie alle, aber immer einige davon, und schossen sie von drüben zurück an unser Ufer. Die Bögen hatten wir mitgenommen.

Weil die meisten unserer Pfeile doch im Main landeten und davonschwammen, mussten wir uns ständig neue schnitzen. Das Schilfrohr holten wir uns aus einer kleinen Bucht oberhalb der Fähre. Dort im Dickicht am Rand des Wassers hatten wir einen schmalen Gang angelegt, der zu unserer »Höhle« führte. Die hatten wir geschaffen, indem wir am Ende des schmalen Gangs die Schilfrohre so niedergetreten hatten, dass eine kreisförmige, freie Fläche entstanden war, in der wir saßen und uns Geschichten erzählten.

In dieser Bucht fanden Lud und ich den Kahn.

Ein schmaler, schwarz geteerter Holzkahn, von dem ein zerrissener Strick herabhing, hatte sich zwischen Schilfbüscheln verfangen. Lud und ich zogen ihn unter großen Mühen tief ins Schilf. So konnte er nicht weitertreiben und war gleichzeitig gut versteckt.

Wir beschlossen, erst ein paar Tage abzuwarten. Zwar

waren wir beide der Meinung, der Kahn habe sich irgendwo flussaufwärts losgerissen und sei flussabwärts getrieben, bis er sich zufällig im Schilfgestrüpp verfangen hatte. Der abgerissene Strick deutete darauf hin. Wir waren uns auch schnell einig, dass herrenlose Kähne den jeweiligen Findern gehören, also uns. Vielleicht, überlegten wir, würde sein voriger Besitzer aber auf die Idee kommen, nach dem Kahn zu suchen.

So beschränkten wir uns in den folgenden Tagen darauf, einen neuen Strick durch den Ring vorne am Boot zu ziehen, es festzubinden und immer wieder mal nach ihm zu sehen.

Nach einer Woche unternahmen wir unsere erste Fahrt. Lud hatte eine lange Bohnenstange aus dem Garten mitgebracht, ich hatte ein schmales Brett aus Opas Böttcherwerkstatt mitgehen lassen. Opa Schorsch war nicht nur Wirt, sondern auch Küfer, der Fässer baute und sogenannte »Stüchte«, in denen das Weißkraut gärte und zu Sauerkraut wurde.

Wir lösten den Haltestrick, Lud stieß die Stange vom Heck aus in den morastigen Boden, ich paddelte mit dem Brett, und wir schafften es, unser Boot durchs Schilf ins offene Wasser zu steuern.

Dann saßen wir nebeneinander auf dem schmalen Sitzbrett, genossen die Fahrt und ließen uns von der Strömung gemächlich flussabwärts treiben.

Bald kam die Anlegestelle der Fähre in Sicht. Der Fährmann hätte uns und unseren Kahn entdecken können, deshalb versuchten wir umzukehren. Es war nicht leicht, den Kahn mit einem Brett gegen die Strömung zu rudern.

Er fing an, sich im Kreis zu drehen und trieb immer weiter auf die Fähre zu.

Lud stocherte verzweifelt mit der Bohnenstange im Wasser herum, kam endlich auf Grund, und schaffte es, das Boot ans Ufer zu lenken. Wir sprangen an Land und zogen den Kahn am Seil zu seinem Versteck zurück. Wir hatten Glück, der Fährmann hatte uns nicht gesehen.

Von da an machten wir jeden Nachmittag eine kleine Bootspartie. Wir hatten aus unserem ersten Abenteuer gelernt. Nun zogen wir den Kahn von einem alten Treidelpfad aus flussaufwärts, stiegen nach ein paar hundert Metern ein und ließen uns zu unserem Versteck treiben.

Natürlich erzählte ich niemandem etwas von unserem Kahn, am wenigsten meiner Mutter.

Lud und ich konnten nicht schwimmen, und ich hatte den Verdacht, meine Mutter könnte es unangebracht finden, dass zwei Nichtschwimmer jeden Nachmittag den Fluss entlangpaddelten, und dies in einem Kahn, der ihnen nicht gehörte. Vielleicht wäre sie sogar auf die Idee gekommen, uns den Kahn wegzunehmen und nach dem Besitzer zu fahnden.

Aber dann verloren wir unser Boot doch. Schuld daran war ein Hund, der auf den albernen Namen »Wölfchen« hörte.

Das Jahr nach dem Kriegsende war die Zeit der großen Tauschgeschäfte. Man hatte zwar Geld, immer noch die Reichsmark, aber man konnte nichts dafür kaufen. Alle tauschten.

Man tauschte Bier gegen Handtücher, Küchenmöbel

gegen Kartoffeln, einen Perserteppich gegen ein halbes Schwein, Verlobungsringe gegen Kaninchen, eine Dampfmaschine gegen Mehl. Besonders beliebt als Tauschobjekt war Tabak. Ich sammelte die Zigarettenkippen, die amerikanische Soldaten achtlos auf die Straße warfen, pellte die Tabakkrümel aus dem Zigarettenpapier und bewahrte sie in einer leeren Trockenmilchdose auf. War die Dose voll, tauschte ich sie bei Vierings gegen einen Liter frischgemolkener Milch ein.

Die Zeitungen waren voll von Kleinanzeigen, wie man sie heute nicht mehr kennt.

In der ersten Zeile stand »BIETE«. Etwa ein paar Skistiefel, ein Harmonium oder Meißener Porzellantassen. In der nächsten Zeile konnte man unter »SUCHE« erfahren, was der Bieter dafür haben wollte: einen Kinderwagen, eine Küchenlampe oder einen Wintermantel.

Viele Erwachsene verwendeten einen Großteil ihrer Zeit darauf, mit anderen Erwachsenen irgendetwas zu tauschen. Kein Wunder, dass dies auf uns Kinder abfärbte. Wir tauschten nicht aus Not, auch nicht, weil wir bestimmte Dinge unbedingt haben mussten, wir tauschten um des Tauschens willen.

Natürlich tauschten wir keine halben Schweine oder Nerzmäntel. Wir tauschten Porzellanperlen, Murmeln, eine Schleuder, farbige Glasscherben, Schneckenhäuser, Käfer, auch mal einen lebenden Frosch oder eine Blindschleiche. Und besonders gerne Briefmarken.

Meine Tante Elli, die 1933 zusammen mit ihrer Schwester Hedwig nach Cleveland / Ohio ausgewandert war, schrieb uns regelmäßig. Auf diese Weise kam ich in den

Besitz amerikanischer Briefmarken. Weil ich der Einzige im Dorf war, der ausländische Briefmarken zum Tausch anbieten konnte, war ich wählerisch.

Willy Ebert, der mit mir und Lud in die Klasse ging, war besonders erpicht auf meine Marken. Er hatte ein richtiges Briefmarkenalbum, in dem unter »Deutsches Reich« schon mehr als 20 Marken einsortiert waren. Aber bei »Ausländische Marken« sah es traurig aus. Da war nur eine einzige amerikanische, die er von mir gegen ein Wildwestheftchen eingetauscht hatte.

Nun war wieder ein Brief aus USA gekommen. Diesmal sogar mit zwei Briefmarken. Ich fragte Opa Schorsch gleich, ob ich den Umschlag haben dürfte.

»Meinetwegen«, sagte er. »Nimm ihn!«

Am nächsten Tag brachte ich ihn mit in die Schule und zeigte ihn stolz herum. Willy bot mir gleich eine große Muschel und eine Tüte Nüsse. Ich lehnte ab.

Noch am selben Nachmittag besuchte er mich mit einem Kinderbuch unter dem Arm. »Ist das ein guter Tausch für dich? Zwei kleine Briefmarken gegen ein spannendes Buch?«

Das Buch reizte mich. Ich ließ es mir nicht anmerken, blätterte es durch und sagte: »Erstens sind es keine kleine Marken, sondern sogar besonders große. Du musst mir schon mehr bieten als dieses Kinderbuch. Du denkst wohl, ich hätte nicht gesehen, dass dein kleiner Bruder die vorletzte Seite vollgekritzelt hat?«

»Die vorletzte Seite?«, fragte Willy, blickte ins Buch und tat so, als würde er das Gekritzel zum ersten Mal sehen. »Das ist Bleistift. Den kannst du leicht ausradieren.«

»Kann ich nicht«, sagte ich. »Weil es nämlich Tintenstift ist, und den kann man nicht radieren.«

So klemmte sich Willy das Buch wieder unter den Arm und ging.

Am nächsten Tag nahm mich Willy nach der Schule beiseite und machte mir ein Angebot, das mir fast die Sprache verschlug: ein goldenes Benzinfeuerzeug. So etwas Wertvolles war bei uns im Dorf noch nie getauscht worden. Dazu ein Feuerzeug, das auf Anhieb funktionierte. Wir wurden uns sofort einig. Ich schob das Feuerzeug in meine Hosentasche, Willy kam mit mir nach Hause und holte die beiden Marken ab.

Kaum war Willy gegangen, kamen mir schon die ersten Zweifel. Woher mochte Willy das Feuerzeug haben? *Seines* war es mit Sicherheit nicht. Vielleicht hatte er es gefunden? Oder es gehörte Willys Vater? Wie würde der reagieren, wenn sein Feuerzeug nicht mehr aufzufinden war?

Ich musste schnell handeln.

Gleich nach dem Mittagessen ging ich zu Gerlinde und fragte, ob sie mir Wölfchen ausleihen würde.

Wölfchen war ein weißer Spitz, und Gerlinde hatte es geschickt verstanden, uns anderen Kindern aus der Schule das Gefühl zu geben, ihr Hund sei etwas ganz Besonderes. Sie führte ihn immer an der Leine, ließ ihn nicht frei laufen, und betonte, dass er der einzige Spitz in Obertheres sei. Und ein weißer Spitz sei eine große Seltenheit.

Wollte man ihren Spitz auch nur für ein paar Minuten an der Leine führen, musste man dafür zahlen, eine Walnuss, eine Glaskugel oder sogar ein Albumbildchen. Je nachdem, wie lange man ihn haben wollte.

Gerlinde fragte: »Wie lange willst du Wölfchen haben?«

»Den ganzen Nachmittag«, sagte ich.

»Den ganzen Nachmittag? Hat man dir ins Gehirn geschissen?«

Gerlinde drückte sich immer sehr drastisch aus. Den Ausdruck hatte sie wohl von Erwachsenen gehört.

Ich antwortete nicht, holte das Feuerzeug aus der Tasche, fuhr mit dem Daumen über das kleine Rädchen an der Oberseite − und schon brannte der Docht.

»Ist aus echtem Gold«, sagte ich, um meine Offerte noch attraktiver zu machen.

Gerlinde machte genau so große, gierige Augen, wie ich sie wahrscheinlich bei Willys Angebot gehabt hatte.

»Wölfchen für einen ganzen Nachmittag!«, wiederholte ich.

»Spätestens um fünf bringst du ihn zurück!«

Auf der Wiese am Main traf ich Lud.

»Du hast ja Wölfchen?«, sagte er. »Hat Gerlinde ihn dir geliehen?«

»Ich hab ihn getauscht. Gegen ein Feuerzeug«, sagte ich.

»Das ist ein guter Tausch. Ein Hund ist mehr wert als ein Feuerzeug«, sagte Lud anerkennend.

»Nicht ganz getauscht. Nur für heute Nachmittag«, musste ich zugeben.

»Dann war es ein schlechter Tausch. Ein Feuerzeug ist mehr wert als ein Nachmittag mit Hund«, sagte Lud. »Was machen wir überhaupt mit ihm? Ich denke, wir wollten wieder Boot fahren?«

»Wollen wir auch«, sagte ich. »Wölfchen nehmen wir mit. Der ist bestimmt noch nie in einem Kahn gefahren.«

Der Spitz tippelte geduldig neben uns am Ufer entlang bis zu unserem Bootsversteck. Wir setzten ihn ins Boot und zogen es flussaufwärts. Nach ein paar hundert Metern stiegen wir wie immer ins Boot, stießen uns vom Ufer ab und ließen uns treiben.

Wölfchen saß auf dem erhöhten Deck und schien die Fahrt genauso zu genießen wie Lud und ich.

Als wir kurz vor unserem Versteck waren, nahm Lud die Bohnenstange vom Boden des Kahns und stieß sie auf der landabgewandten Seite ins Wasser. Sie blieb im weichen Flussboden stecken.

Das war uns schon einige Male passiert. Der Kahn trieb dann mit der Strömung langsam weiter, und wir zogen und zerrten an der festsitzenden Stange, während wir im Kahn immer weiter nach hinten gehen mussten. Bis jetzt hatten wir es immer geschafft, die Stange zu lockern und ins Boot zu ziehen. Aber diesmal war uns Wölfchen im Weg, als wir nach hinten gingen, die Hände fest um die Stange geklammert. Ich stolperte über den Hund, er jaulte auf, ich ließ erschrocken die Stange los, und Lud, der fast das Gleichgewicht verloren hätte, klammerte sich am Bootsrand fest. Als der Kahn endlich aufhörte zu schwanken, trieben wir mitten im Fluss und die Stange ragte zwanzig Meter hinter uns senkrecht aus dem Wasser.

Lud fluchte und beschimpfte den Hund.

Ich versuchte vergeblich, das Boot mit dem Brett zu unserem Versteck zu rudern. Wir waren schon an der Bucht vorbei, und dann fing der Kahn auch noch an, sich zu drehen.

Die Fähre kam schon in Sicht. Lud und ich legten uns

flach ins Boot, nahmen Wölfchen fest in den Arm und hielten ihm die Schnauze zu, damit er nicht bellen konnte.

Mit angehaltenem Atem trieben wir auf den Anlegeplatz der Fähre zu. Schon sahen wir über uns das starke Drahtseil, das Fährseil, das hoch über uns den Main überspannte.

Ob Heiner, der Fährmann, uns entdecken würde? Manchmal schlief er ja, auf der hölzernen Fährbank liegend. Erst nach einer ganzen Weile wagten wir es, uns aufzurichten und vorsichtig über den Bootsrand zu spähen. Die Fähre war schon hinter einer Flussbiegung verschwunden, die Häuser von Obertheres standen klein wie Spielzeughäuser vor dem bewaldeten Hang, der sich hinter dem Dorf erhob.

»Wir müssen jetzt schnell ans Ufer«, sagte Lud. Ich war durchaus seiner Meinung.

Doch es dauerte noch mindestens einen Kilometer, bis wir, im Boot kniend und mit beiden Händen im Wasser paddelnd, unseren Kahn so nahe an das Ufer gelenkt hatten, dass wir uns an den Zweigen eines Weidenbusches festhalten konnten. Ich schaffte es als Erster, an Land zu steigen. Lud streckte mir vom Boot aus seine Hand entgegen, und ich zog ihn mit einem kräftigen Ruck ans Ufer. Dadurch wurde aber der Kahn ein Stück ins Wasser hinausgestoßen, von der Strömung erfasst und weitergetrieben.

Und im Kahn saß immer noch Wölfchen.

Lud und ich gingen neben dem Boot her und lockten den Hund.

»Komm her, Wölfchen! Komm zu mir!«, rief ich.

»Wölfchen komm! Bei Fuß!«, kommandierte Lud.

Der Hund schaute erstaunt zu uns herüber und schien nicht zu begreifen, was wir von ihm forderten.

»Wölfchen! Kommst du endlich her!«, schrie ich. »Wölf-chen!«

Aber Wölfchen dachte nicht daran, seinen trockenen Platz im Boot aufzugeben und sich in ein ungewisses Wasserabenteuer zu stürzen.

»Vielleicht ist er wasserscheu?«, sagte ich. »Manche Hunde gehen nicht gern ins Wasser.«

»Wir können doch nicht ewig neben dem Kahn hergehen«, sagte Lud. »Mir reicht's. Ich dreh um.«

»Lud, bitte lass mich nicht im Stich!«, beschwor ich ihn. »Das Boot landet irgendwann im Meer. Was soll ich denn Gerlinde sagen!«

»Na gut«, sagte Lud. »Aber bis zum Meer gehe ich nicht mit!«

»Wir müssen das Boot aufhalten«, sagte ich. »Wir brauchen eine Stange.«

Wir rannten voraus und fanden wirklich am Wiesenrand eine Stange, wie man sie zum Aufrichten der Heuhaufen brauchte.

An der nächsten Biegung hielten wir die Stange wie eine Schranke dicht über die Wasserfläche. Das Boot stieß dagegen, wir jubelten. Wölfchen beguckte sich interessiert das Schauspiel. Der Kahn drehte sich um die Stangenspitze herum und trieb weiter, nun mit dem Heck voraus. Wir rannten hinterher, überholten ihn und versuchten es ein zweites Mal. Das Boot drehte sich ein zweites Mal und schwamm weiter, nun wieder mit der Spitze nach vorn, wie es sich gehörte.

»Jetzt werde ich den Köter aus dem Kahn treiben!«, schrie Lud. »Pass mal auf, was ich mache!«

Er hob kleine, trockene Erdklumpen auf und warf sie ins Boot.

»Los, raus!«, schrie er dabei. »Mach, dass du rauskommst! Spring ins Wasser! Los!«

Die Erdklumpen fielen neben Wölfchen auf die Bodenbretter und zerplatzten. Der Hund jaulte auf vor Schreck und verkroch sich unter das Sitzbrett.

»Hör auf damit! So kriegen wir ihn nie raus«, sagte ich. »Wir müssen ins Wasser gehen.«

»Ich kann doch nicht schwimmen«, sagte Lud.

»Ich weiß. Ich doch auch nicht«, beruhigte ich ihn. »Wir gehen nur bis zu den Knien rein.«

Wir rannten voraus, zogen unsere Sandalen aus und erwarteten das Boot, bis zu den Oberschenkeln im Wasser stehend.

Im Zeitlupentempo trieb der Kahn heran. Die Strömung war an dieser Stelle nicht stark. Wölfchen begrüßte uns, freudig bellend, die Vorderpfoten auf den Bootsrand gestellt.

Ich machte einen Schritt nach vorn, um das Boot zu fassen – und stand unvermittelt bis zum Hals im Wasser. Der Uferboden fiel unter Wasser sehr viel steiler ab, als ich angenommen hatte.

Lud war es genauso gegangen. Erschrocken schlugen wir mit den Armen durchs Wasser und kletterten die Uferböschung hoch.

Dann rannten wir wieder hinter dem Boot her.

Während der Kahn gemächlich neben uns trieb, zogen

wir, mal auf dem einen, mal auf dem anderen Bein hüpfend, im Gehen unsere Hose aus, streiften uns das nasse Hemd über den Kopf und drehten Hemd und Hose zu einer Wurst zusammen, damit das Wasser herauslief. Danach waren wir während des Gehens damit beschäftigt, wieder in unsere feuchten Kleider zu schlüpfen.

»Ich hab genug«, sagte Lud und blieb stehen. »Den Kahn bekommen wir sowieso nicht wieder und den Hund auch nicht.«

»Du darfst mich nicht allein lassen!«, flehte ich ihn an.

»Wir können ja der Postfrau sagen, dass sie weiter unten anrufen soll. In Schonungen oder Schweinfurt. Wenn da ein Kahn mit einem Hund vorbeischwimmt, sollen sie ihn ans Ufer ziehen und dein Opa holt Wölfchen dort mit dem Fahrrad ab.«

Das schien mir eine Möglichkeit zu sein. Ich blieb auch stehen. Schließlich konnte ich den Kahn nicht bis Holland begleiten.

Wölfchen stand jetzt am Heck des treibenden Bootes und bellte aufgeregt. Ich blickte ihm noch ein wenig nach, dann wandte ich mich um und ging mit Lud.

Als wir ungefähr hundert Meter weiter waren, hörten wir hinter uns lautes Bellen. Wir drehten uns um. Wölfchen kam herangestürmt. Er zog seine Leine hinter sich her, schüttelte sich das Wasser aus dem Fell, als er uns erreicht hatte, und sprang an mir hoch.

»Du dummer Hund«, schimpfte ich mit ihm. »Warum bist du erst jetzt ans Ufer geschwommen?«

Im Nachhinein weiß ich, dass nicht der Hund dumm war, sondern wir.

Am späten Nachmittag langten Lud und ich wieder in Obertheres an. Ich brachte Gerlinde ihren Spitz zurück.

»Wie sieht der denn aus«, rief sie entrüstet. »Der hat ja einen ganz schmutzigen Bauch!«

»Er ist in den Main gesprungen. Ich kann nichts dafür«, sagte ich und ging, bevor sie weitere Fragen stellen konnte.

Zu Hause wurde ich schon erwartet.

In der Gaststube saßen Willy und sein Vater neben Opa Schorsch auf der Eckbank.

»Wo kommst du jetzt erst her?«, sagte mein Großvater zur Begrüßung. »Herr Ebert möchte dich sprechen.«

»Ich schätze, du weißt genau, was ich von dir will«, sagte Herr Ebert. »Willy soll dir mal gleich deine Briefmarken zurückgeben.«

Willy hatte verheulte Augen. Er tat mir leid.

»Hier!«, sagte er und gab mir die beiden Marken wieder. Er hatte sie wohl die ganze Zeit in der Hand gehabt, sie waren feucht.

»Ich will nur eine zurück, die größere«, sagte ich. »Die kleine darfst du behalten.«

»Ich bekomme aber trotzdem mein Feuerzeug wieder, ja?«, sagte Herr Ebert.

»Von mir nicht«, sagte ich.

»Was soll das heißen?«, fragte Opa Schorsch.

»Ich habe es nicht mehr. Ich hab es weitergetauscht. Gerlinde hat es jetzt«, sagte ich.

»Gerlinde? Was will denn ein Mädchen mit einem Feuerzeug?«, fragte Herr Ebert.

Die Frage kam mir ziemlich dumm vor. Weshalb sollte

sich ein Mädchen nicht an einem gut funktionierenden Feuerzeug freuen? Aber ich sagte nichts.

»Du meinst die Gerlinde Schellenthaler?«, fragte Herr Ebert weiter.

Ich nickte.

»Komm, Willy! Dann werden wir jetzt der Familie Schellenthaler einen Besuch abstatten«, sagte Herr Ebert, stand auf, verabschiedete sich von Opa Schorsch und ging mit Willy an der Hand hinaus.

Opa sagt: »Hoffentlich hat Gerlinde das Feuerzeug nicht auch gleich weitergetauscht.«

»Hat sie nicht«, sagte ich. »Was Gerlinde einmal hat, behält sie.«

»Das Feuerzeug wird sie wohl nicht behalten können«, sagte er. »Du weißt, dass du Gerlinde zurückgeben musst, was du von ihr fürs Feuerzeug bekommen hast?«

»Das kann ich nicht«, sagte ich.

»Was soll das heißen?«, fragte er.

»Weil ich nichts von ihr bekommen habe. Sie hat mir nur erlaubt, dass ich ihren Hund ausführen darf.«

Opa Schorsch schüttelte den Kopf. »Du hast von Anfang an gewusst, wie die Sache mit dem Feuerzeug ausgeht!« Er grinste jetzt. »Du bist ein schlaues Bürschchen.«

»Findest du?«, fragte ich.

Ich dachte an unseren Fußmarsch am Fluss entlang, an meine immer noch feuchte Hose und an unseren schönen, schwarzen Kahn, der nun führerlos dem Meer entgegentrieb. Ich konnte nicht behaupten, dass ich mir besonders schlau vorkam.

DER ENGLISCHE GRUSS

———————

Opa Schorsch hatte schwarze Haare, dichte, schwarze Augenbrauen und einen schwarzen Schnauzbart, einen Schnauzer, wie er es nannte. Es hieß, seine Familie sei vor mehr als hundert Jahren aus Ungarn eingewandert und habe sich dann in Haßfurt niedergelassen. Als Beweis dafür, dass die Familie Mattenheimer tief aus dem Osten kam, suchte man in der Familie bei jedem neugeborenen Kind nach dem sogenannten Hunnenfleck, den Opa Schorsch seinen Kindern, Enkeln und Urenkeln vererbt hatte. Der Hunnenfleck, auch Mongolenfleck genannt, ist ein bläuliches, meist rundes Muttermal am unteren Rücken des neugeborenen Kindes, ein harmloser Pigmentfleck, der nach einigen Jahren wieder verschwindet. Mein Bruder hatte ihn, seine Kinder und neuerdings seine Enkeltochter.

Opa Schorsch war wohlbeleibt und trug sein rundes Bäuchlein mit Würde vor sich her, wäre nie auf die Idee gekommen, eine Abmagerungskur zu machen. Obwohl sein Bauchumfang beträchtlich war, gab es noch viel Platz zwischen seinem Hosenbund und dem Hemd, weil er seine Hose immer eine Nummer zu groß kaufte. Deswegen musste er sie auch mit breiten Hosenträgern vorm

Rutschen bewahren. Er hasste alles, was zwängte oder eng war. So standen seine obersten Hemdknöpfe immer offen. In der Werkstatt trug er eine grüne Schürze mit einer Brusttasche, in der ein breiter Zimmermanns-Bleistift steckte, mit dem er Markierungen auf Bretter zeichnete, an denen er dann die Säge ansetzte.

In einem Wandregal lag ein von Sägemehl eingestaubtes, schmales Buch, das er mit dem Ärmel abwischte, aufschlug und darin las, wenn er zwei Bretter zum Verleimen im Schraubstock eingespannt hatte. Die Zeit, die er warten musste, bis der Knochenleim getrocknet war, nutzte er für die Lektüre. Er war bekannt dafür, dass er die Gäste in der Wirtsstube mit originellen Geschichten unterhielt. Viel später habe ich rausbekommen, woher er seine Anekdoten bezog. Das Buch war *Der rheinische Hausfreund* von Johann Peter Hebel. Und die darin gestellte Rätselfrage, was das Beste am Salat sei, nämlich dass er sich biegen lässt, weil man ihn sonst nicht in den Mund schieben könne, stellte er fast jedem neuen Gast. Er war ein freundlicher, liebevoller Großvater, der ganz selten mal laut wurde. Einmal hatte er ein Fass fertiggestellt, als letzten Arbeitsschritt das Spundloch gebohrt und es zum Abholen vor die Werkstatttür gestellt. Mein kleiner Bruder Bernd hatte sich ein Spiel ausgedacht. Er sammelte kleine Steine und warf sie durchs Spundloch ins neue Fass. Opa Schorsch erwischte ihn dabei, beließ es aber bei einer strengen, vorwurfsvollen Ermahnung und führte meinem Bruder vor, dass er nun wegen ihm die eisernen Reifen wieder losklopfen, das Fass noch einmal öffnen, auf den Kopf stellen, und es so leeren musste.

Opa Schorsch zog beim Gehen das rechte Bein etwas nach. Er schnappte, wie man im Fränkischen sagt. Weiter nördlich hätte man es als Hinken bezeichnet.

Ich saß gerne bei ihm in der Werkstatt, in der es angenehm nach Harz und frischem Holz roch. Und ich fragte ihn aus. Schließlich wollte ich alles über ihn wissen.

»Opa, warum gehst du so?«

Ich demonstrierte es, indem ich übertrieben hinkend durch die Werkstatt trabte.

»So stark, wie du es vormachst, schnappe ich aber nicht!«, sagte er. »Ich gehe so, weil ich einen Schuss in die Hüfte gekriegt habe.«

»Wer hat auf dich geschossen?«

»Irgendein Franzose.« Er schien darüber gar nicht empört zu sein. »Der hat auch nur seine Pflicht getan. Wie die Unsrigen.«

Ein Franzose, dessen Pflicht es war, meinen Opa in die Hüfte zu schießen?

Er spürte mein Staunen und fügte hinzu: »Im Krieg.«

Das steigerte meine Zweifel. Mein *Vater* war im Krieg. Er war Marinesoldat im fernen Cherbourg. Großvater trug keine Uniform und war auch nicht auf Heimaturlaub.

»Es gab schon mal einen Krieg, anno vierzehn / achtzehn«, erklärte er mir. »Da ist es passiert.«

Von diesem Krieg hatte ich noch nie gehört.

»Gegen wen haben wir da gekämpft?«, fragte ich.

»Gegen die gleichen wie jetzt auch: Franzosen, Russen, Engländer und Amerikaner.«

»Und wer hat gewonnen?«, wollte ich wissen.

»Die anderen«, antwortete er, wandte sich abrupt der Hobelbank zu, und zeigte damit, dass unsere Unterhaltung beendet war.

Viel später, als ich mir unser Gespräch in Erinnerung rief, begriff ich, dass er sich bremsen musste, um nicht hinzuzufügen: »Und genau so wird es auch diesmal ausgehen!«

So eine Aussage war damals lebensgefährlich. Er musste ja befürchten, dass ein kleiner Junge unbefangen ausplaudern könnte, was sein Opa da geäußert hatte.

Opa Schorsch war es auch, der mir die Ratsche gebaut hatte. Da wusste er noch nicht, dass er sie wenig später zweckentfremden musste.

Nach der dörflichen Überlieferung dürfen in der Karwoche von Gründonnerstag bis einschließlich Karsamstag die Glocken nicht geläutet werden, um die Grabesruhe Jesu nicht zu stören. Uns Kindern sagte man, dass die Glocken nach Rom geflogen seien. Absurderweise wird die Grabesruhe aber durch ohrenbetäubendes Ratschen nicht beeinträchtigt. Die Kinder ziehen nämlich mit den sogenannten Karfreitagsratschen durchs Dorf. Das sind Holzkästen mit einer Kurbel, die eine Walze mit Nocken in Bewegung setzt, wodurch schmale Holzleisten angehoben werden und beim Zurückschnellen ein lautes Prasselgeräusch erzeugen. Man kann sich vorstellen, wie hoch der Geräuschpegel ist, wenn zwölf oder fünfzehn Jungen gleichzeitig rhythmisch an der Walze drehten: dreimal raaatsch – Pause – wieder dreimal raaatsch – Pause, und dann mindestens zehn Sekunden lang wildes Durcheinanderratschen, bis der Ratschenmeister »Halt« rief, und wir im Chor »Wir ratschen, wir ratschen den Englischen Gruß« brüllten.

Es war eine große Auszeichnung, als Ratschenbub aufgenommen zu werden. Das entschied zum einen der Anführer der Ratschenbuben, Ratschenmeister genannt, meist der Älteste, zum andern musste man ja erst mal eine Ratsche besitzen, um mitmachen zu können.

Nachdem mir der Vogts-Gerhard, der Ratschenmeister, signalisiert hatte, dass er mich in den exklusiven Klub aufnehmen würde, baute mir Opa Schorsch eine Ratsche nach allen Regeln der Handwerkerkunst aus massivem Eichenholz, und versah sie mit einem starken, breiten Juteband, damit ich sie umhängen konnte.

Dass ich als Jüngster bei den Ratschenbuben mitmachen durfte, verdankte ich einer kleinen Bestechung. Alle im Dorf wussten, dass ich gut malen konnte. An manchen Nachmittagen war ich eine Stunde beschäftigt, um alle Mädchenwünsche nach einer gezeichneten Prinzessin zu erfüllen. Bedingung war, dass sie zwei weiße, meist karierte Blätter Papier mitbrachten, die sie manchmal aus ihrem Rechenheft gerissen hatten. Auf das eine Blatt malte ich die gewünschte Prinzessin je nach Wunsch mit hellen oder dunklen Haaren, rosa, gelben oder blauen Gewändern und natürlich immer mit einer kleinen Krone auf dem Kopf. Das zweite, leere Blatt war der Lohn für meine Malarbeit, denn das Papier war knapp und ich hatte immer Bedarf für meine eigenen Malereien.

Der Vogts-Gerhard hatte bei mir das Bild eines Ritters auf dem Pferd bestellt. Das Ergebnis hatte ihm gefallen.

Der alte Herr Signo war einer der wenigen im Dorf,

der Bücher besaß. Er hatte mitbekommen, dass ich schon vor der Schule lesen konnte und gerne las. Deshalb durfte ich ihn in seiner kleinen Wohnung besuchen und in einem übergroßen bebilderten Buch blättern. In der Rückschau weiß ich, dass es *Don Quijote* mit den Illustrationen von Gustave Doré gewesen sein muss.

Im Buch gab es das Bild eines mageren Ritters auf dem Pferd, das mich faszinierte. Einmal hatte ich heimlich ein Blatt Papier und einen Bogen Kohlepapier mitgebracht und in einem unbeobachteten Moment den Ritter samt Pferd durchgepaust. Herr Signo sah aber an den Bleistiftkonturen auf dem Bild, was ich verbrochen hatte, und lud mich zur Strafe nicht mehr ein.

Das durchgepauste Bild zeichnete ich immer wieder nach. Auch der Vogts-Gerhard hatte eine dieser Kopien bekommen. Jedenfalls war ich als Ratschenbub aufgenommen worden.

In den letzten Wochen des Zweiten Weltkriegs wurde Opa Schorsch zum Volkssturm eingezogen und bekam eine Armbinde, die ihn als Volkssturm-Mann auswies. Das war das letzte, ärmliche Aufgebot des untergehenden Naziregimes, Männer über sechzig, die man nicht mehr zum Wehrdienst einziehen konnte, und die in der örtlichen Umgebung Schanzarbeiten leisten und Panzersperren errichten sollten.

Ich erinnere mich, dass Opa nach einer Volkssturmübung außerhalb des Dorfes wütend nach Hause kam und in der Küche meiner Großmutter erzählte, wie gedemütigt und verdummt er sich bei der Übung gefühlt habe.

Der Befehlshaber hatte vor Beginn der Übung so ziemlich alle Ratschen des Dorfes einsammeln lassen und sie an die Volkssturmmänner verteilt. Auf sein Kommando »Deckung!« hatten sich alle auf den Boden werfen müssen, und bei »Maschinengewehre: Feuer frei!« hatten sie auf dem Bauch liegend die Ratschen drehen müssen, um ein Maschinengewehrfeuer zu simulieren.

Die Volkssturmmänner waren es auch, die zu Kriegsende direkt vor unserem Haus die Straße durch eine Panzersperre unpassierbar machen sollten.

Schon tagelang hatte es Gerüchte gegeben, geflüsterte Botschaften: Die amerikanische Armee hatte Würzburg erobert, dann Schweinfurt eingenommen, jetzt kam sie langsam näher, mainaufwärts. Bald würde sie Obertheres erreicht haben. Die Gerüchte waren höchst widersprüchlich. Die einen erzählten, alle würden aus ihren Häusern vertrieben. Die Bewohner ganzer Ortschaften in der Würzburger Gegend hausten angeblich schon im Wald.

Andere wussten aus einer ebenso sicheren Quelle, die Amerikaner würden Weißbrot und Schokolade an die Bevölkerung verteilen. Weißbrot, stellte ich mir vor, würde wie Kuchen schmecken, nur besser. Schokolade kannte ich nicht.

Zwar verstummten die Flüstergespräche der Erwachsenen, wenn ein Kind in die Nähe kam, aber keiner konnte verhindern, dass wir Kinder Gesprächsfetzen aufschnappten und sie untereinander verbreiteten.

»Morgen kommen die Amerikaner!«, hatte Gustav schon letzte Woche den anderen nach der Schule zugeflüstert.

»Woher willst 'n das wissen?«, hatte ich gefragt.

»Von der Baronin«, sagte er. »Ich hab heimlich zuge-hört, als wir Flöckchen gelesen haben und sie sich mit ihrer Tochter unterhalten hat.«

Gustav wohnte mit seiner Mutter und der Schwester im Schlosshof in der kleinen Wohnung über der Schmiede. Die Geschwister wurden von der Baronin regelmäßig zum »Flöckchen-Lesen« verpflichtet. Sie rutschten dann im Schloss auf Knien die Stufen hinauf und pflückten kleine Unreinheiten vom Treppenläufer auf. Danach durften sie die Schlossgemächer betreten und mussten auch dort Flöckchen von den Teppichen entfernen.

»Die Amis erschießen alle!«, hatte er geflüstert und den Zeigefinger bedeutungsvoll an die Lippen gelegt. Damit wollte er andeuten, dass seine Nachricht streng geheim war.

»Alle? Wirklich alle?«, hatte ich gefragt. »Uns Kinder auch?«

»Alle!«, hatte Gustav gesagt. »Die Menschen und die Tiere.«

Ich war geneigt, ihm zu glauben. Erst wenige Tage zu-vor hatte ich im feuchten Straßengraben gelegen, meine Mutter halb neben, halb über mir, während eine Maschi-nengewehrgarbe so dicht neben uns Erdfontänen in die Luft fetzte, dass Grasbüschel und kleine Steinchen auf unsere Rücken prasselten. Die amerikanischen Tieflieger machten Jagd auf alles, was sich bewegte. Hüfners einzige Milchkuh hatten sie auf der Weide abgeschossen.

In der Woche vorher hatten wir Robert, Erwins klei-nen Bruder, beerdigt. Er war einfach auf der Wiese stehen geblieben, als das Flugzeug auf ihn zukam. Er wollte den Piloten in der Glaskuppel sehen. Sein großer Bruder hatte behauptet, den könne man ganz deutlich erkennen.

Erwin weinte und machte sich Vorwürfe, dass er dies Robert erzählt hatte.

Zu Hause wollte ich meine Mutter, Opa Schorsch und Oma Kuni gleich überreden, mit mir in den Wald zu fliehen.

Meine Mutter hatte den Arm um mich gelegt, mich beruhigt und gesagt: »Weiß man denn, ob die Amerikaner überhaupt kommen?«

Jetzt, eine Woche später, schien es wahr zu werden.

Es war früher Morgen. Draußen, direkt vor unserer Wirtschaft, waren die Volkssturmmänner und einige Soldaten damit beschäftigt, eine Panzersperre aus Baumstämmen zu bauen. Opa Schorsch war bei ihnen. Ein deutscher Offizier überwachte die Arbeiten. Tante Erna und Oma Kuni standen mit mir vor der Wirtshaustür und schauten besorgt zu. Meine Mutter war mit meinem kleinen Bruder Bernd im Nebenzimmer geblieben, Oma Rethel oben in ihrem Dachstübchen.

»Die ganzen Alten aus dem Dorf! Die lassen sie eine so schwere Arbeit machen«, sagte Oma Kuni. »Es ist ein Jammer.«

»Da kann ja niemand mehr rausfahren aus dem Dorf, wenn die Straße versperrt ist«, sagte ich. »Kein Fuhrwerk, nichts!«

»Vor allen Dingen kann niemand reinfahren«, sagte Tante Erna. »Kein Panzer kommt da durch. Links stehen die Häuser, rechts sind die Bahnschienen.«

»Gegen wen bauen sie denn die Sperre?«, fragte ich. »Kommen jetzt die Amerikaner?«

Oma Kuni nickte stumm.

»Wenn die kommen und hier ist eine Sperre: Warum fahren sie nicht einfach ums Dorf herum?«, fragte ich.

»Weil sie dann im Morast stecken bleiben. So ein Panzer ist schwer. Der sinkt ein, wenn er nicht auf der Straße fährt.«

»Wenn ich ein Ami wäre, würde ich die Sperre einfach wegschießen«, sagte ich. »Die haben doch so eine Kanone vorne an dem Panzer.«

Tante Erna blickte mich erschrocken an.

»Da hat er wirklich und wahrhaftig recht, der Bub«, sagte Oma Kuni. »Die fahren einfach zwanzig Meter zurück und schießen so lange auf die Sperre, bis nichts mehr von ihr übrig ist.«

»Um Himmels willen. Und unser Haus? Das liegt doch genau in der Schusslinie«, sagte Tante Erna.

Inzwischen hielt ein Militärlastwagen vor der halb aufgerichteten Sperre. Der Offizier stieg auf den Beifahrersitz, kurbelte das Seitenfenster herunter und rief den Soldaten etwas zu.

Alle hörten auf zu arbeiten und kletterten auf die Ladefläche. Der Wagen wendete und fuhr dann sehr schnell weg, in Richtung Bamberg.

Die alten Männer arbeiteten jetzt viel gemächlicher und machten lange Pausen. Es war niemand mehr da, der sie antrieb.

Oma Kuni ging ins Haus, kam nach kurzer Zeit wieder heraus, vier gefüllte Bierkrüge in den Händen, und rief

Opa Schorsch zu: »Komm mal her und nimm mir die schweren Krüge ab!«

Als er kam, flüsterte sie ihm zu: »Kannst du sie nicht überreden, die Sperre wieder abzubauen? Bring ihnen erst mal das Bier! Danach ist leichter reden. Die Amis ärgern sich doch so über diese dumme Panzersperre, dass sie das halbe Dorf in die Luft jagen!«

»Und wenn unsere Soldaten wiederkommen? Dann werden wir alle wegen Wehrkraftzersetzung aufgehängt«, sagte Opa Schorsch leise.

»Die kommen nicht wieder. Die retten ihre eigene Haut. Die haben doch die Hosen voll«, sagte sie.

»Meinst du wirklich?«, fragte er.

»Mama hat recht«, sagte Tante Erna.

Oma Kuni hatte einen Vorschlag: »Ich gehe hoch in den zweiten Stock und schaue aus dem Fenster. Da kann ich kilometerweit sehen und euch Zeichen geben. Kommen die Unseren zurück, arbeitet ihr weiter. Wenn man euch fragt, warum ihr noch nicht fertig seid, erzählst du einfach, einem von euch wäre ein Baumstamm auf den Fuß gefallen und ihr hättet ihn erst wegbringen müssen. Kommen die Amerikaner von der anderen Seite, baut ihr schnell die paar Stämme ab und rennt wie die Hasen!«

Opa Schorsch ging mit den Bierkrügen zu den anderen zurück. Die Krüge wurden herumgereicht, jeder nahm einen tiefen Schluck. Dann redete Opa Schorsch flüsternd auf sie ein. Die Männer schüttelten abwehrend den Kopf, sie waren offenbar anderer Ansicht als er.

Die Unterhaltung wurde lebhafter, es bildeten sich Grüppchen.

Sie flüsterten. Wir konnten nicht hören, was sie sagten. Opa Schorsch zeigte auf unser Giebelfenster, und alle blickten in die angegebene Richtung. Oma Rethel, die von da oben zugeschaut hatte, zog ihren Kopf hastig zurück.

Meine Mutter kam zu uns vor die Tür. »Hoffentlich geht alles gut aus!«, sagte sie. Sie hatte Bernd wohl in sein Weidenkörbchen gelegt.

»Hoffentlich!«, wiederholte Oma Kuni.

»Das hoffe ich auch«, sagte meine Mutter.

Opa Schorsch löste sich von der Gruppe und machte ein paar Schritte auf das Haus zu. Dann fiel ihm wohl noch etwas ein, er blieb stehen und ging dann zurück zu den Männern.

»Jetzt fängt der Papa noch mal an zu reden!«, stöhnte meine Mutter. »Er soll lieber ins Haus kommen.«

Er wollte aber gar nicht reden. Er sammelte lediglich die leeren Bierkrüge ein, die zu Füßen der Männer auf dem Straßenpflaster standen. Dann kam er zu uns.

»Was ist?«, fragte Oma Kuni. »Was habt ihr ausgemacht?«

»Sie waren vernünftig«, sagte Opa Schorsch. »Wir bauen die Sperre wieder ab. Der Steinmeier war erst dagegen, der bildet sich Wunder was ein, seitdem er hier der Ortsbauernführer ist. Wir haben ihn überstimmt.« Zu meiner Mutter sagte er: »Und du gehst jetzt wirklich auf den Dachboden und schaust aus dem Fenster. Kommen die Unsrigen zurück, schreist du es uns von da oben zu. Kommen von der anderen Seite die Amerikaner, winkst du mit dem Taschentuch und wir rennen in die Häuser.«

»Darf ich mit?«, fragte ich. »Bitte, Mama, lass mich mit hoch!«

»Meinetwegen«, sagte sie.

Nebeneinander standen wir dann hinter dem schmalen Giebelfenster und beobachteten die Straße. Ich überwachte die Straße von Schweinfurt her, meine Mutter schaute nach links, in Richtung Bamberg. Kein Auto näherte sich.

Langsam wurde es langweilig. Die Männer unten fingen tatsächlich an, die Panzersperre wieder abzubauen und die Stämme links und rechts der Straße zu lagern.

Schließlich waren alle weggegangen, so schnell sie das mit ihren alten Beinen noch konnten.

»Die Soldaten kommen bestimmt nicht mehr zurück. Wir können genauso gut unten auf die Amerikaner warten«, sagte meine Mutter. »Aufhalten kann sie sowieso keiner.«

Es wurde noch ein sehr langer Vormittag.

Das Wetter war angenehm warm, es klarte auf, sogar die Sonne kam heraus. Der Morgentau war verdunstet. Die Straße wurde einen Farbton heller.

Eine Schar Spatzen saß so selbstverständlich in der Straßenmitte, als würde nie mehr ein Mensch da entlanggehen.

In allen Häusern wartete man. Niemand traute sich vor die Tür, kein einziges Fuhrwerk war unterwegs. Dabei hätte man jetzt gut pflügen können.

Es war merkwürdig still im Dorf, man hörte nur das Klirren der Kuhketten aus den Ställen ringsum. Hinter den Fenstern der Nachbarhäuser bewegte sich ab und zu eine Gardine.

»Darf ich rüber zu Lud?«, fragte ich. »Ich kann ja drüben warten.«

»Das hätte gerade noch gefehlt!«, sagte Opa Schorsch. »Die Amerikaner kommen, und du bist nicht bei uns!«

»Bitte!«, sagte ich.

»Du bleibst hier!«, sagte meine Mutter bestimmt. »Keine Widerrede!«

Gegen Mittag, die Kirchturmuhr hatte schon zwölfmal geschlagen, jaulte plötzlich ein Automotor auf.

Wenig später kam ein amerikanischer Jeep in überhöhtem Tempo die Gasse vom Oberdorf herab, bog mit quietschenden Reifen nach rechts in die Hauptstraße ein und raste in Richtung Schweinfurt an unserem Haus vorbei. Durch die Gardine konnte ich vier sitzende Soldaten sehen und einen fünften, der zwischen ihnen am Maschinengewehrkranz stand. Sie trugen merkwürdige hohe, runde Helme, die ganz anders aussahen als die flachen, die ich von unseren Soldaten kannte.

Gleich darauf hörten wir einen zweiten Jeep vom Oberdorf kommen. Er schien nach links in die Gegenrichtung einzubiegen. Nach wenigen Minuten kam »unser« Jeep zurück und bog wieder in die Gasse ein, die ins Oberdorf führte. Von dort rollte jetzt ein kleiner Konvoi mit Mannschaftswagen herab. Links und rechts von den Autos gingen amerikanische Soldaten, sicherten nach allen Seiten, das Gewehr schussbereit in die Armbeuge gelegt.

Oma Kuni begann hysterisch zu lachen. »Maria, Josef und alle Heiligen!«, rief sie. »Das ist vielleicht ein Witz! So ein schlechter Witz!«

Meine Mutter schaute sie erschrocken an. Ob Oma Kuni am Ende doch noch die Nerven verlor?

Opa Schorsch hatte sofort gewusst, weshalb sie lachte.

»Da machen wir uns so viel Angst und Sorgen wegen der Panzersperre. Und dann kommen die Amis gar nicht den Main entlang! Sie sind von oben gekommen, durch den Wald, von Buch her. Unsere Panzersperre hätte sowieso nichts genützt!«

»Komm mit, Paul«, sagte Oma Kuni. »Wir haben noch was zu tun. Wir hängen die weiße Fahne raus.«

»Was denn für eine weiße Fahne?«, fragte ich.

»Sie bedeutet: Wir kämpfen nicht. Wir ergeben uns«, sagte sie, während wir die Treppe hochstiegen.

»Wer soll denn kämpfen? Es sind doch nur Frauen und alte Männer im Dorf«, sagte ich.

»Das wissen die Amis aber nicht, deswegen muss man es ihnen zeigen.«

Oma Kuni holte einen Besen, öffnete ein Fenster im ersten Stock, streckte den Besenstiel hinaus und klemmte ihn am Fensterflügel fest.

»Hol mir einen weißen Bettbezug!«, befahl sie dabei.

Ich holte einen aus der Schublade im Schlafzimmerschrank.

»Nein, nicht den, der ist doch geflickt!«, sagte sie. »Was sollen denn die Nachbarn denken!«

Oma Kuni suchte nun selbst einen Leinenbezug aus, einen, in den sie früher mal ihr Monogramm gestickt hatte, und legte ihn über den Besenstiel draußen vor dem Fenster.

Als sei dies ein verabredetes Signal, gingen erst bei Vierings, dann überall in der Nachbarschaft die Fenster auf, und weiße Laken, Bettbezüge und sogar ein weißes Nachthemd wurden hinausgestreckt.

Eine Woche später kam ein amerikanischer GI in die Wirtschaft und verlangte ein Bier. Ich stand neben Oma Kuni hinter dem Schanktisch, als er hereinkam, und muss ihn wohl mit offenem Mund angestarrt haben. Er hatte nämlich eine dunkle, fast schwarze Hautfarbe. Ich wusste zwar, dass es Menschen von dunkler Farbe geben musste, denn vor dem Seitenaltar der Kirche stand eine Gipsfigur mit einer Dose in den Händen. Sie hatte krause Haare und dicke rote Lippen, war kohlrabenschwarz und nackt bis auf einen Lendenschurz aus Palmblättern. Auf der Dose stand: »Bitte eine Spende für unsere Mission in Afrika«. Warf man einen Groschen in die Dose, wackelte das »Necherle«, wie es im Dorf genannt wurde, dankend mit dem Kopf.

Einen echten, lebenden Schwarzen hatte ich noch nie gesehen. Er bemerkte mein Erstaunen, griff in die Jackentasche seiner Uniform und holte eine Tafel Schokolade heraus und hielt sie mir hin. Neugierig griff ich danach, denn eine Tafel Schokolade hatte ich auch noch nie gesehen.

Oma Kuni nahm sie mir aus der Hand und wollte sie dem Soldaten zurückgeben.

»Die ist bestimmt vergiftet!«, flüsterte sie mir zu. Sie stand offensichtlich noch unter dem Einfluss der nationalsozialistischen Propaganda. In der Zeitung hatte man lesen können, die Amerikaner würden in ihrem Kampf gegen die Zivilbevölkerung vor keiner Schandtat zurückschrecken und Spielzeug, Füllfederhalter und allerlei Süßigkeiten aus ihren Flugzeugen abwerfen. Wenn man die Gegenstände dann aufhebe, würden sie explodieren. Oder sie waren vergiftet.

Der GI bemerkte ihr Zögern und nahm an, sie sei der Meinung, er wolle dafür bezahlt werden, schüttelte den Kopf und sagte eindringlich: »It's a gift!«

Worauf Oma Kuni fassungslos zu mir sagte: »Er gibt's auch noch zu!«

Er brach die Tafel mittendurch, schob sich ein Stück Schokolade in den Mund und reichte mir die andere Hälfte. Und da er nach dem Genuss seiner Schokolade offensichtlich nicht tot umfiel, durfte ich meine Hälfte behalten.

Schokolade war etwas unvergleichlich Gutes, war erst fest, löste sich dann im Mund auf und wurde zu einer schlammig weichen Masse, die wunderbar süß schmeckte. Ich ließ sie langsam auf der Zunge zergehen. Von dem süßen, angenehmen Geschmack blieb sogar ein bisschen zurück, als ich den weichen, braunen Brei endlich hinuntergeschluckt hatte.

LESEN UND REDEN

Es gibt frappierende Übereinstimmungen zwischen meiner Kindheitsgeschichte und der meiner zweiten Mutter. Auch deren Mutter starb, als sie ein kleines Kind war, so jung, dass ihr keine Erinnerung an ihre leibliche Mutter geblieben war. Ihr Vater, Opa Schorsch, heiratete wieder, und sie bekam eine zweite Mutter, die Oma Kuni.

Beide hatten wir ein Buch, das wir heilig hielten als Andenken an unsere leiblichen Mütter: sie eine Bibel, ich das Lexikon *Der Sprach-Brockhaus*.

In beiden Büchern gab es auf dem Vorsatz eine schriftliche Eintragung, die uns wichtig war, gewissermaßen eine Botschaft aus dem Jenseits.

In der Bibel meiner Mutter stand der Name ihrer Mutter, »Elisabeth Liebler«, und darunter in einer anderen, unbeholfenen Schrift: »Meiner Lebensretterin in ewiger Dankbarkeit«. Daneben klebte ein Ausriss aus einer Münchner Zeitung mit der Überschrift »Rettung eines Scheintoten.«

Im Brockhaus stand der Name meiner leiblichen Mutter in deren steilen, klaren Schrift: *Betty Benker*, ihrem Mädchennamen. Sie hatte das Buch mit in die Ehe gebracht.

In unserem Haus in Schweinfurt gab es keinen Bücherschrank, mein Vater besaß lediglich drei Bücher. Den *Sprach-Brockhaus*, den *Rechtschreibe-Duden* und das *Große Wilhelm-Busch-Album*.

Mehr noch als die üppige Bilderwelt von Fips, dem Affen, dem Maler Klecksel und der frommen Helene erregten die Bilder im Sprach-Brockhaus meine kindliche Phantasie. Die Sachlichkeit der Illustrationen strahlte eine Kälte und Fremdheit aus, die mich faszinierte und erschreckte zugleich. Wenn etwa beim Buchstaben »R« die Darstellung eines Rummelplatzes die halbe Seite einnahm, in akkurater Anordnung alle Buden und Attraktionen zu sehen waren, aber weder ein Jahrmarktbesucher noch ein Budenbesitzer, malte ich mir schreckliche Katastrophen aus, Seuchen und Kriege, die alle Menschen vernichtet und den Platz verwaist zurückgelassen hatten.

Mein Vater hatte nichts dagegen, wenn ich Nachmittage lang im Buch blätterte und Bild für Bild aufmerksam studierte, manches sogar abzeichnete. In seinen Augen war das nützliches Lernen. Das Kind eroberte sich die Welt der Dinge, lernte unter »Turngriffe« den Kammgriff, Ellgriff und Ristgriff kennen und unter »Bart« den Knebelbart vom Spitzbart zu unterscheiden.

Das änderte sich, als sich das Lesen bei mir zur Leidenschaft entwickelte und ich mein ganzes Taschengeld dazu verwendete, mir Wildwestheftchen am Kiosk oder Kinderbücher aus einer privaten Leihbücherei zu besorgen.

Ich will nicht behaupten, dass mir mein Vater das Lesen verbot. Aber er zeigte mir überdeutlich, dass er es für Zeitverschwendung hielt. Kam er nach Hause und sah mich im Sessel sitzen, ganz in mein Buch vertieft, blieb er mit missbilligendem Blick in der Tür stehen, um dann eine kleine Beschäftigung zu finden, die mich vom Lesen abhalten sollte. »Der ganze Hof liegt voller Laub. Nimm mal gleich den Besen und kehr es auf!«

Ich verlegte mich darauf, nachts im Bett beim Schein der Nachttischlampe zu lesen und schnell das Licht auszuknipsen, wenn ich seine Schritte hörte. Die *Indianergeschichte* hatte ich bald beiseitegelegt. Sie kam mir inzwischen zu sehr wie ein Kleinkinderbuch vor. Andererseits las ich fast jeden Abend in einem großformatigen Märchenalbum, herausgegeben von der Zigarettenfirma Reemtsma, obwohl ich doch dem Märchenalter längst entwachsen war.

Das Album hatte ich billig erstanden. Ich hatte es gekauft, weil mir beim Durchblättern im Antiquariat die eingeklebten Bilder gefallen hatten. Sie erinnerten mich an die Bauklötzchenbilder meiner frühen Kindheit. Einige dieser Bilder fehlten im Album. Im Text ausgesparte weiße Flecken markierten den Platz, wo ich sie mir vorzustellen hatte. Die mit einer schwarzen Linie umrandeten Rechtecke, die vergeblich auf die zugehörigen Bilder warteten, entzündeten meine Phantasie fast mehr als die von Paul Hey gemalten, naturalistischen Bilder.

Eines der Märchen aus dem Buch spendete mir Trost und wurde in der Rückschau fast so etwas wie eine Überlebenshilfe. Ich las es fast jeden Abend vor dem Einschlafen. Es trägt den Titel: »Der Eisenhans«.

Ein Knabe wird von einem wilden Mann, dem Eisenhans, entführt, soll bei ihm den Goldbrunnen hüten und achtgeben, dass nichts hineinfällt. Goldene Fische und goldene Schlangen tummeln sich darin, und als der Knabe sich darüber beugt, fallen ihm die langen Haare von der Schulter herab ins Wasser. Jetzt hat er goldene Haare, die »glänzen wie die Sonne«. Weil er sich so ungeschickt verhalten hat, schickt ihn der Eisenhans fort. Der Knabe zieht durch die Welt, findet Anstellung als Küchenjunge in einem königlichen Schloss, wird aber aus der Küche verjagt, und arbeitet als gering geschätzter Gärtnerjunge.

Einmal ist es so warm in der Sonne, dass er sein Hütchen abnimmt, und die Königstochter, die aus dem Fenster sieht, ruft erstaunt: »Der hat ja goldene Haare!«

Als Erwachsener hatte ich eine merkwürdige Scheu, das Märchen, an dessen Inhalt ich mich nur noch vage erinnerte, noch einmal zu lesen, um herauszufinden, was mich als Kind daran so beeindruckt hatte. Dann tat ich es doch. Das Wiederlesen löste eine starke emotionale Erschütterung aus, auf die ich nicht vorbereitet war. Danach wusste ich, welche Botschaft das Märchen mir verkündet hatte: Irgendwann würde ich wie der entwurzelte, gedemütigte Knabe mein Hütchen vom Kopf nehmen, dann würden alle erkennen, was bis dahin keiner außer mir wusste, und man würde staunend ausrufen: »Der hat ja goldene Haare!«

Einmal war ich bei meiner nächtlichen Lektüre noch nicht bei der Stelle angelangt, bei der die Königstochter die goldenen Haare erblickt, und wollte schnell zu Ende lesen. Deshalb hatte mein Vater mich dabei ertappt. Die Folge war, dass er mir die Glühbirne aus der Nachttischlampe schraubte und mit sich nahm.

Meine Gegenstrategie war es, jetzt beim Schein einer Wachskerze zu lesen.

Den *Sprach-Brockhaus* besitze ich noch immer, er steht jetzt in Bamberg im Bücherregal zwischen dem *Lexikon der Symbole* und *Reclams Opernführer*. Kürzlich, beim Durchblättern, fiel mir auf, welche Stelle im Lexikon mich bei einer nächtlichen Lektüre besonders gefesselt haben musste: Die Seite mit der Abbildung und Beschreibung eines Revolvers ist am oberen Rand angesengt, und über die ganze Seite geht ein breiter fettiger Streifen, der das Papier durchsichtig macht. Da war mir das flüssige Kerzenwachs übers Blatt gelaufen.

Der Widmung in der Bibel meiner Mutter geht eine längere Geschichte voraus. Von ihrer Mutter, Elisabeth, erzählte man sich im Dorf merkwürdige Geschichten. Sie sei mit dem siebten Sinn geboren. Alfred, der Bierfahrer vom Hiernickel-Bräu, erzählte, dass er Elisabeth als Beifahrerin in seinem LKW nach Haßfurt mitgenommen habe, wo sie in den Schnellzug nach München einsteigen wollte. Während der Fahrt, vor einer Kurve, habe sie hektisch »Halt! Nicht so schnell! Halt!« gerufen. Er habe abgebremst, er dachte, sie habe vielleicht im Rückspiegel gesehen, dass eines der Bierfässer von der Ladefläche zu kippen drohte. Als er dann langsam um die Kurve fuhr, sei ihm klargeworden, weshalb sie ihn dazu gebracht hatte, den Wagen abzubremsen: Mitten im Weg stand ein zwei- oder dreijähriges Kind, das gerade dabei war, mit wackligen Schrittchen die Straße zu überqueren. Er hätte es unweigerlich überfahren, wenn er mit normalem Tempo um die Kurve gefahren wäre. Auf seine Frage, wie Elisabeth ihn warnen konnte, sagt sie nur, sie habe das irgendwie gesehen.

Sie arbeitete in München als Hausmädchen und kam nur gelegentlich nach Obertheres zurück. Sie war eine Waise und hatte einen Vormund, der sie schlecht behandelte und das ihr zustehende Geld für sich verwendete.

An einem Samstag hatte sie ihren freien Nachmittag und ging wie üblich in der Stadt spazieren. Sie kam an einer Kirche vorbei und hörte, – wie sie sich und anderen später mühsam zu erklären suchte – eine Stimme in ihrem Kopf, die um Hilfe rief.

Sie betrat die ihr unbekannte Kirche, wo gerade eine Trauerfeier stattfand. Der mit Blumen und Kränzen dekorierte Sarg stand vor dem Altar. Elisabeth stürmte durch den Mittelgang nach vorne und rief: »Der Mensch im Sarg ist nicht tot! Der im Sarg lebt!« Die trauernden Angehörigen versuchten, Elisabeth vom Sarg wegzudrängen und waren nahe daran, die Polizei zu holen, die diese Verrückte abhalten sollte, die Totenruhe des Verstorbenen zu stören. Der Priester machte den Vorschlag, dass man ja den Sarg noch mal öffnen könne, um ganz sicherzugehen, dass die merkwürdige Frau sich irrte. Wie sich herausstellte, war der Mann im Sarg scheintot gewesen, bewegte sich jetzt und blinzelte ins jäh hereinbrechende helle Licht. Er wurde ins Krankenhaus zurückgebracht.

Elisabeth besuchte ihn dort auf seinen Wunsch hin. Er erholte sich und klagte nur über die schmerzende Wunde in seiner Ferse. Man hatte ihm, wie damals üblich, die Ferse aufgeschnitten, um festzustellen, ob er noch blutete.

Er hatte wider alle Regeln nicht geblutet, deshalb hatte man den Totenschein ausgestellt.

Im Krankenhaus schenkte er ihr die Bibel mit seiner Widmung. Die Zeitungsnotiz, die von der wundersamen Auferstehung berichtete, hatte Elisabeth ausgeschnitten und daruntergeklebt.

Meine Mutter erlaubte mir, diese Bibel mit in mein neues Zimmer zu nehmen und darin zu lesen. Eine Geschichte aus dem Alten Testament regte mich so auf, dass ich am Abend, von Bett zu Bett, mit meiner Mutter darüber sprechen musste.

Die Stelle stand am Anfang, nicht weit hinter der Geschichte vom Paradies. Es handelte sich um die Geschichte von Abraham und seinem Sohn Isaac. Gott hatte in seinen zehn Geboten doch ausdrücklich festgelegt: Du sollst nicht töten. Und nun forderte er Abraham auf, den eigenen Sohn umzubringen. Gott und Abraham schienen sich gut zu kennen, denn sie sprachen miteinander. Nicht im Traum. Nein, in echt. »Warum hat Abraham da nicht zu Gott gesagt: ›Willst du mich veralbern? Du hast doch selber befohlen, dass man nicht töten darf!‹,« fragte ich meine Mutter.

Sie wusste es auch nicht so genau und meinte nur, dass man Gott eben gehorchen müsse.

»Und dann nimmt dieser Abraham wirklich seinen Sohn mit, zusammen mit einem Stapel Holz, um ihn zu verbrennen«, empörte ich mich.

»Er wollte ihn erst hinterher verbrennen, wenn er schon tot war«, sagte meine Mutter.

»Als ob das ein großer Unterschied ist!«, sagte ich. »Er

wollte seinen Sohn wirklich mit dem Messer erstechen. Was war das für ein Vater! Wenn ich dem begegnet wäre, ich hätte ihm die Meinung gesagt!«

Meine Mutter lachte. »Kleiner Angeber! Du hättest den Mund nicht aufgekriegt, wenn du ihm gegenübergestanden hättest!«

»Kann schon sein. Ich denke, er wollte seinen Sohn bestrafen«, überlegte ich. »Er hatte eine Wut auf ihn. Wahrscheinlich war Isaac frech gewesen oder hatte mit Steinen geworfen, und da kam es Abraham gerade recht, dass er jetzt von seinem Gott die Erlaubnis bekommen hatte, seinen Sohn zu züchtigen.«

»Das war bestimmt nicht der Grund«, sagte meine Mutter. »Gott wollte rauskriegen, ob Abraham folgt, wenn er ihm etwas befiehlt.«

»Meinst du?«, fragte ich. »Und dann lügt Abraham sein Kind auch noch an!«

»Wieso lügt er es an?«, fragte sie.

»Na, Isaac fragt doch, wo das Lamm für das Bratopfer ist. Ich glaube, er war schon misstrauisch und hat geahnt, was sein Vater Schlimmes mit ihm vorhat.«

»Und was hat Abraham geantwortet?«, fragte sie. »Ich habe die Geschichte nicht mehr genau in Erinnerung.«

»Er hat behauptet, Gott würde schon für ein Lamm sorgen. Aber spätestens, als ihn sein Vater dann gefesselt und aufs Holz gelegt hat, war Isaac klar, was der mit ihm vorhat! Er muss ganz schön Angst gehabt haben. Opa Schorsch hat erzählt, dass im Krieg manche Soldaten vor Angst in die Hose geschissen haben. Meinst du, Isaac hat das auch gemacht?«

»Erstens sollst du nicht solche Wörter verwenden, und zweitens steht so was bestimmt nicht in der Bibel!«

Ich baute meinen Gedanken aus. »Stell dir vor, Mama, er hätte es wirklich getan. Das hätte vielleicht gestunken, wenn das Holz dann gebrannt hätte!«

»Es hat ja nicht gebrannt«, sagte sie.

»Stimmt! Gott hat einen Engel geschickt, der hat Abraham gesagt, dass er den Isaac nicht umbringen muss«, sagte ich. »Er hätte es ihm auch selber sagen können, findest du nicht? Gott und Abraham haben doch vorher auch miteinander geredet. Die kannten sich doch.«

»Da magst du recht haben«, gab sie zu.

»Und was war mit Isaac?«, fragte ich. »Wie ging es mit dem eigentlich weiter?«

»Wie meinst du das?«

»Ich würde meinen Vater nicht mehr mögen, wenn er mich umbringen wollte. Glaubst du, dass Isaac bei ihm geblieben ist? Na ja, wahrscheinlich konnte er nicht woanders hin und ist dageblieben«, überlegte ich. »Als Kind kann man ja nicht einfach weggehen.«

»So ist es«, sagte sie und fügte hinzu: »Lass deine Gedanken lieber nicht Oma Kuni hören. Die hält es am Ende noch für Blasphemie.«

»Was ist denn Blasphemie?«, fragte ich.

»Du kannst das Wort ja morgen früh in deinem Lexikon nachschlagen«, sagte sie. »Jetzt schlaf erst mal. Gute Nacht!«

Gleich am nächsten Morgen holte ich mir das Buch aus meiner Zimmerecke. Ich blätterte unter »B«, fand aber das Wort nicht. »Es steht nicht drinnen«, beschwerte ich mich.

Sie blickte mir über die Schulter und musste lachen. »Wo suchst du denn? Bei Plassfemie?«

Sie zeigte auf das richtige Wort und unterstrich es mit ihrem Daumennagel.

»Da steht aber Blasphemie«, wandte ich ein.

»Du kennst doch den Philipp Murauer aus dem Oberdorf«, sagte sie. »Der schreibt sich auch mit ph und heißt trotzdem Filipp.«

»Stimmt«, sagte ich und las die Erklärung: »Gotteslästerung. Was ist denn Lästerung?«, fragte ich.

»Wenn man Gott beschimpft«, sagte sie.

»Beschimpft?« Ich war ratlos. »Aber ich habe dir doch nur erzählt, was in deiner Bibel steht!«

In der Karwoche schickte mich Oma Kuni sogar am Nachmittag in die Kirche, zu einer Kreuzwegandacht. In vierzehn Stationen wurde da das Leiden von Jesus beschrieben, bis hin zu seinem Tod, eine Station schlimmer als die andere! Er tat mir leid, und als dann die Leute in der Kirche, auch die Kinder, ganz laut und begeistert sangen: »O Haupt voll Blut und Wunden, voll Schmerz und voller Hohn, o Haupt, zum Spott gebunden mit einer Dornenkron«, war ich empört, dass alle das Lied so begeistert sangen. Es hatte eine wirklich schöne Melodie, zugegeben. Aber es kam eben nicht nur auf die an, sondern auf das, was das Lied erzählt!

Lud war mit seiner Mutter auch in der Kirche gewesen. Danach ging Oma Kuni mit Frau Viering zurück, sie hatten ja den gleichen Weg, Lud und ich strolchten hinterher.

»Gott ist doch der Vater von Jesus, und Jesus sein Kind«, überlegte ich.

»Ja, stimmt«, sagte Lud. »Warum erzählst du mir das? Weiß doch jeder.«

»Ich hätte gedacht, spätestens, wenn Jesus das dritte Mal unters Kreuz fällt, schickt sein Vater wieder einen Engel los. Genau wie damals bei Isaac. Der Engel stoppt das Ganze, und Jesus darf gleich in den Himmel auffahren und wird gar nicht erst umgebracht.«

»Dann würden wir aber nicht Karfreitag feiern, sondern gleich Christi Himmelfahrt«, sagte Lud.

»Wär doch nicht schlecht!«, sagte ich.

»Dann dürftest du aber auch nicht ratschen, weil die Glocken nicht nach Rom fliegen«, sagte Lud. »Dann würde es überhaupt keine Ratschen geben.«

»Stimmt! Du hast recht«, sagte ich. »Das wäre wirklich schade.« Trotzdem hätte ich aufs Ratschen verzichtet, wenn ich damit die Geschichte hätte umschreiben können und Jesus nicht umgebracht worden wäre. Denn ich fand ihn toll.

»Wie er das Wasser zu Wein gezaubert hat, das macht ihm so schnell keiner nach!«, sagte ich zu Lud. »Und der Wein war sogar noch besser als der, den die Gäste vorher getrunken hatten.«

»Ja, die Geschichte kenne ich«, sagte Lud. »Was meinst du: War es Weißwein oder Rotwein? Rotwein ist teurer als Weißwein.«

»Weil in Franken nur Weißwein gemacht wird, sagt Opa Schorsch. Den Rotwein muss man in Italien kaufen. Ich glaube, es war Rotwein.«

»Vielleicht haben die Gäste vorher Weißwein getrunken, und er hat dann den teuren Rotwein gemacht«, sagte Lud.

»So könnte es gewesen sein«, bestätigte ich.

Und erst die Speisung der Viertausend. Vier-Tausend, das musste man sich mal vorstellen! In Obertheres lebten vielleicht dreihundert Menschen. Man sah sie selten zusammen, nur bei der Fronleichnamsprozession waren alle dabei. Bis auf die Familie Krause, die war evangelisch. Deswegen sollten wir auch nicht mit den Krause-Kindern spielen. Dreihundert, das war wirklich eine Menge Leute. Doch bei Jesus in der Wüste waren es viertausend. Er hatte nur sieben Brote und ein paar Fische, und kriegte es trotzdem hin, dass alle davon satt wurden. Alle!

Wo er wohl in der Wüste die Fische herbekommen hatte? In einer Wüste gab's ja keinen Tropfen Wasser.

»Fisch esse ich sowieso nicht gern«, sagte Lud.

»Du kennst halt nur die eingelegten grünen Heringe, die es auf Lebensmittelmarken gibt«, sagte ich. »Lachs zum Beispiel soll richtig gut schmecken.«

»Woher willst'n das wissen?«, fragte Lud.

»Hab ich halt gehört«, antwortete ich.

Nur bei der Geschichte mit dem toten Lazarus, den Jesus wieder zum Leben erweckte, hatte ich den Verdacht, dass Lazarus vielleicht nur scheintot gewesen war, wie der Mann, den meine unbekannte Großmutter aus dem Sarg gerettet hatte.

Später, als mein Vater aus der Kriegsgefangenschaft zurück war, nahm er mir die Bibel weg und drückte sie meiner

Mutter in die Hand mit dem Auftrag, das Buch wegzu-schließen.

»Warum soll ich nicht in der Bibel lesen?«, fragte ich.

»Ja, was hast du dagegen?«, fragte meine Mutter.

»Ich will nicht, dass der Junge ein Frömmler wird! So erzkatholisch wie Kuni. Für die ist es ja schon eine schwere Sünde, die man möglichst schnell beichten muss, wenn man am Freitag Fleisch isst.«

Er hatte zwar recht. Oma Kuni übertrieb es wirklich mit der Frömmigkeit und der Frühmesse morgens vor dem Schulunterricht.

Aber mich hätte die Bibel nicht zu einem Frömmler gemacht.

* * *

Ich konnte schon lesen, bevor ich in die Schule kam. Ich hatte es mir selbst beigebracht. Als ich fünf war, hatte ich meine Mutter durch ständiges Fragen gequält: »Wie heißt dieses Wort da in der Zeitung? Was ist das für ein Buchstabe?« Sie hatte mir geduldig immer wieder die Wörter vorgelesen, die damals täglich in der Überschrift standen, und bald konnte ich »Bomben«, »Soldaten«, »Krieg«, »Panzer« oder »Flugzeug« ohne ihre Hilfe entschlüsseln. Mit sechs las ich schon Wörter wie »Oberste Heeresleitung« ohne zu stocken.

Als ich in die Volksschule kam, hatte ich gerade *Die Indianergeschichte* zum elften oder zwölften Mal durchgelesen. Das war mein erstes und vorerst einziges Buch. Ich war so begeistert von den Abenteuern des Indianerjungen, dass ich immer gleich nach dem letzten Satz: »Als der Morgen kam, begannen alle Indianer ein neues Dorf zu bauen«, das Buch wieder vorne aufschlug und neu begann. Dann kam ich in die erste Klasse. Es war eine kleine Dorfschule, die aus zwei Räumen bestand: einem kleinen Kämmerchen, das nur die Lehrerin betreten durfte, und einem großen Klassenzimmer. Im großen Zimmer standen zwei Reihen von Schulbänken, durch einen schmalen Gang getrennt. Die vorderen Bänke waren niedrig, das waren die für die Erstklässler, dann kamen etwas höhere, dort saßen die Kinder, die in die zweite und dritte Klasse gingen. Ganz hinten im Klassenzimmer, von den Kleinen ehrfürchtig bestaunt, saßen in richtig hohen Bänken die Großen, die Viertklässler. Meist schrieben sie lange Zahlenreihen ins Heft, bewegten dann stumm die Lippen, wenn sie rechneten, oder kauten nachdenklich an ihren Federhaltern, bevor sie die Feder energisch ins Tintenfass stießen und das Ergebnis notierten. Die Drittklässler schrieben währenddessen eine Seite aus dem Lesebuch ab und versuchten, sich von den Zweitklässlern nicht ablenken zu lassen, die gerade laut vorlasen.

Für uns Erstklässler begann der Unterricht eine Stunde später als bei den höheren Klassen, um neun Uhr. Da hatte die Lehrerin den anderen Schülern schon ihre Aufgaben zugeteilt und konnte sich für einige Zeit ganz mit den Kleinen beschäftigen. Unsere Lehrerin war Fräulein Amberger. Damals gab es eine Form von Lehrerinnenzölibat: Grundschullehrerinnen durften nicht verheiratet sein. Deswegen wurden alle Lehrerinnen mit »Fräulein« angesprochen, auch Frau Amberger, eine resolute Fünfzigjährige.

Am ersten Schultag sollten alle nacheinander ein Kinderlied vorsingen. Geduldig hörte sie sich immer wieder »Hänschen klein« und »Alle meine Entchen« an. Das Dorf war nicht groß, es gab gerade mal elf Kinder in der ersten Klasse. Als ich dran war, fiel ich wohl etwas aus der Reihe. Jedenfalls lauschte sie mit einem mir nicht zu entschlüsselnden Gesichtsausdruck, als ich jetzt das Lied sang, das ich so oft im Radio gehört hatte: »Es geht alles vorüber, es geht alles vorbei. Nach jedem Dezember kommt wieder ein Mai. Es geht alles vorüber, es geht alles vorbei. Doch zwei, die sich lieben, die bleiben sich treu.«

Dabei versuchte ich sogar, das Timbre von Lale Andersen und deren rollendes R nachzuahmen. Sie fand mein »Kinderlied« bestimmt unpassend, wagte aber nichts dagegen einzuwenden, weil es ein vom Naziregime favorisiertes »vaterländisches Lied« war. Wie ich mich später kundig machte, beginnt es mit den Zeilen: »Auf Posten in einsamer Nacht, da steht ein Soldat und hält Wacht.«

Nach dem Absingen unserer Lieder bekamen wir das Lesebuch für die erste Klasse ausgeteilt.

Meine Hände zitterten vor Aufregung und unterdrückter Freude. Endlich ein neues, ein zweites Buch! Ich erwartete aufregende Geschichten und blätterte die Seiten um, betrachtete die farbigen Bilder. Aber was für eine Enttäuschung! Es waren alberne, dumme Geschichten, die ich da vorgesetzt bekam:

Hans hat den Ball
Hat Hans den Ball
Ja, Hans hat den Ball

Anna hat den Ball
Hat Anna den Ball
Ja, Anna hat den Ball

Nicht nur, dass man sich wirklich kaum eine langweiligere Geschichte ausdenken konnte als diese, sie stimmte nicht einmal! Wie konnte Hans den Ball haben und gleichzeitig Anna? Entweder war vom selben Ball die Rede, dann fehlte doch ein wichtiger Teil der Geschichte. Dann hätte man doch erzählen müssen, dass Hans den Ball an Anna weitergegeben hat. Oder es gab zwei Bälle, dann fehlte ein entscheidendes Wort. Dann müsste es doch heißen:

Hans hat den Ball
Anna hat auch *einen Ball*

Ich beschwerte mich bei Fräulein Amberger.

»Hab ich nicht gesagt, ihr sollt nur reden, wenn ich euch aufrufe?«, fragte sie. »Wenn jeder hier quatscht, wann es ihm passt, was glaubst du, was das für ein Durcheinander gibt. Außerdem ist das keine Geschichte. Das ist ein Text, mit dem du das Lesen lernen sollst.«

Ich sagte: »Ich kann aber doch schon lesen.«

Jetzt wurde sie noch unwilliger.

»Du kannst nicht lesen, du kannst höchstens den Text auswendig, weil wir ihn so oft wiederholt haben«, rief sie.

»Doch, Fräulein, ich kann lesen«, beharrte ich.

»Du kannst lesen? Dann lies doch mal, was hier steht!«, sagte sie, schlug mein Lesebuch ein paar Seiten weiter hinten auf und hielt es mir hin.

Ich leierte die paar Sätze herunter, die da auf der Seite standen:

»Hans ist im Hof
Im Hof ist ein Hund
Der Hund hat den Ball
Gib den Ball, Hund
Wau wau«

Fräulein Amberger machte »Hmm«, nahm mir das Buch aus der Hand, schlug es ganz hinten auf.

»Lies das hier!«, befahl sie.

Ich las fast ohne zu stocken, was da stand: »Jungvolk auf dem Marsch. Zu drei und drei marschieren wir. Da draußen ist es luftig. Wir traben ins Weite. Flieger! ruft auf einmal der Führer. Wir flitzen auseinander. Ich liege im Straßengraben. Keiner regt sich, wir schnaufen fast nimmer. Auf! Gefahr vorbei! Die Dreierreihe steht. Am Waldrand machen wir halt. Drin im Dunkel …«

»Schluss! Das genügt«, sagte Fräulein Amberger. Sie schien verwundert zu sein, aber gleichzeitig ein wenig ärgerlich. Alles, was den normalen Unterrichtsablauf störte, machte sie nervös. Und nun saß da einer in der ersten Bank, der lesen konnte.

»Nimm deine Sachen und setz dich in die dritte Bank!« befahl sie. »Setz dich neben Siegfried. Der kann sich ein Beispiel an dir nehmen. Ist in der dritten Klasse und liest nicht halb so schnell wie du.«

Ich steckte mein Bleistiftmäppchen und das neue Lesebuch in den Schulranzen und ging zögernd nach hinten, zu den Drittklässlern. Ich wusste nicht, wer von ihnen Siegfried war, erkannte ihn aber gleich an seinem feindseligen Gesichtsausdruck.

Siegfried war keineswegs begeistert von dem Sechsjährigen, der kaum über den Rand des Tisches gucken konnte und der ihm als Beispiel dienen sollte. Er ließ mich das jeden Tag spüren, indem er mir seinen spitzen Ellbogen in die Seite rammte. Manchmal stieß er auch mit einer schnellen, scheinbar zufälligen Handbewegung mein Heft zur Seite, während ich schrieb. Dann zog meine Schreibfeder einen dicken Strich quer über die Heftseite, und ich musste umblättern und den ganzen Absatz noch einmal neu schreiben.

Auch die übrigen Drittklässler behandelten mich als unerwünschten Eindringling, zogen mich an den Haaren, wenn das Fräulein sie nicht im Blick hatte, oder sie streckten von hinten ihre Füße unter der hohen Rückenlehne meiner Bank durch und wischten ihre schmutzigen Schuhsohlen an meiner Hose ab.

Mit Freude hätte ich auf meine Sonderstellung als Wunderkind verzichtet; wie gerne hätte ich ganz unauffällig zwischen den übrigen Erstklässlern gesessen und wie sie mit dem Griffel auf eine Schiefertafel geschrieben.

Als ich dann aber zu ihnen zurückversetzt wurde, geschah es auf eine so demütigende Weise, dass ich darüber auch nicht froh sein konnte.

Ich konnte zwar lesen wie ein Drittklässler und auch bald recht flüssig mit Feder und Tinte schreiben, aber mit dem Rechnen hatte ich Schwierigkeiten. Die Buchstaben waren meine Freunde, nicht die Zahlen. Wenn da stand:

»Siebenundachtzig«, konnte ich es ohne Schwierigkeiten lesen, aber »87« konnte ich nicht entziffern.

Fräulein Amberger, die mich beim Lese- und Schreibunterricht für einen Drittklässler ansah und mich auch so behandelte, hatte wohl mein wahres Alter inzwischen vergessen. Jedenfalls bekam sie einen Zornausbruch, als beim Aufsagen des kleinen Einmaleins die Reihe an mich kam, ich zu stottern anfing und offensichtlich nicht einmal die Dreierreihe flüssig herunterschnurren konnte. Sie nannte mich einen Faulenzer, der die Zahlenreihen nicht gelernt hatte, und befahl mir unter dem hämischen Grinsen und dem Beifallklatschen der Drittklässler, meine Sachen zu packen und mich in die erste Reihe zu verziehen.

Von diesem Tag an gehörte ich nicht mehr zu den Erstklässlern, aber auch nicht zu den Kindern aus der dritten Klasse. Ich hatte nicht einmal einen festen Platz im Klassenzimmer. Beim Rechnen hatte ich vorne zu sitzen, beim Lesen oder Aufsatzschreiben wurde ich nach hinten geschickt.

Ich war der Einzige, der nach der Schule allein gehen musste. Wollte ich mich den Erstklässlern anschließen, sagten sie: »Geh doch mit deinen Drittklässlern!« Aber zu denen getraute ich mich nicht, ich hatte Angst vor ihren Ellbogen.

So ging ich immer allein die Linsengasse hinunter ins Unterdorf und dort nach rechts in unsere Gastwirtschaft.

Dies wurde erst anders, als Lud in die erste Klasse kam. Er war ein Jahr jünger und wurde deshalb später eingeschult. Wir gingen nach der Schule jetzt immer zusammen nach Hause.

DER MOND, DER SICH UM DIE ERDE DREHT

Es ist merkwürdig, wie wenig mir von Tante Erna, Oma Kunis leiblicher Tochter, in Erinnerung geblieben ist. Ich weiß nicht einmal, welches ihr Zimmer im Haus war. Sie war fünf Jahre jünger als meine Mutter und im Gegensatz zu ihr weniger selbstbewusst und so unauffällig, dass man ihre Anwesenheit oft kaum bemerkte. Sie weigerte sich, die Gäste in der Wirtschaft zu bedienen, blieb der Gaststube fern, und half lieber in der Küche. Am liebsten briet sie die von den Gästen bestellten Bratwürstchen in der Pfanne goldbraun, schnitt währenddessen mit einem scharfen Messer die Brötchen nur so weit auf, dass die beiden Hälften noch zusammenhingen, zwängte dann jeweils eines der Würstchen dazwischen und bestrich es der Länge nach mit Senf, bevor sie das fertige Produkt an ihre große Schwester weiterreichte, die es auf einem Teller in der Gaststube servierte.

In meinem familiären Planetensystem residierte meine Mutter als Sonne in der Mitte. Um sie kreisten mehr oder weniger große Sterne. Opa Schorsch als Mars, Oma Kuni als die Erde. Tante Erna war kein eigener Planet. Sie war der Mond, der sich um die Erde dreht.

Nur eine einzige Situation steht mir bis heute vor

Augen. Sie saß dabei mit Mariechen, ihrer ehemaligen Schulfreundin, im Nebenzimmer.

Ich war an einem der anderen Tische damit beschäftigt, ein mit Bleistift vorgezeichnetes Bild mit Buntstiften auszumalen. Es war eine Illustration aus dem Buch »Die Indianergeschichte«, die ich kopiert hatte. Ein zottiger, brauner Bär stand aufrecht im Wasser, von vielen Pfeilen getroffen. Den roten Stift musste ich neu anspitzen, so viel Blut ließ ich aus den Pfeilwunden des wilden Tieres fließen.

Von meinem Platz aus konnte ich das Geschehen drüben am anderen Tisch still und unbeachtet verfolgen.

Vor den beiden Frauen lag ein Foto von Anton, Tante Ernas Freund. Er trug eine Wehrmachtsuniform und ein schmales Käppchen, Schiffchen genannt, schräg bis in die Stirn hinuntergezogen.

Anton hatte versprochen, sich mit Erna zu verloben, wenn er heil aus dem Russlandfeldzug zurückkehren würde. Die Nachrichten von ihm waren seit Monaten ausgeblieben. Er galt als vermisst. Nun sollte ein Pendel darüber Auskunft geben, ob Tante Ernas Freund noch am Leben war. Mariechen, die Erfahrung im Pendeln hatte, gab der Unerfahrenen Anweisungen.

»Hast du von Anton einen Ring bekommen?«, fragte sie. »Zuerst brauchen wir euren Ring.«

»Nein, wir wollen uns doch erst verloben, wenn er zurück ist«, sagte Tante Erna. »Ich kann ja den Ring nehmen, den ich zur Firmung bekommen habe.«

»Gut. Jetzt reißt du dir ein langes Haar aus und machst den Ring daran fest!«

Tante Erna schaffte es nach einigen Versuchen, Ring und Haar zu verknüpfen.

»Jetzt halte das Haar mit dem Ring genau über das Foto«, befahl Mariechen. »Zuerst muss der Ring ganz still hängen. Er darf sich nicht bewegen.«

»Und dann?«

»Dann denkst du ganz stark an deinen Anton. Bald fängt der Ring von alleine an, hin und her zu pendeln. Entweder nach links und rechts oder auf dich zu. Manchmal auch im Kreis.«

»Und was bedeutet was?«, wollte Tante Erna wissen.

»Pendelt der Ring rauf und runter, wie wenn man nickt, bedeutet es ›ja‹, pendelt er hin und her, wie wenn man den Kopf schüttelt, heißt das ›nein‹. Wenn er im Kreis pendelt, will er sagen ›Ich bin mir nicht sicher‹. Du musst dabei innerlich fragen, ob Anton noch lebt!«

Beide blickten fasziniert auf den Ring. Auch ich war gespannt.

Ein paar Sekunden hing der Ring ganz still. Mit einem Mal fing er an zu wackeln. Immer hin und her, immer ›nein-nein-nein-nein‹!

Mariechen merkte, wie erschrocken Tante Erna war, und behauptete, es wäre doch ein ganz deutlicher Kreis. Aber ich sah, dass es keiner war. Tante Erna auch. Der Ring pendelte immer hin und her.

Mariechen nahm ihr das Haar schnell aus den Fingern, hielt den Ring übers Foto, und rief: »Jetzt die Gegenprobe!«

Ich sah genau, dass sie die Hand so bewegte, dass der Ring nur im Kreis pendeln konnte.

Tante Erna merkte es natürlich auch, fing an zu weinen und rannte aus dem Zimmer.

Mariechen saß eine Weile ratlos am Tisch und schien mich erst jetzt zu bemerken. »Was guckst 'n so dämlich!«, sagte sie böse. »Hast du die ganze Zeit zugehört?« Dann stand sie auf, um nach Tante Erna zu suchen.

Nach Kriegsende stellte es sich heraus, dass der Ring die Wahrheit gependelt hatte.

HERZUNTER

Im Mai 1943 war mein Vater zum letzten Mal vor Kriegsende auf Heimaturlaub gewesen. Neun Monate später, im
Februar 1944, wurde mein Bruder Bernd geboren. Mein
Vater sah seinen zweiten Sohn zum ersten Mal, als Bernd
schon drei Jahre alt war.

Die Entbindung war kompliziert, die Wehen hatten
schon Tage vorher eingesetzt, der Zustand meiner Mutter
verschlechterte sich. Opa Schorsch rannte zur Poststelle,
zum einzigen Telefon im Dorf, und bat den Arzt in Haßfurt, schnell zu kommen. Es dauerte lange, bis er eintraf.
Sein Auto war – wie auch das meines Vaters – von der
deutschen Wehrmacht konfisziert worden.

Als das Kind endlich da war, zeigte es sich, dass sich die
Nabelschnur um seinen Hals gewickelt hatte und ihm die
Luft abschnürte.

»Sein Gesicht war schon dunkelblau«, erzählte Oma
Kuni später.

Das Neugeborene bekam die Nottaufe, wurde aber
später noch mal ordentlich in der Kirche auf den Namen »Bernd« getauft. Woher dieser Namenswunsch kam,
bleibt im Dunkeln. Es hatte weder in der Maar- noch in
der Mattenheimer-Familie jemals einen Bernd gegeben.

Ich muss auf den neuen Bruder eifersüchtig gewesen sein, ich kann es mir gar nicht anders vorstellen. Schon eine Woche vor der vorausberechneten Geburt hatte ich mein Bett räumen müssen. Die Hebamme, eine Freundin meiner Mutter, schlief jetzt an ihrer Seite. Mein neuer Schlafplatz war eine Doppelbetthälfte in Oma Rethels Zimmer im zweiten Stock. Ich erinnere mich, dass ich dort oben einen schrecklichen Albtraum hatte und mit dem Schrei »Es brennt, es brennt! Das Feuer!« aus dem Bett sprang. Oma Rethel nahm mich in den Arm, streichelte und beruhigte mich. »Wir sind doch in Obertheres!«, sagte sie tröstend. »Hier fallen keine Bomben. Hier gibt es Feuer nur im Herd.«

Als ich dann wieder hinunter durfte, stand neben meiner Mutter ein Weidenkorb auf Rädern, Bernds Kinderbett.

In Zukunft musste ich die mütterliche Zuwendung mit einem Bruder teilen. Trotz intensiven Nachdenkens fällt mir aber keine meiner möglichen Eifersuchtstaten ein. Entweder es gab keine oder ich habe sie verdrängt.

Bernd hatte mit vielen Ängsten zu kämpfen. Ich erinnere mich, dass ein Care-Paket von Tante Elly aus den USA eintraf, als wir schon nach Schweinfurt übersiedelt waren. Wir bekamen eine Benachrichtigung, die man vorlegen musste, wenn man das Paket im Zollamt am anderen Ende der Stadt abholte. Meine Mutter schickte mich mit einem Handwagen zum Amt und schlug vor: »Nimm deinen kleinen Bruder mit. Er kann mit dir zusammen den Wagen ziehen. Das Paket ist vielleicht schwer.«

Als wir eine Weile am Marienbach entlanggegangen waren, kam rechts der große schwarze Gaskessel in Sicht. Bernd erstarrte, weigerte sich so entschieden weiterzugehen, dass mir nichts anderes übrigblieb, als mit ihm umzukehren, ihn bei meiner Mutter zurückzulassen und den Weg noch einmal anzutreten.

Vielleicht waren frühkindliche Verstörungen die Grundursache seiner Ängste.

Mein Vater und Onkel Bruno machten sich einen Spaß daraus, den Dreijährigen zu ängstigen. Onkel Bruno, der ältere Bruder meines Vaters, war kurz vor ihm aus der Gefangenschaft zurückgekommen. Da auch ihm unser Schweinfurter Haus nicht zur Verfügung stand, quartierte er sich in Ohertheres ein und machte so die Enge im Mattenheimer-Haus noch bedrückender.

Einmal, am Abend im Nebenzimmer, hatte Onkel Bruno seine Brille abgenommen und waagrecht gehalten, um sie zu putzen. Der Schein der Deckenlampe fiel durch die Gläser und malte zwei ovale, eng begrenzte Projektionen auf den Fußboden. Bernd erschrak, als er die sich bewegenden Lichtflecken sah, rief »Spinne!« und zog sich in eine Zimmerecke zurück.

Das amüsierte Onkel Bruno. Er hielt die Brille so, dass die hellen Flecken auf Bernd zuwanderten. Der kletterte in Panik auf die hölzerne Bank, die rings um die Stube herum an der Wand verankert war, und wurde von der »Spinne« einmal ums halbe Zimmer gejagt. Mein Vater war fasziniert, ließ sich die Brille reichen, um auszuprobieren, wie weit Bernd in seiner Angst gehen würde.

»Schau, hier kommt sie, die Spinne!« Er schaffte es tatsächlich, ihn auf das hohe, breite Fensterbrett zu jagen, wo Bernd dann in der Falle saß und mit schreckgeweiteten Augen die Spinne langsam näher kommen sah.

Oma Kuni, die zufällig aus der Küche kam, machte dem Spuk ein Ende und schimpfte: »Habt ihr zwei erwachsenen Mannsbilder nichts Besseres zu tun, als einem kleinen Kind Angst einzujagen!«

Sie holte Bernd vom Fensterbrett, nahm ihn in den Arm und verschwand mit ihm nach oben.

Ich war Zeuge dieser Jagd mit der Spinne. Soweit ich mich erinnere, reagierte ich nicht so empört wie meine Oma, war eher interessiert, wie sich die Situation entwickeln würde.

Ein andermal hatten sich Onkel Bruno und mein Vater ein neues Arrangement ausgedacht. Sie höhlten einen großen Kürbis aus, schnitten durch die Schale ein Gesicht mit spitzen Zähnen, stellten eine Kerze hinein, damit die Augen und das gezähnte Maul hell leuchteten, und platzierten den Kürbis auf einen Pfeiler im Hof. Es war Abend. Erst riefen sie mich hinaus. Ich erkannte sofort, dass es sich bei dem von innen leuchtenden Kopf um einen Kürbis handelte, nahm den Anblick gelassen und enttäuschte Onkel Bruno, der wohl eine Schreckreaktion erwartet hatte, indem ich ihn für die Schnitzarbeit lobte, allerdings nicht ohne einen kleinen Einwand vorzubringen: Der Mund sitze etwas zu schief im Kürbisgesicht. Das hätte Luds Vetter letzte Woche besser hingekriegt. Dessen Kürbis sei auch viel größer gewesen.

Daraufhin gingen sie ins Haus zurück und erzählten

dem kleinen Bernd, dass draußen jemand auf ihn warte. Bernd sorgte dafür, dass sie sich ordentlich amüsieren konnten, denn er rannte beim Anblick des leuchtenden Kürbiskopfs stumm ins Haus zurück, rannte stumm durch die Wirtsstube, stumm durch das Nebenzimmer, um sich in der Küche endlich mit einem lauten Aufschrei meiner Mutter in die Arme zu werfen.

Als Bernd größer wurde, zeigte es sich, dass er eine große mathematische Begabung besaß. Die Grundrechenarten beherrschte er schon, bevor er überhaupt Zahlen schreiben konnte. Er rechnete alles im Kopf.

Am Mittwochnachmittag pflegte der Lehrer der Hauptschule seine Kollegen aus den umliegenden Dörfern zum Schafkopfspielen ins Nebenzimmer der Gastwirtschaft Mattenheimer einzuladen. Oma Kuni, die den vieren das Bier brachte, lernte schnell, den richtigen Titel dem richtigen Lehrer zuzuordnen. Sie legten Wert darauf mit »Herr Oberlehrer« oder »Herr Hauptlehrer« angesprochen zu werden.

Bernd begriff die Spielregeln des Schafkopfspiels allein durchs Zusehen. Anfangs durfte er an der Schmalseite des Tisches Platz nehmen und beim Kartenspielen zusehen.

Die einzelnen Karten haben einen Zahlenwert, Augen genannt. Der König etwa zählt vier Augen, das Ass elf. Die Gesamtzahl aller Augen beträgt 120. Meistens spielen zwei Spieler gegen zwei, es sei denn, einer hat ein Solo angemeldet. Wer am Ende des Spiels 61 Augen oder mehr zählen kann, hat gewonnen und bekommt einen Geldbetrag aus den Kartschüsselchen der Gegenpartei.

Bernd zählte im Kopf mit und wusste immer die Zwischenstände. Es konnte vorkommen, dass sich der Herr Hauptlehrer beim Zählen der Stiche bewusst oder unbewusst irrte und am Ende »Sechzig!« zählte. Dann war das Spiel unentschieden ausgegangen und keiner musste zahlen oder bekam Geld. Bernd hatte aber aufgepasst und kommentierte von seinem Tischende her: »Stimmt nicht. Sind nur neunundfünfzig!« Worauf noch mal nachgezählt wurde, Herr Hauptlehrer sich bei den Mitspielern entschuldigte und zahlte.

Als Bernd auch noch anfing, Kommentare zur Spielweise einzelner Kartenspieler zu geben, etwa »Der Eichelunter wäre besser gewesen als der Herzkönig!«, wurde er des Tisches verwiesen.

Durch Zufall fiel mir auf, dass Bernd auch dann die einzelnen Karten benennen konnte, wenn nur ein Bruchteil des Kartenbildes zu sehen war. Der Kartenstapel lag auf dem Tisch und unten aus dem Stapel ragte ein kleines Stück vom Hut des Schellenobers heraus. »Schellenober!«, sagte Bernd. Das wurde jetzt unser Ratespiel. Ich verdeckte eine Karte nahezu ganz, und Bernd wusste nach einem kurzen Blick darauf, um welche es sich handelte. Ganz egal, ob nur das Zepter des Herzkönigs oder der Handschuh des Eichelunters zu sehen war.

Das bekam unser Vater mit, und nun war er es, der den Gästen in der Wirtstube die Ratekünste seines Sohnes vorführte.

Ich selbst war ein begeisterter Kartenspieler und schaute gerne den Kartenspielern beim Schafkopfen zu. Allerdings nicht den Lehrern im Nebenzimmer, sondern den normalen, meist bäuerlichen Spielern in der Gaststube.

Die Lehrer spielten mir zu ernst und zu wortkarg. Anders die Wirtshausgäste.

Die hatten ein ganzes Repertoire an Bezeichnungen für einzelne Karten und Spielweisen. Der Eichelober etwa war »der Alt«. Im Gegensatz zum französischen Kartenblatt, wo zumindest eine Frau in die Gesellschaft zweier Männern aufgenommen ist, nämlich die Dame, die zwischen dem Buben und dem König residiert, gibt es beim deutschen Blatt keine Dame. Da steht zwischen dem Unter und dem König der Ober.

Man spielt zu viert. Zuerst werden die Karten gemischt und ausgegeben. Jeder bekommt acht. Dann kann es losgehen.

»Wer gibt 'n?«

»Der wo frägt!«

»In Hamburg hat sich enner mal tot gemischt!«

»Alle acht!«

»Weiter!«

»Passe!«

»Ich spiel emol!«

»Kann mer obben?«

»Nix zu obben. Mit der Grünsau.«

»Da kriegst 'n Schuss von mir!«

»Wirste bereuen!«

»Immer 'nen Unter, sagt der Rügers Franz!«

»Siemefünfzich und vier ist Einersechzich!«

»Du hättst mit em klennen Ober neigemüsst, statt dein Herzunter. Nachhert hätt mer gewonne!«

»Nachkarten gilt net, ham mer ausgemacht!«

»Also weiter! – Wer gibt 'n?«

Keinem der Kartenspieler war bewusst, dass das fränkisch weich ausgesprochene »obben« von opponieren kam. Die Grünsau war das Grün-Ass, hier allerdings *die* Ass, auch die »Jägere« benannt. Die Schellen-Ass war »die Rund«, die Eichelass »die Alt«. Der Rügers Franz war zwar schon etliche Jahre tot, aber sein Ruf als exzellenter Spieler hatte sich erhalten.

Manchmal spielt einer auch einen »Bettel«. Dabei darf er keinen Stich machen. Oft wird er dann aufgefordert: »Da musste mehr mach!« Das bedeutet, dass ein anderer ein Solo spielen will. Der Bettelspieler kann dem anderen den Vortritt lassen, es sei denn, er sagt einen »Nullowär!« an. Korrekt: »Null ouvert«. Er muss seine Karten offenlegen.

Kündigte einer der Kartenspieler mit einem »Ich muss amal bieseln« einen Gang zur Toilette an, führte das dazu, dass die drei anderen den »Bisser« mit einem Lied verabschiedeten:

»Alsemal getrunken,
alsemal gebisst,
alsemal nachgschaut
wieviel Uhr es ist!«

Dann wurde nach einem »Bieskarter« Ausschau gehalten, der sich in der Zwischenzeit auf den Platz des Abwesenden setzte und für ihn weiterspielte. Das war dann meine oder Bernds Chance. Meistens wurde ich als der Ältere gewählt und Bernd schaute mir zu.

Wenn ich für den Abwesenden die nächsten Spiele gewann, warf ich die gewonnenen Münzen nicht ins »Kartschüssele«, sondern legte sie in dekorativen Mustern um das Schüsselchen herum, damit der Zurückgekehrte auch sah, dass ich ihn würdig vertreten hatte. Das kam aber selten vor. Wichtig war, dass »mein Mann«, also mein Mitspieler, möglichst oft »hinten« saß, als Letzter der vier ausspielte, und meine Leichtsinnsfehler, die Bernd mit einem unwilligen Kopfschütteln kommentierte, durch einen Stich korrigieren konnte.

Dann wurden die passenden Münzen von den Verlierern aus dem Kartschüsselchen genommen. Die ließen sie mit einem eleganten Fingerschnippen möglichst aufrecht zu den Schüsselchen der Sieger hinüberrollen. Dann konnte das neue Spiel beginnen: »Wer gibt'n?« – »Der wo frägt!«

Ein paar Jahre später, in Schweinfurt, wurde Bernd mein Leidensgenosse bei den väterlichen Strafaktionen und bekam den Gartenschlauch zu spüren. Ich erinnere mich besonders deutlich an eine Situation: Bernd und ich hatten heftig gestritten, waren deshalb hinunter in die Waschküche geschickt worden, um dort auf unsere Bestrafung zu warten. Wir standen eine schier endlos lange Zeit stumm nebeneinander, ohne uns anzusehen, jeder damit beschäftigt, seine Angst zu bewältigen, bis der Vater endlich kam. Bernds Schreie bei den Schlägen klangen anders als meine. Er schrie laut und voller Wut und setzte unserem Vater seinen unbändigen, wenn auch ohnmächtigen Zorn entgegen.

Er war es dann auch, der es wagte, etwas zu tun, von dem ich nur in meiner Vorstellung träumte.

Mit fünfzehn Jahren hatte er die Schläge endgültig satt, lief von zu Hause weg und ließ das väterliche Regime hinter sich.

Als meine Mutter Bernd zur üblichen Zeit wecken wollte, fand sie das Bett leer vor. Erst vermutete sie, er habe bei einem Freund übernachtet und würde von dort aus in die Schule gehen. Seine Schultasche stand aber immer noch neben dem Stuhl.

Ihre Besorgnis wuchs, als Bernd auch am Abend nicht nach Hause kam. Mein Vater, der anfangs eher lässig darüber hinwegging und erzählte, dass auch er manchmal die Schule geschwänzt habe, war dann doch beunruhigt und fragte meine Mutter: »Du kennst doch bestimmt ein paar Freunde von Bernd?«

»Eigentlich nur einen«, gab sie zu.

Der wurde telefonisch ausgefragt. Ob er vielleicht wüsste, wo sich Bernd aufhielt? Er sei nicht nach Hause gekommen.

»Ehrlich? Er hat es wirklich geschafft abzuhauen?«, fragte Bernds Freund. »Ich hab's ihm nicht geglaubt.«

»Was hast du ihm nicht geglaubt?«

»Er hat behauptet, er geht von zu Hause weg und heuert auf einem Schiff als Schiffsjunge an.«

»Auf einem Schiff?« Meine Mutter war entsetzt.

»Ach, das hat er nur so behauptet«, sagte mein Vater. »Er wollte vor seinen Freunden ein bisschen angeben und uns Angst einjagen. Wirst sehen, morgen ist er wieder da.«

Als er aber feststellen musste, dass in einem Lederbeutel, in dem er das an der Steuer vorbeigeschmuggelte Schwarzgeld versteckte, eine größere Summe fehlte, wurde ihm klar, dass damit wohl Bernds Bahnfahrt an die Meeresküste finanziert worden war. Sein Sohn hatte sich der väterlichen Macht entzogen. Jetzt benachrichtigte mein Vater die Polizei und gab eine Suchanzeige auf. Man ging davon aus, dass er nach Bremerhaven gefahren sei und dort versuchen würde, auf ein Schiff zu kommen.

Mein Bruder hat mir später geschildet, wie es ihm bei dieser Flucht erging. Er war nach Amsterdam gefahren, weil ihn diese Stadt und ihr Hafen gelockt hatten. Hier schien es nicht schwierig zu sein, eine Stelle als Schiffsjunge und einen Platz auf einem Überseeschiff zu bekommen. Dazu kam es aber nicht. Einer holländischen Polizeistreife war der Fünfzehnjährige aufgefallen, der sich am Hafen herumtrieb. Sie fragten nach seinem Namen und verlangten, seinen Ausweis zu sehen. Bernd wollte auf keinen Fall wieder zu unserem Vater zurückgeschickt werden. Deshalb gab er den Namen seines ungeliebten Sportlehrers an, nannte sich »Josef Fischer«, und behauptete, er habe keinen Ausweis dabei.

Man nahm den »Josef Fischer« fest und steckte ihn in eine Polizeizelle. Vielleicht fahndete man nach dessen Angehörigen und brachte den Sportlehrer in Verlegenheit.

Bernd wurde in einer Zelle in der Polizeiwache interniert, während man nun Interpol einschaltete. Interpol forschte per gelber Ausschreibung nach einem Erziehungsberechtigten, fand aber keinen als vermisst gemeldeten Josef Fischer.

In der Nachkriegszeit war man in Holland aus nachvollziehbaren Gründen nicht gerade gut auf Deutsche zu sprechen. Man behandelte den jugendlichen Gefangenen korrekt, aber nicht unbedingt freundlich.

Nach zehn Tagen gab Bernd seinen Widerstand auf, holte seinen Schülerausweis aus dem Schuh, wo er ihn versteckt hatte, und gab seine wahre Identität bekannt. Da auf dem Ausweis auch seine Adresse zu lesen war, wurde unser Vater umgehend benachrichtigt und aufgefordert, seinen minderjährigen Sohn in Amsterdam abzuholen.

Mein Vater verpflichtete mich, mit ihm im weißen VW Käfer nach Amsterdam zu fahren. Ich hatte da gerade das Abitur geschafft und stand zur Verfügung.

Es gab damals noch kein Navigationsgerät. Ich saß auf dem Beifahrersitz, den dicken *ADAC Straßenatlas* aufgeschlagen auf meinen Knien, und verfolgte darin unseren Fahrweg. Immer, wenn wir am oberen Rand der Karte angelangt waren, musste ich schnell umblättern und einige Seiten später unten auf dem Blatt den Anschluss finden. Es war nicht einfach, uns durch das verschlungene nordwestliche Autobahnnetz durchzuwinden, aber wir schafften es, spät abends in Amsterdam anzukommen, wo wir uns ein Zimmer in einer billigen Pension nahmen. Am nächsten Morgen gingen wir zur Polizeiwache. Einer der Polizisten ging zu einer Zellentür, öffnete oben eine Klappe und forderte meinen Vater durch eine Geste auf hineinzublicken. Ich schaute neben ihm durchs Fensterchen. Bernd lag zusammengerollt wie ein Embryo auf einer Pritsche, eine graue Wolldecke um sich gewickelt.

Mein Vater nickte dem Beamten zu. »Ja, das ist er!«

Erst musste noch eine lange maschinengeschriebene Erklärung in holländischer Sprache unterschrieben werden, von der weder ich noch mein Vater ein Wort verstanden, dann wurde die Zellentür für uns geöffnet. Bernd richtete sich auf und blickte seinen Vater unsicher an. Der sagte nur kurz und streng: »Komm mit!«

Das war der einzige Satz, der auf der langen Rückfahrt geäußert wurde. Unser Vater strafte Bernd durch eisernes Schweigen. Er äußerte keinen Vorwurf, aber auch kein Wort der Erleichterung, seinen Sohn wieder zurückzuhaben.

Noch heute werfe ich mir vor, dass ich die Strategie des Vaters nicht unterlief und mich seinem unausgesprochenen Schweigegebot fügte. Ich hätte mich zu Bernd, der schweigend und mager auf dem Rücksitz saß, ja so leicht umwenden und ihm sagen können, dass wir froh seien, ihn wieder bei uns zu haben. Oder ihn fragen, wie es ihm denn in Amsterdam ergangen sei und wieso er in einer Polizeizelle gelandet sei. Ich tat es nicht und ärgere mich noch immer darüber.

Bernd wurde dann von der Schule verwiesen. Seine Flucht war Schulgespräch gewesen und bis zur Direktion durchgesickert. Außerdem hatte er so lange unentschuldigt gefehlt. Das genügte für seinen Ausschluss.

Ohne Schule, ohne die Möglichkeit, Geld zu verdienen, blieb ihm keine andere Wahl: Er musste ins Geschäft einsteigen und bei unserem Vater als Lehrling anfangen. Die Geschichte meines Vaters wiederholte sich. Auch er hatte eine Lehre bei einem strengen Vater, bei Opa Paulus, machen müssen.

Bernd legte dann die Meisterprüfung ab und verstand bald mehr vom Maler- und Verputzerberuf als sein Vater, der sich nach dreißig Jahren nicht mehr mit den neuesten Techniken und den synthetischen Farben auskannte. Das half Bernd aber wenig.

Wenn er morgens zu einer Baustelle fuhr und Anweisungen gab, konnte es sein, dass er bei einer zweiten Inspektion am frühen Nachmittag feststellen musste, dass seine Anweisungen nicht befolgt worden waren. Auf seine Nachfrage sagten ihm die Arbeiter, dass nach ihm der »alt Mäster«, also der alte Meister, da gewesen sei und ihnen befohlen habe: »Wir mache des wie scho immer und net des neumodische Zeuch!«

Kein Wunder, dass Bernd bald resignierte, sich zum zweiten Mal dem Einfluss seines Vaters entzog und flüchtete. Diesmal nicht nur bis Amsterdam. Inzwischen war er verheiratet und wanderte mit Frau und zwei Kindern nach Kanada aus. Unsere Beziehung war während seiner Zeit im väterlichen Geschäft eher sachlich-freundlich und nicht sehr eng gewesen. Das änderte sich, als er in Kanada wohnte. Wir schrieben uns fast wöchentlich lange Briefe und berichteten über unser Leben.

IN DER FREMDE

———————

Nach seiner Rückkehr aus der Kriegsgefangenschaft fuhr mein Vater fast jeden Tag mit dem Zug nach Schweinfurt, zu »irgendwelchen Ämtern«. Ich hätte ahnen können, welchen Zweck er damit verfolgte, war aber völlig geschockt, als er beim Mittagessen verkündete: »Wir können umziehen. Jetzt ist alles geregelt. Ich bin als unbelastet eingestuft worden.«

»Was ist denn unbelastet?«, fragte ich.

»Ich war nicht in der SA und schon gar nicht in der SS«, sagte er. »Deswegen habe ich jetzt eine Lizenz bekommen.«

»Lizenz?«, unterbrach ich ihn zum zweiten Mal.

»Die Erlaubnis, eine Firma zu gründen«, sagte er. »Und jetzt hör einfach zu, ohne mich ständig zu unterbrechen!«

Dann erzählte er, dass die »Hausbesetzer«, wie er sie nannte, endlich eine andere Unterkunft gefunden hatten, und unser Haus wieder zum Einzug bereit sei. Zumindest das untere Stockwerk. Nächste Woche würden wir nach Schweinfurt ziehen, in unser altes Haus. Jetzt gelte es also, gut zu packen.

»Aber ich gehe doch hier in die Schule!«, rief ich. »Ich kann doch während des Jahres nicht einfach raus.«

»In Schweinfurt gibt es bessere Schulen als hier auf dem Dorf«, sagte er. »Außerdem sollst du dort in eine höhere Schule gehen. Ins Gymnasium. Damit mal was aus dir wird.«

»Und mein Freund Lud?«, fragte ich.

»Was ist mit dem?«

»Den seh ich dann nicht mehr!«

»Du findest in Schweinfurt bestimmt nette neue Freunde«, tröstete mich meine Mutter. »Außerdem darfst du in den Ferien bestimmt nach Obertheres. Dann seht ihr euch wieder.«

»Ich will gar keine neuen Freunde«, sagte ich.

»Ich bleib sowieso hier!«, sagte Bernd, der mit am Tisch saß. »Wenn ich mit nach Schweinfurt muss, gehst du auch mit«, sagte ich. »Denk nur nicht, dass du hierbleiben darfst!«

Meine Mutter wandte sich an Bernd. »Hat Oma Kuni es dir schon erzählt?«, fragte sie, und zu mir gewandt: »Bernd darf vorerst hier bei Oma und Opa bleiben. Es wird eine Zeitlang dauern, bis wir die Umzugskartons ausgepackt und uns dort eingerichtet haben. Da würde er nur im Weg stehen. Wenn alles fertig ist, holen wir ihn zu uns. Nicht wahr, Bernd?«

Bernd nickte, lehnte sich an Oma Kuni und blickte mich triumphierend an.

»Dann bleib ich auch hier, bis alles eingerichtet ist«, sagte ich.

»Das wirst du nicht. Weil du nämlich beim Einrichten mithilfst«, sagte mein Vater.

* * *

172

Aus Obertheres nahm ich drei Körpermerkmale mit, die mir für immer bleiben werden: eine Narbe zwischen den Augen, eine pfenniggroße, haarlose Stelle am Hinterkopf, und eine dritte, die nur im Röntgenbild zu sehen ist.

Als ich fünf oder sechs Jahre alt war, ich ging jedenfalls noch nicht zur Schule, entdeckten Lud und ich einen leeren Schuhkarton unten im Wohnzimmerschrank der Vierings und beschlossen, darin für Luds Kaninchen ein Bett zu bauen. Dazu suchten wir Moos, mit dem wir das Bettchen auspolstern wollten.

Ich entdeckte, dass oben auf dem Scheunendach zwischen den Ziegeln kleine Moosbüschel wuchsen, stellte eine Leiter an und stieg hinauf. Gedeckt war das Dach mit jahrzehntealten, flachen Ziegeln, sogenannten Biberschwänzen. Als ich auf halber Höhe des Daches war, gaben die altersschwachen Ziegel prasselnd unter mir nach, und ich fiel drei Meter tief auf den Lehmboden der Scheune, dicht neben die dort abgestellte Mähmaschine.

Ich hatte starke Rückenschmerzen, als ich mich aufrappelte. Deswegen ließ ich das Moossammeln vorerst bleiben und ging nach Hause, wo mich meine Mutter ungeachtet meiner Proteste ins Bett schickte und mir warme Umschläge machte. Fünfzig Jahre später suchte ich einen Orthopäden auf, weil ich Rückenschmerzen hatte. Er röntgte mich und betrachtete das fertige Bild mit schief gehaltenem Kopf. »Hatten Sie mal einen Unfall? Oder sind Sie mal im Gebirge abgestürzt?«, fragte er.

»Nein, warum fragen Sie?«, fragte ich zurück.

»Zwei Ihrer Beckenwirbel waren mal angebrochen und sind jetzt zusammengewachsen«, sagte er.

Jetzt erinnerte ich mich. »Damals war ich ungefähr fünf.«

»Da mussten Sie wahrscheinlich eine Zeitlang in einem Gipsbett liegen!«

»Nein, diesen Sturz hat niemand so richtig ernst genommen«, sagte ich.

»Da haben Sie großes Glück gehabt. Sie könnten heute im Rollstuhl sitzen.«

Auch der Vorfall, der zur Narbe zwischen meinen Augen führte, nahm seinen Ausgang im Hof der Vierings. Es war Sommer, wir hatten gespielt, und ich verspürte Hunger. Unser Küchenfenster wies zum Hof der Vierings. Ich sparte mir den Weg um zwei Häuser herum und stieg durchs offene Fenster in die Küche. Weder meine Mutter noch Oma Kuni waren im Haus. Auf der Anrichte lag eines von Oma Kunis selbstgebackenen Broten. Ich holte mir das große, bestimmt dreißig Zentimeter lange Messer, mit dem die Oma oder meine Mutter immer das Brot anschnitten, nahm den riesigen Brotlaib in die linke Hand, das Messer in die rechte, und versuchte, die Schneide des Messers durch die krosse, braune Rinde zu mir herzuziehen. Ich hatte einen ziemlichen Widerstand zu überwinden, zog mit aller Kraft, das Messer schnellte aus dem durchschnittenen Laib und fuhr mir genau zwischen die Augen.

Ich rannte zu Opa Schorsch in die Werkstatt. Erst lachte er, denn er meinte, ich hätte Indianer auf dem Kriegspfad spielen wollen und mir das Gesicht rot angemalt. Er erschrak, als er begriff, dass es Blut war, presste ein Handtuch auf die Wunde, um das Blut zu stoppen, und rief den Arzt.

Der Arzt kam auch schnell und fragte meine Mutter, die inzwischen eingetroffen war und vor Aufregung zitternd neben mir stand, ob er die Wunde nähen oder klammern solle. Sie ließ mir die Entscheidung, leider. Denn ich hatte Angst vor den Nadelstichen und wünschte, geklammert zu werden. Dadurch bildetete sich keine glatte Naht, sondern eine wulstige, eine sogenannte Wuchernarbe. Später bekam ich eine Brille. Die verdeckte dann zum Teil das Ergebnis der Klammerung.

Das dritte körperliche Merkmal zog ich mir, wie könnte es anders sein, auch auf dem Viering'schen Hof zu. Lud und ich hatten eine geheimnisvolle Falltür im Schuppen neben der Scheune entdeckt. Sie war aus Holz und hatte einen eisernen Ring, an dem man sie aufziehen konnte. Aus der Öffnung gähnte uns ein finsteres Loch an.

Ich beschloss, das geheimnisvolle Dunkel da unten zu erforschen, und hangelte mich an einem Lederriemen nach unten. Es war der Zügel des alten Ackergauls Seppel. Der lederne Zügel hatte über einem Balken gehangen, wir knoteten das eine Ende am Balken fest, am anderen hing ich jetzt auf meinem Weg nach unten. Ich landete auf der Spitze einer Pyramide aus aufgeschichteten Runkelrüben, die man wohl durch die Falltür geworfen hatte. Der Rübenberg begann zu rollen, ich mit ihm. Ich verlor den Halt und stieß mit dem Hinterkopf an die Wand des Rübenkellers. Leider steckte genau da, wo mein Kopf auftraf, ein spitzer eiserner Haken in der Mauer. Wahrscheinlich hängte man da die Laterne auf, wenn man Rüben holte. Der Haken bohrte sich in meinen Hinterkopf, ich steckte angenagelt an der Wand.

Mit einem Ruck schaffte ich es, mich zu befreien, sah einen schmalen Lichtstreifen, und rannte aus der Tür des Kellers.

Als ich bei Opa Schorsch ankam, quietschte es in meinen Schuhen. Es war das Blut, das unter Hemd und Hose hinabgelaufen war und nun in den Schuhen stand.

Diesmal verpasste mir der Arzt einen dicken weißen Kopfverband. Ich erinnere mich, dass ich immer wieder versuchte, den Zeigefinger unter den weißen Turban zu schieben, um an der heilenden, juckenden Wunde zu kratzen.

* * *

In der Nachschau stellt sich der Umzug nach Schweinfurt als die tiefste Zäsur in meinem Leben dar.

In Obertheres schien die Zeit stillgestanden zu haben. Das Dorf hatte unter einer unsichtbaren Kuppel gelegen, die es vor dem »Draußen« beschützte. Wie die Glashaube, die Oma Kuni über die Wurst und den Käse stülpte, als Schutz vor den gierigen Fliegen. Ich wusste vom Krieg, doch ich kam mit ihm nicht in Berührung, wenn man von den Tieffliegerangriffen in den letzten Kriegswochen und vom Einmarsch der Amerikaner absah. Dabei hätte ich gut nachfragen können, wo denn Tante Ernas Freund eigentlich war, als sie über dem Foto pendelte. Berichte von Krieg und Gräuel hielt man von mir fern. Ich bin mir ziemlich sicher, dass man zwar von einigen deutschen Verbrechen wusste, aber nichts oder kaum etwas von den Konzentrationslagern und den Morden. Aber vom

Schicksal der Juden hätte man wissen können. In Obertheres hatten zwar keine jüdischen Familien gewohnt,
aber aus anderen Dörfern waren sie verschleppt worden.
Das hatte sich bestimmt herumgesprochen.

Man hatte kein Telefon, das einzige stand in der Poststelle im Oberdorf. Kaum einer hatte ein Radiogerät, man
backte das Brot selbst, keiner besaß ein Auto, und alle
mussten das Wasser aus dem Dorfbrunnen pumpen. Jeder
kannte jeden. Die Erwachsenen duzten sich. Der Linda-
chersjörg sagte ›du‹ zum Kieselerwin, der Rügersfranz
zum Voitsewald. Nur die Honoratioren wurden mit »Ihr«
angesprochen.

»Wollt Ihr auf die anderen warten, Herr Hauptlehrer?«,
fragte Oma Kuni. »Oder darf ich Euch schon das Bier
bringen?«

Sonntags nahm mich Oma Kuni mit in die Kirche, die
Jungen saßen in den Bänken rechts vom Mittelgang, die
Mädchen links. Hinter den »Bubenreihen« saßen Frauen,
genauso hinter den Mädchen. Es waren immer mehr
Frauen als Männer in der Messe. Die letzten beiden Reihen blieben dann wieder den alten Männern vorbehalten,
die schon steife Beine hatten und nicht mehr die Treppe
zur Empore schafften. Die übrigen Männer lümmelten
da oben herum, vor der Sicht der Kirchenbesucher unten
gut geschützt.

Frau Firsching, die zweimal pro Woche die Kirche rei-
nigte, erzählte Wundergeschichten, wie es da oben zu-
gehen würde. »Nicht nur, dass sie auf der Empore während des Gottesdienstes Karten spielen! Nein, sie betrügen
auch noch!«

»Woher willst du das wissen?«, fragte meine Mutter. (Auch die Frauen im Dorf duzten sich natürlich).

»Unter den Sitzkissen lagen zwei Kartenspiele!«, erzählte Frau Firsching. »Und in der Fußleiste darunter steckte der Herzkönig!«

»Ja und?«, fragte meine Mutter.

»Das ist der ›Maxl‹, der höchste Trumpf beim Watteln«, sagte ich.

»Genau!«, sagte Frau Firsching. »Man tut so, als sei eine Karte runtergefallen, bückt sich und tauscht sie gegen den Maxl aus. Und das Spiel ist schon halb gewonnen.«

»Also Frieda, was du für Tricks kennst!«, sagte meine Mutter. »Sag mal, ist dir bei unserem Frauenkränzchen letzten Mittwoch nicht auch eine Karte runtergefallen?«

Frau Firsching bekam einen roten Kopf und erzählte schnell, dass der Pfarrer ein großer Blumenfreund sei und man an Fronleichnam die Altäre gut schmücken müsse.

Als ich Jahrzehnte später den Film *Die Truman-Show* sah, erinnerte er mich stringent an meine Kindheit in Oberthere. Eine heile Welt, mit den immer gleichen Ritualen und immer freundlichen Nachbarn. Nur dass der Truman aus dem Film, ohne es zu wissen, der Hauptdarsteller einer Fernseh-Show ist, und die freundlichen Nachbarn alle angestellte Schauspieler sind. In Oberthere war das Personal immerhin echt.

In Schweinfurt erwartete mich eine kalte Welt. Ich hatte meine Orientierung, meine Großeltern und Freunde verloren, fühlte mich fremd und hilflos, oft verzweifelt, und ganz der Strenge und den Bestrafungsritualen meines Vaters ausgesetzt. Was ich nach und nach von den deutschen Verbrechen im Weltkrieg erfuhr, machte mich hilflos und beschämte mich. Ich erinnere mich, dass ich zu meiner Mutter sagte, nun könne ich nie mehr nach Amerika reisen, nie mehr dort die Indianer besuchen, weil die Amerikaner doch an meinem Akzent erkennen würden, dass sie es mit einem Deutschen zu tun hätten. Sie tröstete mich damit, dass den Amerikanern bewusst sei, dass nicht alle Deutschen böse waren, und meine Tanten als Deutsche offensichtlich unbehelligt in Cleveland wohnten und uns sogar Care-Pakete senden durften.

* * *

Es dauerte dann doch noch zwei Wochen, bis wir umziehen konnten. Mein Vater hatte sich in Schweinfurt ein Auto ausgeliehen, einen dreirädrigen Kleintransporter, der hinten zwei Räder, vorne nur ein Rad hatte. Die Ladefläche war mit unseren Sachen fast bis über den Rand der Seitenverkleidung vollgestapelt und mit einer Plane vor Regen geschützt. Ich hatte mich von Lud schon verabschiedet, auch von Opa Schorsch und Oma Kuni.

Die beiden lehnten an der Haustür. Er hatte den Arm um ihre Schultern gelegt. Oma Kuni weinte. Bernd stand zwischen den beiden und schaute uns beim Einsteigen zu.

»Jetzt mach schon!«, sagte mein Vater. »Steig endlich ein, damit auch deine Mutter einsteigen kann.«

Ich sollte nämlich in der engen Fahrerkabine zwischen Papa und Mama sitzen. Sie stieg ins Auto, er ließ den Motor an. Der Wagen begann leise zu zittern, in der Tasche zu Füßen meiner Mutter klirrten die beiden Einmachgläser, die uns Oma Kuni mitgegeben hatte.

Oma Kuni kam noch mal zum Auto, zeigte auf das Seitenfenster und machte eine kurbelnde Bewegung. Meine Mutter öffnete das Fenster, Oma Kuni streckte den Kopf herein, und sagte: »Seid nicht so streng mit dem Paul, ja? Er wird's nicht leicht haben in der Fremde.«

»Also, Mama: in der Fremde! Wie das klingt. Er hat doch vier Jahre in dem Haus gewohnt und kennt bestimmt alles gleich wieder. Jetzt lass uns fahren! Ihr könnt uns ja mal besuchen.« Damit kurbelte sie das Seitenfenster wieder hoch.

Die Fahrt kam mir endlos vor. Das Dreiradauto fuhr so gemächlich, dass sogar ein Radfahrer im Windschatten des Wagens kilometerweit hinter uns hergefahren war. Ich sah ihn im Rückspiegel. Als es hinter Gädheim leicht bergab ging, trat er heftig in die Pedale, überholte uns sogar und winkte meinem Vater zu, als er an der Fahrerkabine vorbei war. Mein Vater fand es wohl demütigend, von einem Radfahrer überholt zu werden, drückte das Gaspedal durch und hatte ihn bald wieder an den ursprünglichen Platz hinter dem Auto verwiesen.

Es dämmerte schon, als wir in Schweinfurt ankamen. Wenn unser Auto an einer Ampel anhielt, glänzten Kühlerhaube und Windschutzscheibe in rötlichem Licht. Wenn die Kühlerhaube grünlich schimmerte, fuhren wir weiter.

Hinter den Häusern ragte ein breiter schwarzer Turm wie ein riesiger Schatten in den düsteren Himmel. Er schien rund zu sein. Oben stachen eiserne Masten aus ihm heraus.

»Was ist das für ein Turm?«, fragte ich. Er war mir unheimlich.

»Das ist der Gaskessel«, sagte mein Vater. »Wenn er voll ist, ist er noch höher. Er ist manchmal hoch, dann wieder niedrig. Je nachdem, wie viel Gas verbraucht wird.«

Ich blickte zu Mama hinüber, um an ihrem Gesicht abzulesen, ob er die Wahrheit sprach. Aber es war schon zu dunkel.

»Da ist der Marienbach! Erinnerst du dich?«, fragte sie. Ich schüttelte den Kopf.

»Manchmal hat er Hochwasser. Nach einem Wolkenbruch war er mal drei Meter hoch«, sagte sie.

Ich wunderte mich, dass Bäche hoch sein konnten. Bis jetzt hatte ich immer zwischen tiefen oder flachen Bächen unterschieden. Ich beugte mich nach vorne, um an meiner Mutter vorbeisehen zu können. Im Licht der Straßenlaterne sah das Wasser in der Betonrinne braun aus.

»Hier ist alles so dreckig«.

»Das kommt dir nur so vor, weil es schon dunkel ist«, sagte sie.

»Es gibt schon Unterschiede zu Obertheres«, sagte mein Vater. Er blickte dabei geradeaus. »Viel Industrie! Die bringt der Stadt Steuern, produziert aber viel Ruß. Hier kannst du nicht den Pudding zum Kaltwerden vors Fenster stellen. Der hätte in zehn Minuten eine dicke Rußschicht.«

Dann kamen wir endlich bei unserem Haus an. Ich glaubte, mich an das Hoftor mit den eisernen Stäben zu erinnern, war mir aber nicht sicher.

Wir parkten am Gehwegrand unter einer Straßenlampe. Ich stieg aus und ging mit einer Mischung aus Neugier und Angst auf das Haus zu, in dem ich jetzt wohnen würde.

»Paul«, rief mir mein Vater vom Auto aus zu. »Du kannst ruhig auch was tragen.«

Meine Mutter schloss die Haustür auf, ging voraus in die untere Wohnung und dort gleich ins Wohnzimmer.

»Sie haben unsere Möbel gut behandelt!«, sagte sie, während sie sich prüfend umblickte. Die Mieter hatten möbliert gewohnt, da sie ja die eigenen Sachen durch den Bombentreffer verloren hatten. »Erinnerst du dich ans Vertiko?«

Das, was sie Vertiko nannte, war eine überbreite, schwarz lackierte Anrichte. Sie nahm die ganze Zimmerbreite ein.

Ich nickte, um ihr einen Gefallen zu tun. So richtig erinnerte ich mich an nichts hier. Ich war ja gerade mal vier Jahre alt gewesen, als wir auszogen. Jetzt war ich zehn.

Das Zimmer, das mir zugewiesen wurde, hatte ein Fenster zum schmalen, betonierten Hof. Im Schein des kleinen Lichts oben an der Hauswand erkannte ich gegenüber einen dunklen Schuppen mit einem Wellblechdach. Ich war zufrieden. Der Blick aus meinem Zimmer in Obertheres war auch nicht besonders malerisch gewesen. Anders als zum Beispiel bei Oma Rethels ehemaligem Zimmer, von dem aus man weit über das Maintal blicken konnte. Wenn ich in Obertheres aus dem Fenster blickte, hatte ich Vierings Hof mit dem Misthaufen und den Stall vor mir gehabt.

Im Zimmer standen ein Schrank, ein Bett und ein Tisch mit einem Stuhl davor. Mein Vater hatte bei seinen vielen Besuchen in Schweinfurt schon alles eingerichtet. Mit den Vorhängen war meine Mutter nicht rechtzeitig fertig geworden. Wenn man im Zimmer sprach, hallte es nach. Fast wie ein Echo.

»Es ist noch ein bisschen kahl jetzt«, sagte sie

Unser Abendessen bestand aus den belegten Broten, die uns Oma Kuni in Pergamentpapier eingewickelt und mitgegeben hatte.

Ich ging früh ins Bett. Lange konnte ich nicht einschlafen.

Als ich endlich schlief, träumte ich von Obertheres. Aber es war kein angenehmer Traum.

Ich befand mich in der Werkstatt von Opa Schorsch und kletterte in ein offenes Fass. Das hatte ich oft getan und im Fass stehend meinem Großvater bei der Arbeit zugeschaut. Kaum stand ich im Fass, dehnte es sich und wurde so hoch, dass ich nicht mehr über den Rand blicken konnte. Ich rief nach Opa Schorsch. Er hörte mich nicht, nahm die beiden Hämmer von der Werkbank, den Holzhammer mit der eingekerbten Eisenspitze und den Vorschlaghammer. Damit schlug er die oberen beiden Fassreifen los. Das machte er immer, bevor er dann den Fassdeckel einsetzte. Die eisernen Reifen fielen scheppernd auf den Werkstattboden. Der Fassdeckel schleifte über die Hobelbank, dann verdunkelte sich der runde Ausschnitt über mir, bis nur noch das kleine, strahlend helle Spundloch als einzige Lichtquelle blieb. Und während Opa Schorsch im Regal kramte, um den passenden

Spund zu finden, wusste ich, dass gleich völlige Dunkelheit um mich herrschen würde und ich eingeschlossen war wie der Mann im Sarg, den meine unbekannte Großmutter gerettet hatte.

Voller Angst presste ich meinen Mund an das Spundloch und schrie – bis ich erwachte.

Mein Vater stand im gestreiften Schlafanzug neben meinem Bett und rüttelte mich an der Schulter. Das Licht brannte.

»Tut dir was weh?«, fragte er.

Ich schüttelte den Kopf. Sprechen konnte ich nicht, die Angst war noch da.

»Du hast wohl geträumt«, sagte er. »Schlaf weiter und sei jetzt still, sonst kriegen wir schon am ersten Tag Ärger mit den Nachbarn. Es ist alles in Ordnung.«

Er knipste das Licht aus und ging aus dem Zimmer.

Ich zog mir die Bettdecke übers Gesicht. Es hätte nicht viel gefehlt, und ich hätte zu weinen begonnen wie das kleine Kind, das ich mal war.

DAS HARTE UND DAS WEICHE B

———

Am Montagabend waren wir angekommen; schon am Dienstagmorgen ging meine Mutter mit mir zur Schule, um mich anzumelden. Während des Dritten Reiches hatte sie »Hans-Schemm-Schule« geheißen, nach einem Nazi und Judenhasser. Mit Beginn der amerikanischen Besatzungszeit hatte man sie ganz schnell in »Schillerschule« umbenannt.

»Präg dir den Weg gut ein«, sagte meine Mutter, während ich neben ihr herging, den Schulranzen auf dem Rücken.

»Morgen kannst du dann schon alleine hingehen. Es ist ganz einfach: Erst vier Häuser geradeaus, dann links, und am Ende der kleinen Straße steht schon das Schulhaus!«

Sie meldete mich im Sekretariat an. Mir wurde die Klasse 5a zugewiesen.

Meine Mutter drückte mir fest die Hand. »Wird bestimmt alles gut werden«, sagte sie aufmunternd. Dann ging sie.

Die Sekretärin war so freundlich, mich zum Klassenzimmer zu begleiten. »Wie heißt du?«, fragte sie mich auf der Treppe.

»Paul«, sagte ich.

»Und wie noch?«

»Maar.«

»Dein Klassenzimmer kannst du dir leicht merken, Paul Maar«, sagte sie. »Erster Stock, erste Tür rechts!« Damit öffnete sie eine Tür, neben der auf einem Schild »5. Klasse« stand.

Wir hatten einige Zeit im Sekretariat verbracht, bis meine Personalien und die meiner Eltern notiert waren, deshalb hatte der Unterricht schon begonnen.

»Hier ist ein Neuer. Sein Name ist Paul Maar«, sagte sie zur Lehrerin, die vorne am Pult saß. Die stand auf und reichte mir die Hand. »Warum kommst du mitten im Schuljahr?«

»Wir sind umgezogen«, antwortete ich.

Sie blickte in die Klasse. Da saßen mehr Schüler als in allen vier Klassen der Oberthereser Grundschule. Bestimmt fünfzig, schätzte ich.

»Wie ich sehe, ist in der dritten Bank noch ein Platz frei«, sagte sie. »Du kannst dich neben …« Sie machte eine Pause und blickte den Schüler, der dort saß, auffordernd an. Offensichtlich wusste sie dessen Namen noch nicht. War auch kein Wunder bei so vielen Schülern.

»Martin Dirsch«, half ihr der Schüler.

»… dich neben Martin setzen«, vollendete sie den Satz. »Alles klar?«

»Ja, Fräulein«, antwortete ich, während ich mich setzte und meine Büchertasche am Boden abstellte.

»Die Kinder hier nennen mich ›Frau Endres‹. So möchte ich auch von dir angesprochen werden!«, sagte sie. »Ich bin verheiratet.«

»Ja, Frau Endres«, sagte ich.

Martin nickte mir zu. Er schien sich zu freuen, dass er nicht mehr allein sitzen musste.

Am nächsten Morgen, nach einem schnellen Frühstück, ging ich vier Häuser geradeaus, dann links, und am Ende der kleinen Straße ins Schulhaus. Dort stieg ich die Stufen hoch zum ersten Stock und betrat das erste Zimmer rechts. Wie es mir die Sekretärin erklärt hatte.

Frau Endres war noch nicht da. Ich blickte in die Klasse und erstarrte. Was war geschehen? Hatte ich die Tür verwechselt? Ich ging noch einmal hinaus, überzeugte mich, dass immer noch »Klasse 5« auf dem Schild stand, und betrat zögernd den Raum zum zweiten Mal.

Am Vortag hatte ich schon einige Kinder meiner zukünftigen Klasse kennengelernt, zumindest vom Sehen. Und natürlich Martin, meinen Sitznachbarn aus der dritten Reihe.

Aber in der dritten Reihe saßen jetzt zwei Mädchen. Ich kam mir vor wie in einer Horrorgeschichte. Nicht eine Schülerin, nicht ein Schüler vom Vortag saß in den Bänken vor mir. Ein Gefühl tiefer Verzweiflung stieg in mir hoch: Da stand ich nun in einer fremden Schule, weg von Obertheres, weg von meinen Freunden, von Lud, meinen Großeltern, stand in einer Klasse, die sich über Nacht verwandelt hatte wie der Knecht aus dem Märchen, der bei Vollmond zu einem Werwolf geworden war.

Langsam ging ich durch die Mittelreihe nach hinten, setzte mich in die letzte, freie Bank und ließ meinen Kopf auf die ausgebreiteten Unterarme sinken.

Als Frau Endres ins Zimmer kam, meldete sich gleich eines der Mädchen.

»Was gibt's?«, fragte Frau Endres.

»Da hinten sitzt einer. Sieht so aus, als ob er weint!«, sagte das Mädchen.

»Weint?«, wiederholte Frau Endres und ging nach hinten.

»Du bist doch der Neue aus der 5a?«, fragte sie mich. Ich nickte. »Ja!«

»Aber du bist doch erst am Nachmittag dran«, sagte sie. »Jetzt hat hier die 5b Unterricht!«

Es stellte sich heraus, dass es mehr Klassen als Schulräume gab. Deshalb fing für die 5a am Dienstag, Donnerstag und Samstag der Unterricht morgens um acht Uhr an, und montags, mittwochs und freitags am Nachmittag um zwei. Damit es gerecht zuging und nicht etwa die 5a nur vormittags und die 5b nachmittags zur Schule musste.

Meine Mutter staunte, als ich nach einer halben Stunde wieder zu Hause ankam.

Von nun an kannte ich die richtigen Anfangszeiten, und ging meistens schon vor dem Unterricht ins Klassenzimmer. Frau Endres war eine freundliche Lehrerin. Wir übten bei ihr das Schreiben von kleinen Aufsätzen. Dabei gab sie immer die Themen vor: »Ein Ausflug in den Wald«, »Wenn ich einen Hund hätte« oder »Ich kann zaubern.«

Mit meinen Aufsätzen war sie immer sehr zufrieden, mit meiner Rechtschreibung ganz und gar nicht. Sie trug mir auf, meine Mutter doch mal zu ihr in die Sprechstunde zu schicken.

Meine Mutter kam ziemlich besorgt von dort zurück.

»Du hältst den Klassenrekord«, sagte sie. »Du hast es geschafft, in einem einzigen Aufsatz mehr als zwanzig Fehler zu machen! Am Ende des Schuljahrs musst du im Gymnasium die Aufnahmeprüfung bestehen, weil du aus der fünften Klasse kommst und nicht wie die meisten aus der vierten. Mit derart vielen Fehlern nehmen sie dich da nicht. Habt ihr denn in Obertheres nicht Rechtschreiben geübt?«

Ich zuckte mit den Achseln. Nach der vierten Klasse war ich in die Hauptschule gekommen. Das neue Schulhaus lag weiter unten im Dorf. Man betrat es über das »Schulbrückele«, das sich über den Dorfbach spannte. Unseren Hauptlehrer, Herrn Schopper, kannte ich schon vom Schafkopfspielen aus dem Nebenzimmer. Er war weit über sechzig und unterrichtete nur deshalb immer noch, weil so viele Lehrer aus dem Krieg nicht zurück gekommen waren.

Er ging den Unterricht sehr entspannt an. Diktate schrieben wir nie.

Er war ein großer Karl-May-Freund und las uns jeden Morgen aus einem der Bände vor. Seine Lieblingsstelle stammte aus *Der Schut*. Darin beißt Hadschi Halef Omar in eine Schweinswurst, obwohl er dies als Moslem eigentlich nicht darf. Er wird auch prompt bestraft: In der Wurst findet er einen ekligen, ledernen Fingerling, der dem Fleischer wohl beim Wurstmachen vom verwundeten Finger geglitten ist. Die Stelle las Herr Schopper nicht nur einmal vor, sondern fast jeden dritten Tag, und jedes Mal brach er darüber in lautes Lachen aus. Er war wohl schon ein wenig vergesslich und erinnerte sich nicht daran, dass wir die Stelle schon gut kannten. Weil wir höfliche Schüler waren, fielen wir jedes Mal in sein lautes Lachen mit ein, was ihn sehr freute. Wir lachten auch, um ihn bei Laune zu halten. Sonst hätte er uns am Ende noch irgendwelche Rechenaufgaben serviert.

»Du kannst nicht zwischen den harten und weichen D und B unterscheiden«, sagte meine Mutter. Sie sprach wie alle Franken und Fränkinnen auch das »harte B« weich aus. »Du hast zum Beispiel ›auf den Perg‹ geschrieben.«

»Ja, weil ein Perg doch hart ist«, sagte ich.

»Umgekehrt schreibst du ›ein Blatt Babier‹ und ›in der Bause‹!«

»Alle sagen ›Babier‹. Du doch auch, Oma und Opa auch, Frau Viering …«

»Du musst jetzt nicht alle aufzählen, die es so aussprechen!«, unterbrach sie. »Es gibt doch einen Unterschied zwischen der Schriftsprache und der mündlichen!«

Ja, den gibt es natürlich. Aber wenn man von Kindesbeinen an alle P's und T's weich ausgesprochen hört, prägt sich das ein und ist ganz schlecht wieder zu löschen. Genauso wie etwa das Fränkische ›arch‹ und ›Sarch‹ für arg und Sarg. Oder »Burch« bei ›Würzburch‹ oder ›Bamberch‹.

Selbst als Student kriegte ich den fränkischen Zungenschlag einfach nicht los. Als Freund der Tochter des Intendanten (Indendanten? Indentanden?) des Fränkischen Theaters in meiner Zeit in Stöckach hatte ich manchmal den gutmütigen Spott der Schauspieler zu ertragen. Die sprachen natürlich das gepflegte Bühnendeutsch, das man ihnen auf der Schauspielschule eingetrichtert hatte. Ich war so etwas wie ein Eingeborener, ein Exot.

Einmal, bei einem reichgedeckten Kaffeetisch anlässlich einer Jubiläumsfeier, bat ich um ein »Stück Erdbeerdorde«. An der Reaktion zweier junger Schauspieler, die mir gegenübersaßen, spürte ich, dass ich mich mal wieder ›frängisch‹ geäußert hatte. Sie blinzelten sich zu, konnten das Lachen kaum unterdrücken und fragten scheinheilig nach: »Welchen Kuchen möchtest du haben?«, um von mir noch mal die ›Erdbeerdorde‹ zu hören. Diesen Gefallen tue ich euch nicht!, sagte ich mir grimmig. Nicht noch mal werde ich die Dorde weich aussprechen!

»Ein Stück Ert-peer-torte!«, sagte ich.

»Ertpeertorte!«, riefen sie. »Er hat Ertpeertorte gesagt!«, und fielen vor Lachen fast vom Stuhl.

Man erkennt den Franken selbst dann, wenn er schon in die Jahre gekommen ist und sich sein Leben lang bemüht hat, Hochdeutsch zu sprechen, weil es etwa sein Beruf erfordert.

So war ich einmal vom Goethe-Institut nach Kairo eingeladen worden, um die beiden Übersetzer meiner Bücher und arabische Autoren kennenzulernen. Aus Anlass des Besuchs hatte man für mich eine Lesung an einer deutschen Schule arrangiert. Es war eine Mädchenschule und wurde von deutschen Nonnen geleitet.

Ich saß im Direktorinnenzimmer der Leiterin gegenüber, der Schwester Oberin, als sich nach einem kurzen Klopfen die Türe öffnete und ein Mann den Kopf hereinstreckte. »Unser Deutschlehrer«, erklärte mir die Oberin. »Es gibt auch einige wenige Männer an der Schule.«

Der Mann trug eine unförmig dicke, dunkle Hornbrille und hatte seine Haare wohl mit Pomade so flach nach hinten gekämmt, dass die Haarspitzen hinten waagrecht vom Kopf abstanden.

»Sie kommen aus Bamberch?«, fragte er mich.

»Ja, das stimmt«, sagte ich.

»In Bamberch gibt es die Brauerei Mahr. Mit der sind Sie bestimmt verwandt. Oder nicht?«, fragte er.

»Nein«, gab ich zur Antwort. »Die Brauerei schreibt sich mit h, mein Name schreibt sich mit zwei ›aa‹!«

»Ach so«, sagte er. »Dann viel Spaß bei Ihrer Lesung. Ich kann leider nicht dabei sein. Ich habe Unterricht.«

Damit zog er die Tür wieder zu.

Die Schwester Oberin griff zum Telefon. »Schwester Kreszentia bitte ins Direktorat!«

Eine junge Ordensschwester trat kurz darauf ein. Ihr Habit bestand aus einer weiten, schwarzen Kutte und einer Haube, unter der ein weißes Stirnband hervorragte.

»Schwester Kreszentia wird Sie in die sechste Klasse begleiten«, sagte die Oberin.

Schwester Kreszentia ging voraus, ich folgte ihr über einen langen Flur.

Die Schülerinnen der sechsten Klasse trugen alle die gleiche Schuluniform: dunkelrote Röcke, weiße Blusen, dunkelrote Jacken. Ich hatte das Gefühl, dass ich als Lehrer eine Weile gebraucht hätte, sie voneinander unterscheiden zu können.

Ich begann mit einem Werkstattgespräch. Schwester Kreszentia nahm in der letzten Bank Platz und blickte aufmerksam zu mir hin. Ich hatte den Verdacht, dass sie als Aufpasserin fungierte, um mich notfalls unterbrechen zu können. In den modernen deutschen Jugendromanen wird ja häufig von Sex und Drogen erzählt, und das war an einer Nonnenschule bestimmt nicht angebracht.

Als die Rede auf mein erstes Buch kam, die Schülerinnen hatten sich offensichtlich vorbereitet, und eine von ihnen nach dem »Dädowierden Hund« fragte, war mir klar, bei welchem Lehrer sie Deutsch lernten!

»Was ist überhaubt eine Dädowierung?«, wollten sie wissen.

Ich versuchte, es ihnen zu erklären. Etwas umständlich. »Also, das ist ein Bild auf der Haut, manchmal am Arm, manchmal auf der Brust … Das aber nur beim Männern«, fügte ich schnell hinzu, weil ich an den Gesichtern der Mädchen ablas, dass sie ihre Brust nicht gerne mit einem Bild geschmückt sehen wollten. »Bei Frauen eher am Rücken«, erzählte ich weiter. »Eigentlich ist das Bild nicht auf der Haut, sondern in ihr oder unter ihr …«

In diesem Moment sah ich Schwester Kreszentia aufstehen und nach vorne kommen. Durfte man in einer Nonnenschule nicht einmal »Haut« sagen? Oder war es die Brust, die ich erwähnt hatte?

Sie stellte sich neben mich, blickte in die Klasse, schob mit der rechten Hand den weiten, linken Ärmel ihrer Kutte zurück und sagte: »Das ist eine Tätowierung!«

Auf ihrem Unterarm war ein großes, rotes Herz eintätowiert, aus dem oben eine gelb brennende Fackel ragte.

Dann ging sie wieder nach hinten und setzte sich.

Später holte mich ein Fahrer des Goethe-Instituts ab. Während der ganzen Rückfahrt versuchte ich, mir die un-

bekannte Lebensgeschichte der tätowierten Nonne aus-
zumalen. Ich stellte mir vor, dass sie als Rockerbraut ein
Erweckungserlebnis gehabt hatte wie weiland der Apostel
Paulus.

Der war als Saulus losgeritten, war vom Pferd gestürzt,
wurde christlich und hatte den Namen Paulus angenommen.

Die Nonne, erfand ich mir, war als Karin auf dem
Motorrad gestartet, von der Maschine gestürzt, wurde
Nonne, und hatte den Namen Schwester Kreszentia an-
genommen.

Ungeachtet meines fränkischen Dialekts änderte sich
meine Position als Exot und Hofnarr des Theaters, als ich
mein erstes Theaterstück *Der König in der Kiste* geschrieben hatte und es vom ZDF aufgezeichnet wurde. Und
mein Stellenwert steigerte sich noch mehr, als auch mein
zweites Stück *Kikerikiste* im Fernsehen lief, sogar unter der
Regie des damals sehr bekannten Pantomimen Sammy
Molcho. Viele Schauspieler an Provinztheatern träumen
davon, eine Rolle in einem Fernsehfilm angeboten zu
bekommen. Auch wenn sie das meistens verneinen und
behaupten, ihre Welt sei die Bühne. Und nun sahen sie in
mir den Mann, mit dem man sich gutstellen musste, weil
er sie ins Fernsehen bringen konnte.

Meine Mutter übte jetzt immer am Nachmittag nach der
Morgenschule oder vor dem Nachmittagsunterricht mit
mir die Rechtschreibung und diktierte mir Texte, wobei
sie sich bemühte, die Wörter hochdeutsch auszusprechen.

Daneben schrieb sie eine Liste »gefährlicher« Wörter

aus dem *Sprach-Brockhaus* ab und legte sie mir vor. Ich sollte jedes dieser Wörter dreimal auf einen Briefblock schreiben, um sie mir einzuprägen:

Taschentuch, Diebstahl, Berg und Tal, Dotter, Dampflok, Taufe, Auftrag, Wetterhahn, Paddelboot, Rostlaube, Traktor, Schalter, Thema, deutlich, Trampolin, Nadelkissen ...

Beim Wort »Paddelboot« musste ich gleich an unseren Kahn in Obertheres denken. Wo er wohl gelandet war? Ob jetzt vielleicht andere Kinder mit ihm pattelten oder paddelten?

Meine Mutter kam herein und blickte mir über die Schulter: »Paul, du hast ja noch nicht mal die Hälfte der Wörter geschrieben! Träumst du schon wieder?«

Ist doch klar, dass man ins Träumen kommt, wenn man Wörter dreimal nebeneinander auf ein Blatt Papier schreiben soll.

Träumen ist, wie wenn man ein Bonbon lutscht: Man liest, man schreibt, man spielt und hat dabei ständig diesen angenehm süßen Geschmack im Mund, ohne dass man daran denkt. Erst wenn das Bonbon beim Spielen aus dem Mund gerutscht ist und nun staubig auf dem Boden liegt, merkt man, dass man es die ganze Zeit geschmeckt hat. Genauso ist es, wenn man beim Träumen plötzlich angesprochen wird: Erst da begreift man, dass man die ganze Zeit an etwas anderes gedacht hatte.

»Ich mach ja schon weiter!«, sagte ich, und schrieb dreimal ›Rostlaube‹. Was immer das auch sein mochte.

In meiner freien Zeit schickte ich oft Briefe nach Ober-theres. Ich weiß noch, dass damals die meisten der Briefe an Lud adressiert waren, erinnerte mich aber nach so vie-len Jahren nicht mehr an deren Inhalt. Ich nahm an, dass ich mich bei ihm beklagt und meine Schweinfurter Tris-tesse geschildert hatte.

Als ich mit Lud dessen 80. Geburtstag feierte und wir von unserer Kinderfreundschaft sprachen, gestand er mir, dass er alle Briefe aufbewahrt hatte, die ich ihm aus Schweinfurt geschrieben hatte. Er zeigte sie mir, und ich war tief enttäuscht. Zum einen wunderte ich mich, wie kindlich ich damals noch dachte, zum andern staunte ich über deren Sachlichkeit und Lakonik. Ein typischer Brief las sich so:

Coyote an Feuerreiter! Das waren die Phantasienamen, die wir uns gegeben hatten. Ich war Coyote, der Indianer, er nannte sich Feuerreiter, aber bestimmt nicht nach der Ballade von Eduard Mörike, sondern nach einem Helden aus einem Wildwestheftchen.

Ich habe den Enkel der Könige *ausgelesen. Er war sehr schön. Wie viele Wurzelputzbilder willst du für ein Sanella-Bild? Schreibe mir bitte bald, welche Nummern du noch brauchst. Ich habe Sanella-Bild Nr. 1, 4, 8, 15, 17, 18, 30, 33, 35, 45, 53, 75, 95. Ich schicke dir zwei Zeitungsausschnitte über Benito Juarez, die ich ausgeschnitten habe. Schreibe mir recht bald wieder. Dein Paul*

DIE ANGST, BIS ZULETZT ÜBRIGZUBLEIBEN

Am Ende des Schuljahrs bestand ich die Aufnahmeprüfung und war jetzt ein höherer Schüler.

Ich musste mich daran gewöhnen, dass wir nun nicht mehr ein Fräulein oder einen Lehrer hatten, sondern Frau Nowack in Englisch, Herrn Böhm in Deutsch und Mathe, und Herrn Singer, der Wert darauf legte, mit »Herr Professor« angesprochen zu werden, in Geschichte und Erdkunde.

Und leider hatten wir auch Sport, und zwar bei Herrn Fischer. Er kam nicht im Trainingsanzug in die Turnhalle wie Herr Senjalis, der die Parallelklasse in Sport hatte, sondern in kurzen Turnhosen und einem kurzärmligen Sportdress, damit man seine Muskelpakete sehen konnte. Er hatte eine V-förmige Figur, oben breit, unten schmal. Seine Schultern standen so weit auseinander, dass sein Kopf dazwischen klein wirkte. Natürlich turnte er alle Übungen selbst vor.

Er fühlte sich ziemlich fortschrittlich, weil er es wagte, Wörter auszusprechen, die sonst in der Schule verpönt waren. Einmal war ich zu spät dran und entschuldigte mich bei ihm.

»Maar«, sagte er ziemlich laut, damit es die anderen

auch hörten. »Maar, nimm die Hände vom Arsch, wenn du mit mir sprichst!«

Das »r« von »Arsch« rollte er, dass es wie »Arrrsch« klang. Die anderen aus der Klasse konnten sich kaum halten vor Lachen. Sie lachten nicht über mich. Sie lachten, weil sie es toll fanden, dass Herr Fischer Arsch gesagt hatte.

Neuerdings spielten wir nach dem Geräteturnen Völkerball. Die Klasse bildete zwei Mannschaften. Jede Mannschaft musste versuchen, von ihrer Hälfte aus ein Mitglied der gegnerischen Mannschaft mit dem großen, schweren Medizinball abzuschießen. Wurde man vom Ball getroffen, konnte ihn nicht fangen und ließ ihn zu Boden fallen, war man »aus«. Meistens warfen sie einem den Ball gegen die Beine, damit man ihn schwer zu fassen kriegte. Es tat höllisch weh, wenn man den dicken Ball aus nächster Nähe gegen den Oberschenkel geschmettert bekam. Am Schluss blieben nur die zwei, drei Flinksten und Stärksten der beiden Mannschaften übrig und bekämpften sich erbittert.

Die anderen Schüler hatten schon nach ein paar Spielen gemerkt, dass ich mich vor dem Ball fürchtete. Ich versuchte immer, ihm auszuweichen, statt ihn zu fangen und zurückzuschleudern.

Gebhard und Adelfinger waren die beiden Mannschaftskapitäne. Vor Beginn des Spiels durften sie sich aus den übrigen Schülern ihre Mannschaft wählen. Sie standen in der Mitte der Turnhalle und riefen abwechselnd die Namen der Schüler, die sie in ihrer Mannschaft haben wollten. Der Rest der Klasse stand ihnen gegenüber vor der Sprossenwand. Der Schüler, der aufgerufen wurde, rannte zum Mannschaftskapitän und stellte sich neben ihn. Zuerst wurden natürlich die Völkerballstars gewählt, Blümlein oder Karnowsky. Blümlein hatte eine Eins in Sport und war besonders flink. Karnowsky war nicht besonders gut beim Turnen, dazu war er zu schwer. Aber beim Völkerball war er gefragt, weil er eine ungeheure Wucht in seinen Wurf legen konnte. Seine Bälle waren nicht zu fangen, denen musste man ausweichen.

Die beiden gingen sichtlich stolz zur Mitte. Dann kamen die anderen Guten: Bayerlein, Homolka, Schröder und Schlereth. Vielleicht auch noch Voll und Lammerer.

Nach den Guten kamen die Mittelmäßigen, zum Schluss die Schlechten.

Jetzt hatte sich die Verteilung im Raum geändert. Die Masse der Schüler stand in der Raummitte, an der Wand standen nur noch vier Schüler: Heidenreich, Meisner, Zeininger und ich. Die Mannschaftskapitäne wählten sichtlich lustlos. Was jetzt noch kam, war keine Verstärkung der Mannschaft, war nur noch Ballast. Ich kniete mich hin und tat so, als ob ich meine Turnschuhe zuschnürte. Ich konnte es nicht ertragen, dass sie mich anstarrten und die Scham auf meinem Gesicht ablasen. Die Angst, bis zuletzt übrig zu bleiben.

»Zeininger«, schrie Gebhard.

»Meisner!«, schrie Adelfinger.

Die beiden rannten zur Mitte.

»Dann nehmt ihr den kleinen Heidenreich und wir nehmen den Maar«, schlug Adelfinger vor, nahm den Medizinball unter den Arm, und setzte sich mit seiner Mannschaft in Bewegung. Ich ging mit gesenktem Kopf hinterher.

Das Spiel lief keine fünf Minuten, da wurde ich schon abgeschossen. Eine Weile stand ich am Spielfeldrand und warf den Ball meiner Mannschaft zu, wenn er ins Aus gegangen war. Als schon so viele draußen standen, dass nicht mehr auffiel, wenn einer fehlte, ging ich zu den Toiletten und schloss mich ein. Da blieb ich sitzen, bis die Schulklingel anzeigte, dass die Sportstunde zu Ende war.

EINER SOLL ES MACHEN, NUR FÜR UNS

Unser Schlafzimmer in Bamberg hat fünf Fenster, vier gehen nach Westen, eines zeigt nach Osten. Das Ostfenster hat Nele vor zehn Jahren durch die Außenmauer brechen lassen, damit wir morgens beim Aufwachen von der Sonne beschienen werden.

Wir haben das Zimmer unterteilt und nach den ersten zwei Fenstern eine hölzerne Trennwand eingebaut, die bis zur Mitte des Zimmers reicht. Die Rückseite dieser Wand bildet ein großes Plakat, das Pastell eines Malers, dessen Technik ich bewundere, Jean-Etienne Liotard. Es zeigt seine Ehefrau Marie Fargues. Ihr linker Arm ist verzeichnet, er ist eindeutig zu lang. Aber wie sagte schon Liebermann, als man Cézanne vorwarf, der Arm des jungen Mannes auf einem seiner Bilder sei viel zu lang? »Der Arm ist so gut gemalt, der kann gar nicht lang genug sein!«

In unserem Flur hängt eine Reproduktion des Liotard'schen Schokoladenmädchens. Inzwischen ist dieses Bild so allgegenwärtig und in allen möglichen Formaten reproduziert, dass es für mich seine Aura verloren hat. Ich werde es abhängen.

Im Gegensatz zur Musik, etwa einer Schubert'schen Klaviersonate, die man immer wieder wie neu hören kann, nutzt sich das Seherlebnis ab. Dürers großartige Federzeichnung zweier Hände auf blauem Grund mit sparsamen weißen Höhungen, einer Vorstudie für die Hände eines Apostels auf dem Heller-Altar, wurde im 19. Jahrhundert als *Betende Hände* vermarktet. Dem heutigen Betrachter kommt deren Reproduktion fast kitschig vor, weil sie postkartengroß in so vielen bürgerlichen Wohnungsfluren neben der Garderobe oder über dem Schlüsselbrett hängt.

Auf der anderen Seite der Trennwand steht links und rechts ein Bücherregal und dazwischen ein kleiner Tisch, Neles Schreibtisch. Da sitzt sie neuerdings jeden Morgen nach dem Frühstück und schreibt ihre nicht erklärbaren Texte. Immer ein Satz pro Zeile, nie mehr als fünf oder sechs Zeilen. Dann legt sie das Blatt beiseite.

Es macht ihr Schwierigkeiten, Dinge, die sie denkt, in Worte zu fassen. Meistens spricht sie nur noch in Drei-Wort-Sätzen, obwohl ich ihr ansehe, dass sie eigentlich viel mehr weiß und sagen möchte. Mehr gibt ihr Sprachzentrum nicht mehr her. Das Schreiben sucht sich wohl einen anderen Kanal nach draußen. Da formuliert sie sogar Nebensätze. Sie schreibt:

Einer soll es machen, nur für uns.
Einer soll kommen, weil die anderen keinen Säbel haben.
Einer soll kommen, soll die Blüten gern immer noch tragen.
Einer soll kommen nur für uns.
Einer soll es machen, nur für uns.
Einer soll her, der die Identität fassen kann.

Vor ihrer Alzheimer-Erkrankung, fast möchte ich sagen: in ihrem früheren Leben, habe ich sie nie das Wort »Säbel« sagen hören, das sie jetzt aus geheimen Kammern ihres Gedächtnisses hervorkramte.

Heute Morgen stand sie in der ersten Morgendämmerung, es mag fünf Uhr gewesen sein, angezogen, mit Wintermantel und in Stiefeln neben unserem Bett. Ich hatte im Halbschlaf gehört, dass sie aufgestanden war, und hatte angenommen, sie sei zur Toilette gegangen.

Sie sagte »Tschüss. Muss los ins Theater. Zur Probe.«

Im ersten Stadium ihrer Krankheit, als ich noch nicht damit zurecht kam, hätte ich sie gefragt, in welches Theater sie denn gehen wolle und was sie dort vorhabe, und sie wäre verlegen und traurig geworden, weil sie es mir nicht erklären konnte.

Wahrscheinlich hätte ich ihr sogar begreiflich machen wollen, dass zwar ihre Eltern Schauspieler waren, sie aber nie auf einer Bühne gestanden hatte. Ich fühlte mich als Vertreter der Realität, als Schutzherr der Wahrheit.

Bis sie mir durch eine Bemerkung meine Rolle als besserwissender Pedant und Rechthaber vor Augen führte. Als ich ihr wieder einmal klar machen wollte, dass wir keineswegs an diesem Tag mit dem Flugzeug in den Urlaub fliegen wollten, sagte sie leise: »Du willst mich immer verbessern«.

Ich war bestürzt und den Tränen nah. Ich wusste, was sie eigentlich ausdrücken wollte: Du bestehst immer darauf, dass du recht hast und ich unrecht! Und ich begriff, dass es nicht nur meine Wahrheit gab, sondern auch ihre.

Wenn ich die liebevolle Verbindung zwischen uns beibehalten wollte, musste ich mich auf ihre Wahrheit einlassen, auch wenn ich dabei zwangsläufig log.

Eine von ihr oft geäußerte Idee, meist beim Aufwachen formuliert, im Traum geboren, war die Überzeugung, dass wir noch am selben Tag in den Urlaub fahren oder fliegen würden. Manchmal weckte sie mich morgens um sechs, damit wir das Flugzeug rechtzeitig erreichten.

Nun versuche ich ihr nicht klar zu machen, dass keine Urlaubspläne für diesen Tag bestehen, jetzt sage ich: »Der Flug ist verschoben worden. Wir fliegen erst um vierzehn Uhr. Du kannst noch ein bisschen schlafen.« Worauf sie meine Hand fasst und weiterschläft. Den angeblichen Termin um vierzehn Uhr hat sie beim Aufwachen vergessen.

Vor einem Jahr, als sie noch ganze Sätze formulieren konnte, sagte sie: »Wenn ich deine Hand halte, fühle ich mich sicher.« Seitdem schlafen wir Hand in Hand ein. Dabei gewinnt nicht nur sie, auch mir gibt es viel. Wenn nach einem Abend am Schreibtisch meine Gedanken immer noch um den Text kreisen, legt sich meine Anspannung, sobald ich ihre Hand ergreife. Eine innere Ruhe erfasst mich, und ich schlafe neben ihr ein.

Von anderen Alzheimer-Patienten erzählt man mir, dass sie aggressiv werden, sich verändern und mit ihrem Gedächtnisverlust hadern. Nele behält ihre angeborene sanfte Heiterkeit, lacht kopfschüttelnd und findet es witzig, dass sie trotz heftigen Nachdenkens etwa den Namen ihrer Enkelin einfach nicht mehr weiß.

Sie hat ihr Gespür für Sprachspielereien und Wortwitz

bewahrt, ich kann sie beim Frühstück durch einen Ka-
lauer zu einem minutenlangen Lachsturm hinreißen.

Jetzt, an diesem Morgen, sagte ich schlaftrunken: »Es sind
doch Theaterferien. Wenn du jetzt hingehst, stehst du vor
dem Theater und alle Türen sind abgeschlossen. Leg dich
lieber noch mal ins Bett!«
Das tat sie dann.
Nach dem Frühstück schrieb sie:

*Hilfe – Ich muss einen neuen Ruf für meine stehengebliebe-
nen Automaten finden.*
*Für eine Zimmertür braucht man einen Schlüssel, sonst
kann man den Schlüssel nicht benennen.*
Jedes Ding seine Berufung.
Der Teppich hat eine Berufung für halten und liegen.

Vorige Woche stand sie angezogen neben unserem Bett
und weckte mich, um sich zu verabschieden: »Ich fahre
jetzt in die Schule!«
Seit der Alzheimerdiagnose vor vier Jahren ist sie nicht
mehr Auto gefahren. Ich war alarmiert und musste schnell
handeln. Wenn sie nach draußen zur Garage gegangen
wäre, hätte ich ihr im Pyjama nachlaufen müssen. Keine
schöne Vorstellung. Ich sagte: »Vor der Schule solltest du
dir vielleicht noch die Haare kämmen.« Das sah sie ein
und ging ins Bad. Ich nutzte die Gelegenheit, rannte mit
leisen Schritten in den Flur, nahm den Autoschlüssel vom
Haken und legte mich wieder ins Bett, den Schlüssel in
der geschlossenen Faust.

»Der Schlüssel ist weg!«, meldete sie mir kurz darauf.

»Vielleicht hat ihn Katja mitgenommen?« Katja ist unsere Tochter.

Sie kommt fünf Tage in der Woche zu uns und kümmert sich liebevoll um ihre Mutter. Wenn Katja das Abendessen zubereitet hat, manchmal zusammen mit mir, geht sie zurück in ihre eigene Wohnung. Montags und donnerstags übernimmt Frau Gerner den Dienst.

»Katja mitgenommen!«, wiederholte Nele und legte sich wieder zu mir ins Bett. Ich ahnte, weshalb sie in die Schule fahren wollte und wagte es zu fragen: »Wie alt bist du eigentlich?«

»Achtzehn«, sagte sie, schon im Einschlafen.

Es ist absurd: Sie liegt neben mir, und ich bin sicher, dass sie in die Schule fahren will, um mich, den achtzehnjährigen Mitschüler, dort zu treffen.

Ich ging in Schweinfurt ins Humboldt-Gymnasium, einer naturwissenschaftlich ausgerichteten Schule. Lange Zeit eine reine Jungenschule, wurde sie Mitte der fünfziger Jahre auch für Mädchen geöffnet. Die unteren Klassen waren gemischt, die Oberstufe war eine reine Jungendomäne.

Zu Beginn des Abiturjahrgangs begann der erste Unterricht mit einer Sensation. Zu achtzehn jungen Männern kam eine junge Frau in die Klasse: Nele.

Sie war als Externe in einer Internatsschule unterrichtet worden, die den Ruf hatte, der letzte Zufluchtsort für Töchter und Söhne reicher Eltern zu sein, die es auf der normalen Schule nicht geschafft hatten. Die Abiturprüfung durften sie aber nicht im Internat ablegen. Das konnten sie nur an einer staatlichen Schule, nämlich an unserem Humboldt-Gymnasium. Und da oft zwei Drittel der Internatsschüler die Prüfung nicht bestanden, der Unterricht im Internat schien nicht auf höchstem Niveau abzulaufen, hatte Nele den Entschluss gefasst, das letzte Jahr an unserer Schule zu verbringen, um auf den selben Wissensstand zu kommen wie wir.

Von Anfang an umgab sie der Nimbus des Besonderen, Exotischen, fast von etwas Verruchtem. Es fing schon damit an, dass sie nicht zu Fuß oder mit dem Fahrrad zur Schule kam wie wir alle. Sie hatte einen Motorradführerschein und fuhr mit einem dreirädrigen, flammend roten Messerschmitt-Kabinenroller vor. Sie hätte sonst auch stundenlang mit dem Rad fahren müssen, denn sie wohnte nicht in Schweinfurt, sondern im Schloss Stöckach, einem barocken Herrenhaus, dem Sitz des »Fränkischen Theaters«. Dessen Ensemble trat regelmäßig in Schweinfurt in der Stadthalle auf.

Um dieses Schloss und seine Bewohner rankten sich die abenteuerlichsten Gerüchte und Vermutungen. Es beherbergte eine Schauspielerkommune. Angeblich schlief dort jede mit jedem. Neles Eltern teilten sich die Intendanz des Theaters, obwohl sie schon seit Jahren geschieden waren, ihr Vater sogar mehrfach. Sie lebten nun mit ihren jeweils neuen Partnern friedlich unter einem Dach. Der neue Mann von Neles Mutter war zehn Jahre jünger als sie. Das konnten die Schweinfurter Bürger nicht fassen und waren sich einig: Der hatte die ältere Frau nur geheiratet, um an ihre hübsche Tochter Nele ranzukommen.

Nele trat viel selbstbewusster auf als wir, die wir doch

recht angepasst waren und unseren Lehrern mit großem, nicht immer angebrachtem Respekt begegneten. Wenn in der Deutschstunde ein Klassiker behandelt wurde, folgte der Lehrer meist den Interpretationsvorschlägen aus dem Lehrerhandbuch. Die ließ Nele nicht immer gelten, denn am Theater ihrer Eltern waren viele dieser Stücke aufgeführt worden. Wenn der Regisseur etwa in Schillers *Kabale und Liebe* nicht die Liebesgeschichte der Musikertochter Luise Miller und dem Adelssohn Ferdinand von Walter in den Fokus gerückt hatte, sondern die Willkür der Herrschenden und deren koloniale Eroberungspläne, dann widersprach sie dem Deutschlehrer. Zu unserer Verblüffung ließ er sich auf Neles Einwände ein und fand sie sogar interessant.

Von meinem Platz hinter ihr bewunderte ich meine neue Mitschülerin still, sprach eher Belangloses mit ihr, hatte aber schon wahrgenommen, dass sie sehr aufmerksam zuhörte, sich umdrehte und mir zustimmend zunickte, wenn ich wieder mal einen meiner Aufsätze der Klasse vorlesen sollte.

Dann gab es eine Verlosung, die mein Leben veränderte.

Nach dem Zwischenzeugnis organisierten wir eine Party im Nebensaal eines Ausflugslokals. Ich bin mir nicht sicher, ob wir damals schon von Partys sprachen, wahrscheinlich nannten wir es eine Klassenfeier mit Tanz. Viele von uns hatten schon eine feste Freundin. Es gab aber immerhin sieben aus unserer Klasse, die Nele gerne als Party- und Tanzpartnerin eingeladen hätten.

Ich war eigentlich mit einer jungen Frau namens Hansi befreundet. Aber sie war ein paarmal zu oft mit dem schönen Bruder von Hans-Gert, unserem Klassensprecher, ausgegangen. Wir waren seither verkracht und sprachen nicht mehr miteinander.

Deshalb meldete auch ich meinen Wunsch an, Nele einzuladen.

Unser Klassensprecher entschied demokratisch: Jeder, der Nele fragen wollte, ob sie mit ihm zur Party ginge, sollte seinen Namen auf einen Zettel schreiben. Der Zettel wurde zusammengerollt und in die Mütze des Klassensprechers geworfen. Das geschah natürlich nicht in Neles Anwesenheit, sondern vor Unterrichtsbeginn, als Nele mal wieder zu spät kam. Der Klassensprecher zog einen Zettel heraus, entrollte ihn und las den Namen vor: Paul!

Zu meiner Freude (und fast meiner Verblüffung) sagte Nele gleich zu, als ich sie einlud.

Sie fuhr nicht mit den anderen im gemieteten Bus, sondern im Kabinenroller. Ich durfte das erste Mal hinter ihr auf dem schmalen Beifahrersitz Platz nehmen und mich während der Fahrt ordentlich stauchen lassen, denn die Stoßdämpfer des Rollers waren in einem miserablen Zustand.

Auf der Party ergab sich eine verworrene Situation. Hansi hatte aus irgendwelchen Quellen erfahren, dass ich meine Mitschülerin eingeladen hatte. Sie schaffte es, meinen Freund Michel zu überreden, mit ihr auf die Feier zu gehen.

Das war nicht schwierig, denn er hatte kein Geheimnis daraus gemacht, dass er an Hansi interessiert war.

Kaum begannen die von uns engagierten vier Musiker mit dem ersten Stück, schnappte mich Hansi, zog mich mit und begann, Wange an Wange mit mir zu tanzen.

Nicht ohne einen Blick zu Nele hinüber, die inzwischen von Michel aufgefordert worden war. Ich war in einem Gefühlswirrwarr. Einerseits tat es mir und meinem Selbstgefühl gut, dass sich Hansi so deutlich zu mir bekannte und demonstrierte, dass ihr viel an mir lag. Andererseits gab es ja noch Nele. Nach einem zweiten Tanz mit Hansi musste ich feststellen, dass Nele nicht mehr im Saal war. Ich machte mich auf die Suche, fand sie allein im Dunkeln auf der Terrasse stehen und entschuldigte mich für mein erbärmliches Verhalten. Sie ließ sich versöhnen und schlug vor, dass wir gemeinsam die Feier verlassen und in ihrem Roller zurückfahren sollten. Vor unserer Hoftür blieben wir noch eine Weile sitzen. Sie schaltete Motor und Licht ab und ließ zu, dass ich von hinten die Arme um sie legte. Es war ein wohliges Gefühl und erinnerte mich einen Moment lang an Oma Kuni. Wenn wir zum Langen Feld unterwegs waren, durfte ich auf dem Gepäckträger ihres Fahrrads mitfahren und dabei die Arme um sie schlingen.

Nele wandte den Kopf nach hinten, und wir küssten uns zum ersten Mal.

Ab da empfanden wir uns als Paar, und sie lud mich ein, sie am Wochenende im Schloss zu besuchen.

Bei diesem Besuch eröffnete sich mir eine andere Welt, fern von meinem bürgerlichen Zuhause. Ich lernte ihre Eltern kennen, auch die Schauspielerinnen und Schauspieler, den Regisseur des neuen Stückes, den Bühnenbildner. Man saß beim Nachmittagstee und unterhielt sich über Bühnenstücke, sprach von Malern, die ich nicht kannte, und von Büchern, die ich nicht gelesen hatte. Und mir wurde klar: Das ist meine Welt! Da will ich hin!

Ich hatte mir schon während der Schulzeit einen gewissen Ruf als Maler und Graphiker erworben. Mir stand eine Karriere als Provinzmaler bevor, geschätzt von der Schweinfurter feinen Gesellschaft, der die Fassaden ihrer Häuser mit einem in den Putz gekratzten Sgrafitto schmücken und alle paar Jahre eine Ausstellung seiner Bilder an den Wänden der Volkshochschule zeigen durfte.

Nun spürte ich, dass ich viel mehr wollen durfte: Schreiben. Auf eine Kunstakademie gehen. Studieren.

Neles Vater gab mir den Auftrag, das Bühnenbild und die Kostüme zu einem Kindertheaterstück zu gestalten, zum recht konventionellen *Hampelmann und Hampelfrau*. Es wurde mit Wohlwollen aufgenommen. Bald entwarf ich Bühnenbild und Kostüme zu Hauptmanns *Biberpelz*, wobei ich mir fürs Kostüm des Fischers und Hehlers Wulkow die dicke, abgetragene Lederjacke von Opa Schorsch auslieh. Das nächste Bühnenbild entstand zu *Ball der Diebe* von Jean Anouilh. Die Bühnenschneiderin stöhnte auf, als ich ihr die farbigen Entwürfe für die prächtigen Roben und Hüte der feinen Damen vorlegte.

Es sollte allerdings noch ein paar Jahre dauern, bis ich mein erstes Theaterstück schrieb.

* * *

Zum Abendessen hatte uns Katja einen Thunfischsalat zubereitet, den Nele so gerne aß, und verabschiedete sich dann. Nach dem Essen stand Nele mit einem »Ich gehe jetzt ins Bett« vom Tisch auf.

»Bitte nicht!«, sagte ich. »Es ist erst sechs Uhr abends.

Du schläfst zehn Stunden und bist morgen früh um vier Uhr hellwach. Dann weckst du mich auf, und ich bin den ganzen Tag unausgeschlafen.«

»Was soll ich machen?«, fragte sie. »Wenn du doch schreibst!«

Ich suchte für sie einen Film bei *Netflix* aus, eine Tierdokumentation. Jungen Tieren sieht sie besonders gerne zu. Auch kleinen Kindern. Wenn Nele mir zum Beispiel in einem Straßencafé gegenübersitzt und sie unvermittelt zu lächeln beginnt, weiß ich, dass ihr Lächeln nicht mir gilt. Ich muss nur den Kopf wenden und ihrem Blick folgen, und weiß schon vorher: Da sitzt, steht oder spielt gerade ein zweijähriges Kind.

Nele hielt es nicht lange beim Tierfilm aus, kam zu mir ins Arbeitszimmer, stand eine Weile stumm neben dem Schreibtisch und schaute mir beim Schreiben zu. Das konnte nicht so weitergehen.

»Ich komm mit, und wir sehen uns gemeinsam deinen Film weiter an!«, schlug ich vor. Es war genau, was sie sich gewünscht hatte. Sie nahm meine Hand, zog mich hoch, führte mich zum Sofa, setzte sich und rückte zur Seite, um mir Platz zu machen. Nun schaute ich auch zu, wie sich die Bonobos mit langen Grashalmen Termiten aus deren Bau angelten, um sie genüsslich zu verspeisen.

Nach einer Weile kuschelte sich Nele an mich, wie sich ein kleines Mädchen an den Vater schmiegt, wenn sie etwas von ihm möchte, und fragte: »Wann erlaubst du mir, dass ich ins Bett darf?«

Ihre Bitte führte mir wieder vor Augen, wie es um uns stand. Sie war in unserer Ehe eher die Dominante gewesen war, voller Selbstvertrauen, immer aktiv und in ihrem Beruf als Psychotherapeutin engagiert. Ich hatte sie an der Stanford University besucht, wo sie bei Watzlawick einen Kurs belegt hatte, wir waren durch den amerikanischen Westen gefahren, hatten in Las Vegas beim Glücksspiel etliche Dollar verloren und in Key West das Haus besucht, in dem Ernest Hemingway gelebt hatte. Dabei mussten wir uns einen Weg durch zwei Dutzend polydaktyler Katzen bahnen, alles Nachfahren von Hemingways Katze, die sechs Zehen gehabt hatte.

Nele hatte Fachbücher für Erwachsene geschrieben und ein Kinderbuch, das mit dem Deutschen Jugendliteraturpreis ausgezeichnet worden war. Und nun fragt sie vorsichtig bei mir an, ob sie ins Bett gehen dürfe!

Am nächsten Morgen stand sie dann doch um fünf Uhr auf, ließ mich allerdings weiterschlafen, setzte sich im Schlafzimmer an ihren Schreibtisch, knipste die Lampe an, und schrieb.

Nach dem Aufstehen schaute ich mir an, was sie geschrieben hatte. Da standen diesmal nur drei Sätze:

Ich hatte die Lust, etwas Neues zu machen, aber ich wusste nichts.
Du kannst die Regeln nicht erreichen, sonst wären die Regeln einfach.
Die Linien, die wir aussuchen, sind sämtlich unerträglich.

* * *

Heute Morgen fand ich wieder eine rätselhafte Notiz auf Neles Schreibtisch. Sie musste in der Nacht aufgestanden sein und sie niedergeschrieben haben, während ich tief schlief:

> *Ich schreibe inagutiv einerseits, ignatio andererseits*
> *oder ich schreibe von allein.*
> *Meine Adresse heißt Nele Maria Maar. Einer meiner*
> *Vornamen gilt.*
> *Er dient der Adresse nicht, er gibt der Vergangenheit*
> *die Gegenwart, so geht das!*

* * *

Ich war auf dem Heimweg von Bonn. Ich hatte dort mit den beiden Musikern unseres »Schiefen Märchen Trios« einen Auftritt gehabt. Nun fuhren wir zurück nach Bamberg. Vom Auto aus rief ich an, um unsere Ankunft in zwei Stunden anzukündigen. Meine Tochter Katja meldete sich am Telefon. Als die Ankunftsfrage geklärt war, bat ich sie, den Hörer an Nele weiterzureichen. Ich hatte mein Mobiltelefon auf »laut« gestellt, um trotz der Fahrtgeräusche die beiden Sprecherinnen zu verstehen.

Nele fragte: »Ja?«

Ich sagte: »Ich bin es, mein Schatz!«

»Wer?«, fragte sie.

»Ich, Paul! Erkennst du mich nicht an der Stimme?«

Sie sagte: »Ja.«

»Freust du dich, dass ich bald komme?«

»Ja.«

»Was habt ihr heute unternommen, als ich weg war?«

»Unternommen«, antwortete sie und beendete abrupt das Gespräch, ohne den Hörer an Katja weiterzureichen.

»Tschüss«, sagte ich noch. Aber das hörte sie schon nicht mehr.

Wolfgang, der hinter mir saß, legte mir beide Hände tröstend auf die Schultern.

Konrad, am Steuer neben mir, behauptete: »Sie hat gesagt, dass sie sich freut.«

Ich schüttelte den Kopf. Es war eine freundlich gemeinte Lüge.

»Warum muss ausgerechnet Nele diese unselige, beschissene Krankheit bekommen!«, rief ich.

»Wär's dir lieber, du hättest sie gekriegt?«, fragte Konrad. »Mit wem hätten wir dann auf Tour gehen sollen?«

Nele schlief schon, als ich zu Hause ankam. Ich zog mich aus, ohne das Licht anzuknipsen, um sie nicht zu wecken. Als ich mich ins Bett legte, griff sie im Halbschlaf nach meiner Hand, drückte sie und ließ sie nicht mehr los.

Am Morgen fand ich auf ihrem Schreibtisch einen Zettel, den sie beschrieben haben musste, während ich weg war:

die Bestimmer
bestimmen mich
dauernd alles grau
grautblau. Amen

* * *

Nachdem sie schon seit einigen Wochen keine ihrer Morgenbotschaften geschrieben hatte, versuchte ich heute, sie zum Schreiben zu animieren. Ich steckte ein weißes Blatt an einem Klemmbrett fest, so dass sie überall schreiben konnte, spitzte einen Bleistift an und legte das Blatt vor sie hin, als sie am Schreibtisch saß.

Sie warf einen Blick auf das Papier, drehte das Klemmbrett um und warf den Bleistift in den Papierkorb.

Die Botschaft war unmissverständlich: Nele schreibt nicht mehr.

RHÖNSTRÄSSER UND VOGELSCHÜSSER

Die Rhönstraße war in der unmittelbaren Nachkriegszeit verrufen. Da standen keine gemauerten Häuser. An der einen Seite schloss der Friedhof an, vom Gehsteig getrennt durch einen Drahtzaun, auf der anderen Seite standen heruntergekommene Holzbaracken. Die erste dieser Holzhütten, an der Kreuzung Rhönstraße und Deutschhöfer Straße gelegen, beherbergte die Ersatzkirche von Sankt Anton. Die eigentliche »Antonskirche« war einem Bombenangriff zum Opfer gefallen. Von ihr standen nur noch drei Außenmauern. Die meisten Schweinfurter Bürger wagten sich sonntags zum Gottesdienst gerade noch in die Ersatzkirche, aber keinen Schritt weiter in die Straße hinein. In den Baracken wohnten ihrer Ansicht nach nur »Asoziale«. Da waren Flüchtlinge untergebracht, auch ehemalige Zwangsarbeiter des Dritten Reichs, die nicht in ihre Heimatländer zurückwollten oder durften, und sozial schwache Familien.

Ich wohnte mit meinen Eltern im Stadtteil nebenan. Er nannte sich »Im Vogelschuss«. Einmal im Jahr gab es einen großen Umzug mit viel Blasmusik, und anschließend wurde auf einem kleinen Platz neben dem Klingenbrunnen ein Schützenfest abgehalten. Deswegen war ich ein »Vogelschüsser«, wie ich lernte. »Rhönsträsser« und Vogelschüsser konnten sich nicht leiden und bekämpften sich. Wenn die gleiche Anzahl von Vogelschüssern und Rhönsträssern aufeinandertrafen, bekamen fast immer die Vogelschüsser Prügel. Die Rhönsträsser waren stärker. Sie schlugen selten mit der Hand zu. Sie schlugen mit Fahrradketten, Stöcken und Socken, in die sie kleine Steine gefüllt hatten. Harry Adelfinger aus meiner neuen Klasse war von einer Fahrradkette am Hinterkopf getroffen worden und zeigte mir stolz die Narbe. Sein Vater hatte den Rhönsträsser angezeigt. Seitdem hatten sie eine noch größere Wut auf die Vogelschüsser. Harrys Familie hatte bis vor einem Jahr selber in der Rhönstraße gewohnt. Viele Familien, die jetzt im Vogelschuss wohnten, waren ehemalige Rhönsträsser. Sobald sie umgezogen waren, wollten sie von ihren ehemaligen Nachbarn nichts mehr wissen. Sie waren stolz auf ihren kurzgeschnittenen Rasen und nannten die Rhönsträsser »Obdachlose«. Ich hatte eigentlich nichts gegen die Rhönsträsser. Das wilde Gras vor den braun gestrichenen Holzbaracken erinnerte mich an die Wiesen in Obertheres und gefiel mir besser als die zaunlosen Vorgärtchen in unserer Straße, mit dem immer gleichen kleinen Tannenbaum, an den die Hunde pinkelten.

Mein Vater hatte am oberen Ende der Rhönstraße von einem Bauern eine verlassene Scheune gepachtet, wo er seine ersten Maschinen, die Leitern und das Gerüstholz lagern konnte. Neben der Scheune hatte er eine Kalkgrube angelegt, die er sorgfältig bewachte und pflegte. Zuerst wurde der Kalk gelöscht. Das bedeutet, dass die harten Kalkbrocken in einer Kalkpfanne mit Wasser vermischt wurden, zu brodeln begannen, und so lange darin bleiben mussten, bis der »kochende« Kalk still und zu Kalkmilch geworden ist. Damit füllte mein Vater dann die Kalkgrube. Von Zeit zu Zeit musste der Schlämmkalk umgerührt werden. Wenn er zu dick wurde, wässerte mein Vater nach. Damals arbeitete man vorzugsweise mit Kalk, später wurde er durch den schneller herzustellenden Zement ersetzt.

Morgens nach dem Frühstück ging mein Vater durch die Rhönstraße zu seinem Grundstück, entrindete dort Fichtenstangen, die er für den Gerüstbau brauchte, oder schrieb auf Gerüstbohlen mit wetterfester Intertol-Farbe »E. Maar«, um sie vor Diebstahl zu schützen. Manchmal kam er erst zum Abendessen nach Hause. Dann beauftragte mich meine Mutter, ihm in einem Henkeltopf das Mittagessen vorbeizubringen.

Die Rhönsträsser hatten schnell herausgefunden, dass ich ein »Vogelschisser« war, wie sie es nannten. Ich wusste damals noch nichts von Vogelschüssern und Rhönsträssern.

Auf dem Heimweg von der Scheune meines Vaters ging ich eine Weile neben einem Mädchen her, das einen hohen, blauen Kinderwagen schob. Ich betrachtete ihre Augen, weil sie die so komisch angemalt hatte.

Sie blieb stehen und fragte: »Was guckst'n so?«

Ich tat so, als hätte ich es nicht gehört, und ging weiter.

Sie kam hinter mir her, und als sie wieder auf gleicher Höhe war, fragte sie noch einmal: »Warum hast'n mich so angeguckt?«

»Wegen der Augen«, sagte ich.

»Augen?«, fragte sie. »Was soll mit denen sein?«

»Angemalt«, sagte ich.

Sie lachte. »Das ist Lidschatten. Hab ich von meiner Schwester. Ich hab schon Braun und Blau ausprobiert. Ich finde, Silber steht mir am besten. Find'st du auch, dass mir Silber steht?«

Ich nickte.

Vor uns kam ein Junge aus einer der Baracken und musterte uns. Als wir an ihm vorbeigehen wollten, hielt er mich am Arm fest. »He, nicht so eilig!«

»Was soll'n das?«, fragte ich, und versuchte, meinen Arm aus seinem Griff zu befreien. Das Mädchen war stehen geblieben und schaute interessiert zu.

»Der feine Vogelschüsser kann's nicht erwarten, schnell durch die Rhönstraße zu kommen. Er darf sich ja nicht dreckig machen.«

»Du spinnst wohl!«, rief ich wütend und riss meinen Arm los. Feiner Herr nannte der mich! Nur weil ich die neuen langen Hosen anhatte, die mir meine Mutter für die Schule gekauft hatte. Damals war es nicht üblich, dass Jungen lange Hosen trugen. Selbst im Winter nicht. Da hatte man lange Wollstrümpfe an, die von einem Straps gehalten wurden. Der hing an einem Leibchen, das man über der Unterhose zuknöpfte.

»Nimm das zurück!«, drohte ich und packte jetzt ihn am Arm.

»Du bist doch ein Vogelschüsser?«, fragte er, richtig erstaunt über meine Wut. Dabei schlug er mir mit der Kante der freien Hand fast beiläufig auf das Gelenk der Hand,

mit der ich seinen Arm hielt. Mit einem Schmerzens-
schrei ließ ich los.

»Oder nicht?«, fragte er.

Das Mädchen, das den Kinderwagen neben uns abgestellt hatte, schien den Jungen zu kennen. »Komm, lass ihn
gehen, Manni!«, sagte sie. Und zu mir: »Los, mach, dass
du wegkommst. Sonst wird's für dich eng!«

Er ließ mich wirklich gehen, rief mir aber nach: »Lass
dich hier nicht mehr blicken!«

Anfang November kamen die ersten Nachtfröste. Eines
Morgens war alles weiß vom Raureif. Der Nebel hatte
sich wie grauweiße Watte über den Schulhof gelegt. Die
Bäume auf der anderen Straßenseite versuchten mit wenig
Erfolg, mit ihren spitzen, kahlen Ästen den Watteschleier
zu durchstechen.

An diesem trüben Tag musste ich zum ersten Mal nachsitzen und geriet zum zweiten Mal mit dem Rhönsträsser
aneinander.

Nachsitzen musste ich, weil ich mein Matheheft vergessen hatte. Ich meldete es dem Böhm, unserem Mathe-
lehrer, aber er sagte: »Den Trick kennen wir: die Hausaufgaben nicht gemacht und dann behauptet, man hätte
das Heft vergessen!«

Hätte ich nur schuldbewusst zu Boden geschaut, wäre
wahrscheinlich nichts passiert. Ich sagte aber: »Doch, ich
hab sie gemacht! Ich hab einfach das Heft zu Hause auf
meinem Tisch liegen lassen.«

So sagte er: »Wenn du die Aufgaben angeblich schon
mal gemacht hast, hast du sie ja schon geübt. Dann wirst

du sie leicht noch mal rechnen können. Nach der Stunde hast du Gelegenheit dazu. Sobald du mit den Aufgaben fertig bist, gibst du sie im Lehrerzimmer ab, und kannst gehen.«

Das hieß mit anderen Worten, dass ich um zehn nach zwölf erst mal bleiben musste und fast eine Stunde später als sonst zu Hause ankam.

»Du bist heute aber spät dran. Dein Papa wartet bestimmt schon auf das Mittagessen«, sagte meine Mutter. »Bring es ihm erst vorbei und iss danach, ja? Ich stell dein Essen warm.«

Ich nahm den Henkeltopf und machte mich auf den Weg zur Lagerscheune meines Vaters. Straße und Gehsteig in der Rhönstraße glänzten schwarz und nass, der Raureif hatte sich aufgelöst. Die Dächer der Holzbaracken und der schmale Wiesenstreifen davor waren noch weiß.

Auf halber Strecke kam mir Manni entgegen. Der Junge, der mich am Arm gepackt hatte. Vorsichtshalber ging ich auf die andere Straßenseite. Er überquerte auch die Straße, und wir stießen zusammen, als ich gerade den gegenüberliegenden Gehsteig erreichte. Ohne dass ich etwas gesagt oder getan hätte, trat er mir gegen das Schienbein. Dann machte er einen Schritt zurück und blickte mich herausfordernd an.

»Lass mich vorbei!«, sagte ich und versuchte, Zeit zu gewinnen, indem ich mein Hosenbein mit der Hand abwischte. Seine Schuhe waren schmutzig. Da, wo er mich getreten hatte, war die Hose lehmverschmiert. Während ich noch überlegte, ob ich ihn angreifen oder schnell wegrennen sollte, trat er mir langsam und geradezu sorgfältig gegen das andere Bein. Es tat nicht weh. Er wollte nur das andere Hosenbein auch noch schmutzig machen. »Vogelschisser«, sagte er dabei. »Vo-gel-schisser!«

Es war klar, dass ich jetzt meinen Mut zusammennehmen und mich wehren musste. Diskutieren war zwecklos. Mitten in der Bewegung hörte ich auf, meine Hose abzuwischen, sprang auf, rammte meine Schulter gegen seine Brust und versuchte, schnell an ihm vorbeizurennen.

Er beugte sich nach vorne, fasste meinen Fußknöchel und riss ihn nach hinten. Da ich schon am Rennen war, wurde ich durch das plötzliche Anhalten nach vorne geschleudert und fiel hin. Ich versuchte, den Sturz mit den Händen abzufangen. Der Henkeltopf mit Papas Essen schlitterte über den Gehsteig. Erst spürte ich den Aufprall, dann erst kam der brennende Schmerz in meinen aufgeschundenen Handflächen, in die der raue Asphalt blutende Streifen gezogen hatte. Ich richtete mich langsam auf.

In diesem Moment fuhr mein Vater mit dem Fahrrad an uns vorbei. Er war wohl unterwegs zu unserem Haus, weil das Mittagessen immer noch nicht eingetroffen war. Er bekam mit, was sich da abspielte, legte das Fahrrad hastig ab, ergriff Manni hinten am Hemdkragen, riss ihn in die Höhe und hielt ihn mit beiden Händen so gepackt, dass der Rhönsträsser mit ihm auf Augenhöhe hing. Dessen Gesicht wurde dunkelrot, der eingeschnürte Hemdkragen schnitt ihm die Luft ab. Mein Vater kam so nah an das rote Gesicht des Jungen, dass sich ihre Nasen fast berührten, und sagte drohend: »Wenn du dich noch einmal an meinem Paul vergreifst, kriegst du von mir solche Prügel, dass dich dein eigener Vater nicht mehr erkennt.

Falls du überhaupt einen hast.« Damit stellte er Manni wieder auf die Beine, fragte: »Hast du mich verstanden?«

Manni nickte und lief schnell weg. Mein Vater nahm den Henkeltopf vom Boden auf. Dessen Deckel war noch geschlossen, der Topf hatte den Sturz unbeschadet überstanden. Mein Vater hängte ihn an die Lenkstange des Fahrrads und schwang sich in den Sattel.

»Als ich in deinem Alter war, hätte ich mir das nicht gefallen lassen. Da hätte sich keiner getraut, mich auf den Boden zu werfen«, rief er mir im Wegfahren zu. »Selbst wenn er ein paar Jahre älter gewesen wäre!«

Irgendwann gab es einen Elternabend in der Schule. Ich reichte meinem Vater beim Abendessen die Einladung zum Unterschreiben.

»Wahl des Elternbeirats ... Allgemeine Fragen«, las er vor, und fragte meine Mutter: »Sollen wir da hingehen?«

»Ja, das sollten wir«, sagte sie.

»Eigentlich lohnt es sich nicht«, sagte mein Vater. »Die Lehrer spielen sich bei solchen Gelegenheiten nur vor uns Eltern auf.«

»Die denken, sie seien was Besseres«, stimmte ihm meine Mutter zu.

Er nickte und sagte: »Sie sitzen vorne am Pult und wir in den Bänken, als wären wir Schüler.«

Meine Mutter nickte. »Stimmt genau!«

Mein Vater aß weiter und blickte dabei vor sich hin. Dann legte er die Gabel wieder an den Tellerrand.

»Andererseits erfährt man dabei natürlich, wie Paul in der Schule steht«, sagte er.

»Ja, man kann sich erkundigen, wo seine Stärken und seine Schwächen sind«, sagte meine Mutter. »Welche Noten er in letzter Zeit geschrieben hat.«

»Von ihm erfährt man ja nichts«, sagte er. »Wie stehst du denn in der Schule?«, wandte er sich an mich. »Muss man sich schämen, wenn man deinen Klassenlehrer fragt?«

Ich zuckte die Achseln. »Ich weiß nicht.«

»Er weiß es nicht. Typisch!«, stellte er fest. »Wir sollten doch hingehen.«

»Ja, das wäre bestimmt wichtig«, sagte meine Mutter.

»Es ist nur die Frage, ob wir beide hingehen müssen«, überlegte mein Vater weiter. »Das wäre vielleicht gar nicht so schlecht.«

»Stimmt«, sagte sie.

»Dann hören wir beide, was der Klassenlehrer zu sagen hat.«

»Zwei hören immer besser als einer«, sagte sie.

Er machte wieder eine Essenspause, und sagte dann: »Im Grund genommen ist es Zeitverschwendung. Ich könnte währenddessen gut was anderes tun«, sagte er.

»Ja, zum Beispiel Kostenvoranschläge ausfüllen«, sagte sie. »Auf deinem Tisch liegen mindestens drei. Alle noch ohne Preise.«

Wieder aß er ein paar Bissen, und legte dann noch mal die Gabel beiseite. »Besser ist es aber, wenn ein Mann hingeht!«

»Ein Mann kann ganz anders auftreten«, sagte sie.

»Hm. Vielleicht sollten wir doch zusammen hingehen«, sagte er.

»Ja, das wäre das Beste«, sagte sie.

Deshalb gingen sie zusammen. Seit mein Vater wieder zurück war, hatte sich meine Mutter verändert. Sie machte nur noch, was er wollte.

Noch am Abend nach der Elternversammlung kam mein Vater in mein Zimmer. »Schläfst du schon?«, fragte er und machte das Licht an. »Ich muss gleich mit dir reden.«

Seine Miene zeigte, dass es nichts Angenehmes war, was es zu besprechen gab. »Wenn du so weitermachst, wirst du das Klassenziel nicht erreichen. Du wirst sitzenbleiben! So geht das nicht weiter.«

»Edmund, er hat doch ausdrücklich gesagt, wir sollen nicht schimpfen wegen schlechter Noten, sondern mehr bei den Hausaufgaben helfen«, sagte sie.

»Jedenfalls wird er in Zukunft besser lernen müssen«, sagte mein Vater und ging aus dem Zimmer.

»Du bist einfach zu unaufmerksam. Immer träumst du vor dich hin«, sagte meine Mutter. »Ab morgen lerne ich jeden Nachmittag mit dir, ja?« Sie schüttelte die Bettdecke glatt und schob die Ränder auf beiden Seiten unter meinen Körper. »Gute Nacht«, sagte sie dann und ließ mich allein.

Am Ende des Schuljahrs hatte ich die Klasse knapp geschafft. Die Fünf in Englisch konnte ich durch eine Eins in Deutsch ausgleichen.

Mein Vater schimpfte nicht mal sehr, als ich ihm das Zeugnis zur Unterschrift vorlegte. Vielleicht war er erleichtert, weil er befürchtet hatte, ich könne durchgefallen sein. Er unterschrieb aus Versehen unter »Der Schulleiter« und nicht bei »Der Erziehungsberechtigte«, bemerkte den

Irrtum, strich mit einem Lineal seinen Namen wieder durch und unterschrieb ein zweites Mal.

Auch im nächsten Schuljahr hatten wir Sport beim Fischer und spielten immer noch Völkerball.

Als ich wie üblich abgeschossen wurde und mich in die Schultoilette zurückzog, traf ich dort Plattscheck und Hecht, zwei aus meiner Klasse. Plattscheck hieß eigentlich Platte, wurde aber in der Klasse »Plattscheck« gerufen. Die beiden saßen auf dem gekachelten Boden und spielten Karten.

»Was macht ihr denn hier?«, fragte ich.

»Siehst du doch, wir spielen Lege-Skat«, sagte Hecht. Er war dick und hatte ein weiches Gesicht mit auffallend großen Poren neben den Nasenflügeln.

»Spielen die immer noch Völkerball?«, fragte Plattscheck. Er war im Gegensatz zu Hecht mager und groß. Mich überragte er um bestimmt fünf Zentimeter.

Ich nickte.

Er wandte sich an Hecht, zeigte auf mich und fragte: »Nehmen wir ihn mit?«

»Kommst du mit?«, fragte Hecht.

»Wohin denn?«, fragte ich zurück.

»In die Stadt.«

»Während der Stunde?«, fragte ich.

»Denkst du, es fällt dem Fischer auf, wenn einer fehlt? Der zählt nie nach. Wir waren schon das letzte Mal in der Stadt, und keiner hat's gemerkt.«

»Na, was ist?«, fragte Hecht, und packte die Karten ein. »Traust du dich oder hast du Schiss?«

»Los, komm mit! Sei kein Feigling!«, befahl Plattscheck und nahm mir damit die Entscheidung ab.

Zusammen mit den beiden ging ich zum Umkleideraum, zog meine Kleider über die Turnsachen, nahm meine Büchertasche vom Kleiderhaken und ging mit den beiden durch den Nebeneingang hinaus.

»Wir gehen zum Kaufhof!«, bestimmte Hecht.

Vor der Eingangstür hielt mich Plattscheck am Ärmel fest. »Jetzt pass auf, was gleich kommt!«, sagte er und grinste Hecht zu. »Ob du drinnen was merkst!«

Ich trottete hinter Hecht und Plattscheck her, während wir durch verschiedene Abteilungen schlenderten.

Als wir das Heißluftgebläse am Ausgang wieder hinter uns hatten, fragte Hecht: »Hast du was gemerkt?«

Ich wusste nicht, was er meinte.

»Und was ist das?«, fragte er, und zog eine Tafel Schokolade aus der Tasche seines wattierten Anoraks.

»Und das? Und das?«, fragte Plattscheck und zog ebenfalls eine Tafel Schokolade und einen Beutel Hustenbonbons aus der Tasche.

»Und da-as!«, äffte Hecht ihn nach und zeigte eine Rolle Drops.

»Habt ihr das geklaut?«, fragte ich fassungslos.

Die beiden lachten und zogen mich mit fort.

»Ist gut, was?«, fragte Plattscheck. »Hat kein Mensch gemerkt.«

»Magst'n Stück Schokolade oder lieber einen Drops?«, fragte Hecht.

»Schokolade«, sagte ich. »Das würde ich mich nie getrauen, was ihr da macht!«

»Natürlich wirst du dich das getrauen«, sagte Platt-scheck, während er mir ein Stück von der Schokolade reichte. »Los, probier's einfach mal aus!«

»Wirst sehen, du schaffst es!«, sagte Hecht.

»Du musst es machen, wenn die Verkäuferin wegschaut. Wichtig ist, dass der Hausdetektiv nichts merkt. Den zeig ich dir. Den erkennst du gleich.«

»Schokolade mag ich sowieso nicht.«

»Ausrede! Gerade hast du doch ein Stück gegessen!«, sagte Plattscheck.

»Kannst dir ja Bonbons oder Kaugummis nehmen«, sagte Hecht.

»Nur mal sehen, ob du dich traust!«, sagte Plattscheck, nahm mich am Arm und führte mich ins Kaufhaus zu-rück.

»Los, versuch's einfach!«, forderte mich Hecht noch mal auf. »Der Kaufhausdetektiv ist nicht da. Los!«

Die beiden starrten mich so gebannt an, dass ich meinte, die Verkäuferin würde mir sowieso gleich anse-hen, dass ich etwas Verbotenes vorhatte. Langsam ging ich zum Verkaufstisch mit den Süßigkeiten. Kurz bevor ich ihn erreicht hatte, machte ich einen Bogen und ging wieder zurück.

»Was ist denn?«, fragte Hecht. »Hast du dich doch nicht getraut?«

»Die Verkäuferin hat geguckt«, behauptete ich.

»Quatsch! Sie hat sich im Ohr gebohrt«, sagte Platt-scheck. »Los, jetzt mach's endlich. Wir wollen gehen!«

Mit hochrotem Kopf und vor Aufregung zitternden Fingern stand ich vor dem Verkaufstisch. Die Verkäuferin musste es doch einfach merken! Sie wandte sich um und drehte mir den Rücken zu. Ich fasste in die aufgehäuften Süßigkeiten, nahm mir schnell zwei Pfefferminzbonbons heraus, steckte sie in die Jackentasche und ging zu meinen beiden Mitverbrechern hin.

»Na, siehst du, du hast dich getraut!«, sagte Plattscheck. »War doch nicht schwer, oder?«

»Gut gemacht«, lobte auch Hecht.

Wir gingen aus dem Kaufhaus. Die beiden wollten weitergehen, aber ich hielt sie zurück.

»Wartet ihr eine Minute auf mich?«, fragte ich. »Bin sofort wieder da.«

»Das Klo ist im Untergeschoss«, rief mir Hecht nach.

Ich hetzte zurück in die Süßwarenabteilung. Zum Tisch, von dem ich die Bonbons genommen hatte. Die Verkäuferin blickte immer noch in die andere Richtung. Schnell holte ich die beiden Bonbons aus der Tasche und legte sie zu den anderen zurück. Oma Kunis Moralvorstellungen waren kellertief in mir verankert.

Natürlich sagte ich den beiden anderen nicht, was ich getan hatte.

Plattscheck hätte wahrscheinlich gesagt: »Du bist der größte Blödmann, dem ich je ein Stück Schokolade abgegeben habe!«, und Hecht hätte ihm zugestimmt.

Stattdessen sagte er: »Ab jetzt sind wir drei eine Bande! Ab jetzt gehörst du zu uns.«

Ein paar Tage später ging ich mal wieder mit dem Henkeltopf in der Hand durch die Rhönstraße. Nach einer Weile merkte ich, dass jemand hinter mir herging. Manni würde mir nichts mehr tun, da war ich mir sicher. Aber es gab ja nicht nur Manni, sondern auch andere Rhönsträsser. Wenn es ein anderer ist, dreh ich mich um und hau ihm den Topf gegen den Bauch und renne schnell weg, dachte ich. Vorsichtig drehte ich mich um. Es war nur das Mädchen. Wieder schob es den blauen Kinderwagen vor sich her. Ich ging ein bisschen langsamer, bis wir auf gleicher Höhe waren. Neben ihr fühlte ich mich sicherer.

Eine Weile gingen wir schweigend nebeneinander her. Verstohlen blickte ich in den Kinderwagen. Das Baby hatte den Kopf zur Seite gedreht und schlief, die winzigen Händchen nach oben gereckt.

Das Mädchen drehte sich zu mir und fragte: »Wie heißt'n du?«

»Paul.«

»Guter Name.«

»Findest du?«, sagte ich. Über meinen Namen hatte ich noch nie nachgedacht. Er gehörte einfach zu mir wie meine Nase oder mein Bein.

Dann blieb es wieder still und wir gingen weiter nebeneinander den Gehsteig entlang. Nach einer Weile hatte ich das Gefühl, dass ich etwas sagen sollte.

»Ist das dein Baby?«, fragte ich, während ich zum Kinderwagen wies.

»Spinnst du? Ich bin erst dreizehn!«, sagte sie.

»Ich meine, ob es zu euch gehört oder ob du es nur ausfährst.«

»Ein fremdes Baby würde ich nie ausfahren«, sagte sie. »Es ist meine kleine Schwester. Sie ist jetzt zehn. Zehn Monate, meine ich. Wie alt bist'n du?«

»Gerade dreizehn geworden.«

Nach einer Zeit des Schweigens fragte ich: »Und du?«

»Auch dreizehn. Hab ich doch schon gesagt!«

»Nein, ich meine, wie du heißt.«

»Katharina. Aber ich nenn mich Catarina. Mit C, wie die Sängerin.«

»Welche Sängerin?«, fragte ich.

»Catarina Valente. Kennst du die nicht?«

Ich schüttelte den Kopf. »Valente?«, wiederholte ich.

»Das kann ich mir leicht merken. Ich muss nur an den Wal und die Ente denken. Wal-ente!«

Sie lachte. »Du bist vielleicht komisch! Was magst'n du für Musik?«

Ich zuckte mit den Achseln. »Eigentlich hör ich überhaupt keine. Nur manchmal im Radio. Aber mein Vater stellt immer nur Sender ein mit Musik, die mir nicht gefällt.«

»Hast du wirklich noch nie ein Lied von Catarina Valente gehört«, fragte sie.

Ich schüttelte wieder den Kopf.

»Musst mal öfter Radio hören«, sagte sie. »Damit du die Sängerin kennenlernst. Sie ist in einem Zirkus aufgewachsen. Was machst'n am Nachmittag, wenn du keine Musik hörst?«

»Hausaufgaben.«

»Aber doch nicht die ganze Zeit!«

»Und lesen.«

»Und sonst?«

»Mein Lieblingsbuch heißt *Die Indianergeschichte*.«

»Klingt ziemlich kindisch.«

»Du meinst kindlich. Stimmt schon. Aber ich hab kein anderes Buch. Mein Vater hat was gegen das Lesen.«

»Ich kann dir ja ein Buch von meinem Bruder leihen«, schlug sie vor.

»Dein Bruder liest Bücher?«, fragte ich.

»Warum nicht? Du denkst wohl, wir aus der Rhönstraße gehören alle in die Sonderschule!« Sie schwieg beleidigt.

»Nein, natürlich nicht«, versicherte ich schnell. »Und du?«

»Was ist mit mir? Ob ich in die Schule gehe?«

»Nein. Ob du auch liest?«

»Meine Tante aus Wiesbaden hat mir zu Weihnachten *Pippi Langstrumpf* geschenkt.«

»Kenn ich nicht«, sagte ich. »Und wie ist es?«

»Ganz gut. Auch ein bisschen kindisch.«

»Kindlich«, verbesserte ich noch mal.

Sie blieb stehen. »Hier wohn ich«, sagte sie. »Ich muss jetzt abbiegen.«

Ich wusste nicht, was ich sagen sollte. »Auf Wiedersehen« war ja wohl nicht angebracht. So nickte ich ihr nur zu und blickte ihr nach, während sie den Kinderwagen über den zerzausten Rasen schob, der die Baracke vom Gehsteig trennte.

Plattscheck und Hecht überredeten mich jetzt öfter, mit ihnen nach der Schule zu klauen. Sie schwänzten regelmäßig den Turnunterricht und wollten, dass ich mitmachte. »Denk daran, du bist jetzt in unserer Bande«, sagte Hecht. »Oder hast du noch andere Freunde?«

Ich schüttelte den Kopf.

»Hab ich mir gedacht!«, sagte Plattscheck.

»Wenn ihr beim Völkerball nicht da seid, fällt es nicht auf«, sagte ich. »Weil ihr bei den Mittelguten seid. Ich bin bei den Schlechten. Alle wissen, dass der Heidenreich und der Maar immer übrig bleiben. Wenn's am Schluss heißt ›Ihr nehmt den Heidenreich!‹, dann fragt die andere Mannschaft: ›Und wo ist euer Maar?‹ Dann fällt es auf!«

Das sahen sie ein und warteten, bis das Spiel begonnen hatte, und ich abgeschossen war.

Ich fühlte mich überhaupt nicht wohl, wenn ich nach der Schule mit den beiden ging. Aber andere Freunde hatte ich nicht.

Ich erfand für mich ein Gedankenspiel, so wurden die Beutezüge der beiden wenigstens spannend. Ich war ein Detektiv und hatte mich in eine gefährliche Diebesbande eingeschlichen, um sie zu überführen. Damit der Detektiv nicht entlarvt wurde, musste er wohl oder übel die Rolle eines Diebes spielen. Ab und zu nahm ich deshalb eine Kleinigkeit mit, eine Packung Kaugummi oder ein Paar Schnürsenkel, und zeigte es den anderen als Beweis für meine diebische Gesinnung. Meistens legte ich die Beute in einem unbeobachteten Moment wieder zurück.

Ich spielte meine Rolle mit solchem Ernst, dass ich mir ein kleines Notizbuch und einen Bleistift anschaffte, um genau Buch führen zu können.

Mittwoch, 9. März. Hecht: 2 Tafeln Schokolade, ein Taschenmesser gestohlen. Platte, genannt Plattscheck: drei Packungen Kaugummi gestohlen. Beobachtet und notiert von Detektiv Paul Maar.

Mit der Zeit musste ich immer größere und teurere Sachen eintragen:

Freitag, 20. Mai. Hecht: 1 Taschenlampe, zwei 45er Schallplatten, ein Hemd (kurze Ärmel) gestohlen.

Plattscheck: 1 Mickymausheft gestohlen.

Beobachtet von Detektiv Paul Maar.

Ich hatte nicht vor, die beiden anzuzeigen. Das Aufschreiben sollte mein Spiel echter machen und mein schlechtes Gewissen beruhigen.

Es war Ende Juni, als mich Hecht in der Pause anstieß und halblaut sagte: »Nach der Schule gibt's was zu besprechen!«

Es gab eigentlich keinen Grund, weshalb er so leise reden musste. Es hörte niemand zu. Außerdem hätte ich nach der Schule sowieso auf ihn und Plattscheck gewartet. Trotzdem spielte ich mit, machte ein Verschwörergesicht und sagte: »In Ordnung«. Dann ging ich möglichst unauffällig zum anderen Ende des Pausenhofs, und aß mein Mettwurstbrot.

Nach dem Unterricht gingen wir nicht wie üblich in die Stadt. Plattscheck führte uns zu einem verlassenen Ruinengrundstück, dort kletterten wir über den Zaun. Zwischen einzelnen Trümmern wuchs hohes Gras. Wir setzten uns auf einen schmalen Sandsteinblock, der wohl mal als Türsturz gedient hatte, bevor das Haus von einer Bombe getroffen worden war.

Die zwei hatten etwas Besonderes vor, rückten aber vorerst nicht damit heraus. Plattscheck warf mit einem Klappmesser, das er am Vortag geklaut hatte, nach der hohen Bretterwand, die das Grundstück vom benachbarten trennte. Meistens prallte es von der Wand ab und fiel ins Gras, manchmal blieb es mit der Spitze im Holz stecken. Dann ging er hin und zählte die Schritte, damit beim nächsten Wurf das Messer wieder mit der Spitze auftraf und nicht mit dem Griff.

»Magst du auch mal?«, fragte er und reichte mir das Messer. Das war eine Auszeichnung. Sein Messer gab er nicht einmal Hecht in die Hand.

Ich warf es, und es blieb tatsächlich in der Wand stecken.

»Guter Wurf!«, lobte er. »Wie heißt du eigentlich mit Vornamen?«

»Paul«, sagte ich. »Und du?«

»Kannst mich Pit nennen. Wir sind ja nicht in der Schule.«

»Zu mir sag ruhig Hecht, wie bisher«, sagte Hecht. »Ich hab einen saudoofen Vornamen. Außerdem ist er zu lang.«

»Kannst ihn ja abkürzen!«

»Kann man nicht.«

Na gut, dann würden wir eben weiter Hecht zu ihm sagen.

»Was ist eigentlich los?«, fragte ich. »Habt ihr was Bestimmtes vor?«

Schließlich war ich nicht über den Zaun geklettert, um Pits Wurfkünste zu bewundern.

Er klappte das Messer zu und kniete sich vor uns ins Gras.

»Am Samstag drehen wir ein dickes Ding«, sagte er großspurig. »Am Samstagnachmittag haben wir alle einen Plattenspieler.«

»Wie denn?«, fragte ich. »Die kann man doch nicht einfach so klauen!«

Die beiden grinsten sich an.

»Warum nicht?«, fragte Hecht.

»Viel zu gefährlich! Das sieht doch selbst ein kurzsichtiger Verkäufer ohne Brille«, sagte ich.

»Das denkst du!«, sagte Pit. »Wir holen die Plattenspieler ja nicht während der Geschäftszeit raus, sondern nachher. Verstehst du: nachher! Am Samstagnachmittag, wenn der Laden schon geschlossen hat.«

»Wie denn?«

»Ich war im Plattenladen auf dem Klo«, erzählte Pit. »Da hab ich den Fenstergriff senkrecht gestellt, das Fenster aber zugelassen. Am nächsten Tag war der Griff immer noch nicht zurückgedreht. Wir hätten ganz leicht einsteigen können. Das Klofenster geht in den Hof. Da wohnt keiner.«

»Am Samstag machen wir's dann!«, sagte Hecht. »Wenn alle aus dem Laden sind, steigen wir rein.«

»Da mach ich nicht mit!«, sagte ich.

»Mach ich nicht mit«, äffte mich Hecht nach. »Wozu haben wir dann unsere Platten, wenn wir sie nicht hören können?«

»Ich hab gar keine Schallplatten«, sagte ich.

»Wieso? Du hast doch auch eine geklaut?«

»Die hab ich verloren.« In Wirklichkeit hatte ich sie wieder in den Kasten zurückgestellt, als die beiden aus dem Laden gegangen waren.

»Kannst eine von mir haben«, sagte Pit. »Sogar ›Rock Around the Clock‹. Die habe ich aus Versehen zweimal geklaut.«

»Was soll ich denn meinem Vater sagen, wenn ich mit einem Plattenspieler nach Hause komme?«

»Ich sage meiner Mutter, ein Freund hätte ihn mir geliehen«, sagte Hecht.

»Und dein Vater?«

»Gibt's nicht. Wir sind doch geschieden«, sagt er.

»Mein Vater glaubt mir das nie!«

»Musst ja keinen klauen, wenn du das nicht willst«, sagte er. »Aber du musst dabei sein. Du musst uns warnen, wenn einer kommt.«

»Du gehörst doch zu unserer Bande, oder nicht?«, fragte Pit mit leicht drohendem Unterton.

»Doch. Natürlich«, sagte ich schnell.

In der Nacht darauf schlief ich schlecht und hatte Albträume von Polizisten, Blaulichtern, Sirenen und Gefängniszellen.

Ich fühlte mich elend, als ich zum Frühstück kam. Meine Mutter fasste mir an die Stirn. »Du siehst krank aus. Hast du Fieber?«

»Weiß nicht«, sagte ich.

»Wie geht's dir denn?«

»Schlecht«, sagte ich.

In der Schule ging ich Hecht und Pit aus dem Weg. Hecht machte mir während der Stunde ein Zeichen, aber ich tat so, als hätte ich es nicht gesehen, und ging zusammen mit Adelfinger nach Hause.

Am Freitagnachmittag fühlte ich mich noch elender. Mir war schwindlig. Meine Mutter holte das Fieberthermometer aus dem Badezimmerschränkchen.

»Achtunddreißig zwei!«, rief sie, als sie es abgelesen hatte. »Du hast eine richtige Sommergrippe! Dich stecken wir sofort ins Bett.«

Drei Tage lag ich krank darnieder. Am Dienstag stand ich zum ersten Mal wieder auf, am Mittwoch blieb ich noch zu Hause. Erst am Donnerstag ging ich wieder in die Schule.

Gleich als ich in die Klasse kam, fiel mir auf, dass Hecht und Plattscheck nicht auf ihrem Platz saßen.

Dr. Schneider kam erst zwanzig Minuten nach dem Läuten in die Klasse. Der Lehrer, der die Klasse neben unserer unterrichtete, war schon herübergekommen und hatte um Ruhe gebeten. Als Dr. Schneider endlich kam, war es sofort still. Er stellte sich vors Pult und blickte in die Klasse.

»Wie sich inzwischen bestimmt herumgesprochen hat, sind zwei aus eurer Klasse bei einem Einbruch ertappt worden. Der gemeinsame Ausschuss hat die beiden soeben für immer von der Schule verwiesen. Sie haben bereits ihre Bücher abgegeben. Eure Klasse ist also um zwei Schüler kleiner geworden, was bei der hohen Schülerzahl nicht das Schlechteste ist.«

Er machte eine kleine Pause und blickte mich an.

»Ein anderer wäre beinahe auch von der Schule geflogen. Er hat gerade noch mal Glück gehabt. Wir wollten ihn nicht aufgrund der Behauptungen der beiden verdächtigen. Im Zweifelsfall für den Angeklagten. Dieser Spruch gilt auch bei uns. Er war jedenfalls beim Einbruch nicht dabei, das hat ihn gerettet. Ich nenne keinen Namen. Der Angesprochene weiß, wer gemeint ist!«

Ich fühlte, wie sich mein Kopf und mein Nacken mit einer grellen Röte überzogen, und beugte mich unter den Tisch, als suchte ich nach einem herabgefallenen Bleistift.

»Da wir jetzt zwei freie Plätze haben, kann sich die mittlere Reihe weiter nach vorne setzen«, sagte Dr. Schneider. »Gebhard setzt sich auf den Platz von Hecht, Schlereth auf den Platz von Platte.«

Dann begann der Unterricht.

Am Freitag, bevor ich krank geworden war, hatte ich meinen Füller nicht gefunden. Dann lag ich vier Tage im Bett. Jetzt war der Füller immer noch nicht da.

»Denk mal genau nach, wann du ihn zum letzten Mal benutzt hast«, sagte mein Vater. »Ich kann dir nicht jedes Jahr einen neuen kaufen!«

»Am Donnerstag in der Schule«, sagte ich.

»Was hast du mit ihm gemacht? Wo hast du ihn aufbewahrt?«

»Ich hab ihn in die Brusttasche von meinem Hemd geklemmt.«

»Und da ist er dann rausgefallen!«

»Nein, der klemmt immer ganz fest.«

»Wann hast du gemerkt, dass du ihn nicht mehr hast?«, setzte mein Vater das Verhör fort.

Ich überlegte. »Am Donnerstagnachmittag. Ich habe nämlich die Hausaufgaben mit dem Kuli geschrieben.«

»Was hast du zwischen der Schule und den Hausaufgaben gemacht?«

»Ich war mit zwei Mitschülern auf einer Wiese«, sagte ich.

»Dann wirst du jetzt diese Wiese absuchen«, befahl er. »Dann fragst du die beiden, ob sie zufällig deinen Füller gesehen haben.«

»Das kann ich nicht. Sie gehen nicht mehr in meine Klasse«, sagte ich.

»Sie gehen nicht in deine Klasse? Aber am Donnerstag waren sie noch da? Für wie dämlich hältst du deinen Vater?«

»Sie sind rausgeflogen, weil sie geklaut haben.«

»Geklaut!«, rief er. »Dann haben sie bestimmt auch deinen Füller geklaut. Das geht schnell. Ein Griff, und er ist weg!«

»Nein, bestimmt nicht«, sagte ich. Ich konnte ihm ja nicht sagen, dass wir zusammen eine Bande gewesen waren.

»Wie heißen denn die beiden? Wo wohnen die denn?«, fragte er.

»Platte wohnt in der Boschstraße, Hecht in der Neutorstraße.«

»Neutorstraße? Das ist ja fast um die Ecke«, sagte er. »Du gehst zuerst zu diesem Hecht und verlangst deinen Füller zurück. Wenn er ihn nicht hat, gehst du zum anderen, zum Platte!«

»Ich geh nicht«, sagte ich.

»Und ob du gehst!«, sagte er.

»Nein!«

»Gut, dann fahr ich eben selber hin und nehme mir die beiden vor!«

»Nein!«, rief ich schnell. »Ich geh doch.« Wer weiß, was ihm die beiden über mich erzählen würden!

Wir stiegen in den neuen, weißen VW Käfer, den er sich vor kurzem angeschafft hatte. Sein Betrieb lief immer besser. Er hatte schon sechs Gesellen, zwei Lehrlinge und eine Menge Aufträge. Jetzt musste er repräsentieren und konnte nicht mehr auf einem Motorrad bei der Kundschaft vorfahren.

Er wartete im Auto vor dem Haus, während ich die vier Treppen zu Hechts Wohnung hochstieg. Mit jedem Stockwerk wurde ich langsamer, bis ich schließlich oben ankam. Ich drückte auf den Klingelknopf unter dem Schild »B. Hecht«.

Eine blasse, dicke Frau, die viel älter aussah als meine Mutter, öffnete die Flurtür einen Spalt. Es roch nach Essen.

»Was willst du?«, fragte sie.

»Kann ich mal den … den Hecht sprechen?«, fragte ich. Seinen Vornamen kannte ich ja nicht.

»Traugott, komm mal! Da ist jemand für dich!«, rief sie, und verschwand im dunklen, hohen Flur. Gleich darauf streckte Hecht seinen Kopf durch den Türspalt.

»Ich bin's«, sagte ich kläglich. Er blickte mich nur an und gab keine Antwort.

»Es ist wegen … wegen meinem Vater«, stotterte ich. »Er hat gesagt, ich muss dich fragen. Es ist wegen meinem Füller. Der ist weg, und jetzt muss ich … soll ich …«

Hecht hatte seinen Kopf wieder hineingezogen und war im dunklen Flur verschwunden. Eine Weile blieb ich ratlos vor der Tür stehen. Gerade, als ich mich entschlossen hatte, die Treppen wieder hinunterzusteigen, hörte ich ihn zurückkommen. Er blickte an mir vorbei aus dem

Treppenhausfenster, als er mir, immer noch wortlos, meinen Füller hinhielt. Ich war so verblüfft, dass ich auf den Füller starrte, ohne ihn an mich zu nehmen. Endlich begriff ich und steckte ihn mir oben in die Hemdtasche. Ohne mich noch einmal anzusehen, schloss Hecht die Flurtüre.

Ich stieg die vier Stockwerke nach unten und setzte mich neben meinen Vater ins Auto.

»Na, was hab ich dir gesagt!« Er hatte den Füller in meiner Hemdtasche gesehen. »Solche Kerle klauen alles, was ihnen unter die Finger kommt. Beklauen sogar ihre Mitschüler!«

Der Brief kam eine Woche später, als ich gerade anfing, die ganze Sache zu vergessen. Er war mit der Maschine geschrieben und trug den Schulstempel.

»Sehr geehrter Herr Maar!

Wir möchten Sie in Kenntnis setzen, dass das außerschulische Verhalten Ihres Sohnes Paul Maar das Thema einer internen Lehrerkonferenz war. Wie Ihnen bekannt sein dürfte, wurden zwei Schüler der Klasse 7b der Schule verwiesen, da sie beim Einbruchdiebstahl in ein Elektrogeschäft überrascht worden waren. Nach deren Aussagen hat auch ihr Sohn zum engsten Vertrauenskreis der beiden Diebe gehört. Da er zum Zeitpunkt der Tat krank war, haben wir davon abgesehen, auch gegen Ihren Sohn eine Untersuchung einzuleiten. Wir halten es jedoch für unsere Pflicht, Sie darauf hinzuweisen, dass Ihr Sohn durch die Aussagen der beiden in den Verdacht geraten ist, von deren Ein-

bruchsplan Kenntnis gehabt zu haben. Aus diesem Grund gebietet es unsere pädagogische Pflicht, Sie zu bitten, in Zukunft die außerschulischen Aktivitäten Ihres Sohnes besser zu überwachen.
Hochachtungsvoll
Dr. Erwin Leis, Oberstudiendirektor

Mein Vater war so außer sich, dass ich mich in Erwartung der Schläge zusammenkrümmte.

»Ein Dieb! Bei einer Diebesbande!«, schrie er.

»Paul, dass du uns so was antust!«, sagte meine Mutter.

Er schlug mich nicht. Er wusste, was mich stärker treffen würde als seine Schläge.

»Zur Strafe«, sagte er, und betonte jedes Wort. »Zur Strafe wirst du während der Ferien in Schweinfurt bleiben. Du wirst nicht nach Obertheres fahren. Schreib gleich einen Brief an deine Oma Kuni und an Opa Schorsch, dass du diesmal nicht kommst. Und vergiss nicht zu schreiben, weshalb du nicht kommen darfst, damit sie sehen, was für einen sauberen Enkel sie aufgezogen haben!«

Die nächsten Wochen waren trist. Es gab nichts Langweiligeres, als die Sommerferien in Schweinfurt zu verbringen.

Im nächsten Schuljahr bekamen wir einen neuen Klassenlehrer, den Schindler. Doktor Schneider hatte uns abgegeben, weil er mit uns nicht auskam. Wir seien zu wenig zur Zusammenarbeit bereit, erklärte er. Sonst änderte sich nichts in der Schule. Beim Fischer spielten wir jetzt Korbball.

Nachmittags, wenn ich die Hausaufgaben gemacht

hatte, ging ich öfter mal in die Stadt. Ich bekam drei Mark Taschengeld pro Woche. Das war nicht viel. Aber für eine Cola oder eine Currywurst reichte es. Fürs Kino war es zu wenig, der Eintritt kostete fünf Mark.

Ich beschwerte mich: Die anderen aus meiner Klasse bekämen mehr Taschengeld. Mein Vater wurde ärgerlich, sagte, in seiner Jugend habe er nicht einen Pfennig Taschengeld bekommen, und wie er denn sein Geschäft ausbauen solle, wenn alle immer nur Geld von ihm forderten. Schließlich müsse er den neuen, großen Lagerplatz mit den zwei Garagen in der Hohmannstraße abbezahlen. Dabei schaute er meine Mutter an. Ich wollte nicht, dass er mit Mama wieder Streit anfing wegen des Haushaltsgelds, deswegen fragte ich nicht weiter.

Vor dem Imbissstand neben dem Kaufhof traf ich Catarina wieder. Ich hätte sie fast nicht erkannt, weil sie keinen Kinderwagen dabeihatte. Sie trug einen blauen Jeansrock und einen hellblauen Pulli. Die Haare trug sie irgendwie anders. Sie sah richtig gut aus, fand ich.

»Servus, Catarina«, sagte ich ein wenig unsicher und stellte mich neben sie.

Sie biss gerade in eine Currywurst. Die linke Hand hatte sie waagrecht an ihr Kinn gelegt, damit das Ketchup von der Wurst nicht auf ihren blauen Pulli tropfte.

»Servus«, sagte sie mit vollem Mund und grinste, weil ihr der Bissen fast aus dem Mund gefallen wäre. »Du bist doch der aus dem Vogelschuss. Wie heißt du noch?«

»Paul.«

»Hallo, Paul. – Schmeckt gut hier, die Wurst. Find'st du nicht auch? Die am Bahnhof schmeckt nicht halb so gut.«

»Das kommt, weil sie mehr Curry nehmen«, sagte ich.

»Nein, die Wurst ist besser«, behauptete sie.

»Kann sein«, sagte ich, kaufte auch eine Currywurst und stellte mich neben Catarina. Heimlich zählte ich mein Geld.

»Magst du noch einen Becher Cola?«, fragte ich.

»Ja, gern«, sagte sie überrascht. Ich ließ mir einen Becher geben und schob ihn auf der Theke zu ihr hinüber. Sie trank einen Schluck und schob den Becher wieder zu mir. »Du trinkst aber auch!«, befahl sie. Ich nickte und trank ebenfalls.

Als wir den Becher gemeinsam geleert hatten, wollte ich mich von ihr verabschieden, aber sie sagte: »Gehst du heim? Wir haben doch fast den gleichen Weg. Da können wir ja zusammen gehen.«

Erst war unser Gespräch ein bisschen stockend. Aber an der Ecke, wo der Vogelschuss mit der Rhönstraße zusammenstieß, blieben wir noch eine Weile stehen und unterhielten uns.

»Du hast mir was versprochen. Weißt du noch?«, fragte ich.

»Ich soll dir was versprochen haben? Was denn?«

»Du wolltest mir ein Buch von deinem Bruder leihen.«

»Stimmt«, sagte sie. »Hatte ich total vergessen.«

»Wir haben uns ja nicht mehr gesehen. Wann hätt'st du's mir auch geben sollen«, sagte ich.

»Wenn du hier wartest, bring ich's dir vorbei!«

»Ehrlich?«, fragte ich. »Ich warte gerne.«

Es dauerte fast eine Viertelstunde. Endlich kam sie angerannt, ein Buch in der Hand.

»Mein Bruder wollte mir das Buch erst nicht geben«, sagte sie. »Du bringst es mir wieder, wenn du es ausgelesen hast, ja?«

Ich versuchte, den Buchtitel zu erkennen. »Wie heißt es?«

Die Abenteuer des Tom Sawyer, sagte sie und sprach es Sawjer aus. »Abenteuer klingt doch gut, oder?«

Sie drückte es mir in die Hand. Ich wusste gleich, dass man den Namen englisch aussprechen musste, sagte es ihr aber nicht, um nicht angeberisch zu wirken.

»Danke«, sagte ich und verabschiedete mich. »Servus!«

Servus war damals das Modewort unter Jugendlichen. Man sagte es zur Begrüßung und auch zum Abschied. Es wurde dabei aber anders betont. Bei der Begrüßung lag die Betonung auf der ersten Silbe, die zweite wurde eher gehaucht, bei der Verabschiedung betonte man beide Silben gleich und dehnte das Wort: »Sehr-vuss!«

Das Wörtchen »Tschüss« sickerte erst Jahrzehnte später aus dem Norden ein. »Hallo!«, sagte man am Telefon. Dann gab es noch »Tschau!«, eine Verballhornung des italienischen »Ciao!« Die Mädchen verdoppelten es zu einem »Tschau-tschau!« Noch später war es eine Zeitlang üblich »Ahoi!« zu rufen, wenn man Gleichaltrige auf der Straße traf. Das hatte nichts mit dem traditionellen Seemannsruf zu tun. Wir waren damals alle von den tschechischen Filmen begeistert, in denen sich die Jugendlichen mit »Ahoi« begrüßten. Das Wörtchen wurde eher ironisch, gewissermaßen mit unsichtbaren Anführungszeichen gebraucht.

In Obertheres hatte man sich mit einem »Mach's gut!«

oder mit »Bis dann!« verabschiedet. Ich nahm das städtische »Servus« schnell an, das Wort gefiel mir.

Von da an ging ich häufiger nachmittags in die Stadt, um Catarina zu treffen. Manchmal traf ich sie nicht, manchmal hatte ich Glück. Dann gingen wir zusammen nach Hause und unterhielten uns an der Ecke.

Nach ein paar Wochen sagte sie beim Abschied: »Sag mal, findest du es nicht auch doof, dass wir uns immer nur zufällig sehen in der Stadt? Was hättest du denn gemacht, wenn wir uns heute nicht getroffen hätten?«

»Dann wär ich morgen wieder in die Stadt gegangen und hätte geschaut, ob ich dich seh«, sagte ich.

»Wollen wir uns nicht fest verabreden?«, fragte sie. »Dann musst du nicht umsonst in die Stadt rennen.« Ein bisschen verlegen fügte sie hinzu: »Und ich auch nicht.«

Ab da verabredeten wir uns regelmäßig und taten nicht länger so, als wäre es reiner Zufall, dass wir uns trafen.

Im Februar, kurz nach dem Halbjahreszeugnis, fand mein Vater den Zettel von Catarina in unserem Briefkasten.

Wir hatten uns verabredet gehabt: um halb fünf beim Imbiss. Catarina war nicht gekommen. Ich wartete bis nach fünf. Es war verdammt kalt. Der Infrarotstrahler über der Theke des Imbissstands wärmte gerade mal meinen Kopf und die Schultern. Als ich das Gefühl hatte, meine Füße seien inzwischen aus Glas, ging ich nach Hause.

Am nächsten Morgen war ich in der Schule unaufmerksam. Warum hatte sie mich versetzt? Hatte ich etwas

Dummes gesagt, ohne dass ich es gemerkt hatte, und sie war beleidigt?

Als ich zum Mittagessen nach Hause kam, erfuhr ich den Grund. Mein Vater schob mir mit einem seltsamen Blick einen Zettel hin und fragte: »Kannst du mir das erklären?«

Außen auf dem Zettel stand »Für Paul«, zweimal unterstrichen.

»Der ist für mich!«, sagte ich. »Wo habt ihr den her?«

»Er lag in unserem Briefkasten«, sagte er, und betonte dabei das »unserem« so, als würde dies das Lesen fremder Briefe rechtfertigen.

Ich faltete den Zettel auseinander:

»Servus Paul. Ich konnte gestern nicht kommen. Ich habe nicht gedurft wegen meiner kleinen Schwester. Können wir uns heute Abend um sechs kurz treffen? Ecke Rhönstraße, wie immer.«

Darunter war ein großes Herz gemalt, daneben stand »Catarina«, danach kam noch ein zweites, kleineres Herz.

»Wer ist das?«, fragte mein Vater. »Wieso malt sie dir Herzen? Wer ist diese Catarina?«

»Ein Mädchen«, sagte ich knapp. Ich war wütend, weil er meinen Brief gelesen hatte.

»Deine dummen Antworten kannst du dir sparen«, sagte er. »Was ist das für ein Mädchen? Kennst du sie schon lange? Woher kennst du sie überhaupt?«

»Schon ziemlich lange«, sagte ich.

»Was ist das für ein Mädchen?«, fragte jetzt auch meine Mutter. »Kennen wir sie? Wer sind denn ihre Eltern?«

»Ihre Eltern kenne ich auch nicht«, sagte ich. »Sie wohnen in der Rhönstraße.«

»In der Rhönstraße?«, fragte sie. Ihr Tonfall war so entsetzt, dass ich sofort bereute, es überhaupt erwähnt zu haben.

»In der Rhönstraße?«, fragte auch mein Vater. Er schien erschüttert zu sein.

Ich nickte trotzig.

Er schob seinen Stuhl nahe an meinen heran und blickte mich kopfschüttelnd an. »Paul! Mit einer aus der Rhönstraße!«, sagte er in einem Tonfall, mit dem er auch hätte sagen können: »Paul! Mit einer Schwarzen Mamba!«

»Was ist daran schlimm?«, fragte ich.

»Paul, schlag dir das aus dem Kopf! Ganz davon abgesehen, dass du reichlich früh anfängst, dich mit Mädchen abzugeben. Ausgerechnet eine aus der Rhönstraße! Weißt du nicht, was da für Leute wohnen? Mein Sohn mit einer Rhönsträsserin!« Jetzt benutzte er auch den Ausdruck, den wir Vogelschüsser immer verwendeten! Ich wusste gar nicht, dass er ihn kannte. »Das darf ich gar nicht zu Ende denken. Wie alt ist sie denn?«

»So alt wie ich!«

»Die sind doch in diesem Alter schon viel weiter als du! Diese Mädchen entwickeln sich doch viel schneller. Verstehst du, was ich meine?«, fragte meine Mutter.

Ich zuckte mit den Achseln.

»Jedenfalls kommt es nicht in Frage, dass du dich weiter mit ihr triffst«, sagte er. Und zu meiner Mutter: »Das sind doch alles Flittchen in der Rhönstraße.«

»Catarina ist kein Flittchen!«, schrie ich.

»Keine Diskussion!«, schrie er zurück. »Du tust, was ich dir sage! Du gehst heute um sechs zu diesem Treffpunkt und sagst ihr, dass Schluss ist. Dass du sie nicht mehr sehen willst. Verstanden!«

Ich ließ das Mittagessen stehen, rannte in mein Zimmer und knallte die Tür hinter mir zu.

Ich würde nicht zum Treffpunkt gehen und schon gar nicht sagen, dass wir uns nicht mehr sehen.

Oder ich würde doch hingehen, ja, aber nur um ihr zu sagen, dass wir uns jetzt heimlich treffen würden.

Als ich um sechs zum Treffpunkt kam, sah ich schon von weitem, dass mein Vater bei Catarina stand und heftig auf sie einredete. Ich rannte hin.

»Catarina und ich haben uns schon bekannt gemacht«, sagte er, als ich schwer atmend bei ihm ankam.

»Was willst du denn hier?«, fragte ich.

»Ich wollte sehen, ob du dein Versprechen einhältst«, sagte er.

»Ich hab gar nichts versprochen …«, fing ich an.

Er unterbrach mich. »Catarina ist sehr vernünftig. Ich habe ihr erklärt, dass du nicht mehr mit ihr gehen wirst, und sie hat mir fest versprochen, dass sie dich nicht mehr treffen wird. Stimmt's, Catarina?«

»Ja«, sagte sie leise und schaute auf den Boden.

»Das klang aber nicht sehr überzeugend«, sagte mein Vater. »Also noch mal: Wirst du dich noch einmal mit Paul treffen?«

»Nein, nicht mehr«, sagte sie.

»Dann gebt euch jetzt die Hand und sagt euch endgültig ›Auf Wiedersehen‹, oder besser ›Auf nicht mehr Wiedersehen‹«, forderte er uns auf.

Catarina streckte mir zögernd die Hand entgegen, ich

drückte sie hastig, drehte mich um und rannte los. Die beiden sollten nicht sehen, dass mir die Tränen in die Augen stiegen.

Meine Wut und meine Verzweiflung waren so groß, dass ich wie gelähmt war. Ich war wütend auf meine Eltern, die Stadt, die Schule und besonders auf Catarina, weil sie einverstanden war und »Ja« gesagt hatte. Sie hatte mit mir Schluss gemacht, einfach so! Viel schien ich ihr wohl nicht bedeutet zu haben! Dabei hatte sie doch zwei Herzchen auf den Brief gemalt. Alles gelogen!

Ich konnte die ganze Nacht nicht schlafen und malte mir aus, wie es wäre, wenn ich von zu Hause weglaufen und mich nach Obertheres durchschlagen würde. Lud würde mich ganz hinten in der Scheune verstecken und mir heimlich Essen vorbeibringen.

Den Rest der Woche blieb ich zu Hause. Ich hatte keine Lust mehr, nachmittags in die Stadt zu gehen.

Am Mittwoch der nächsten Woche musste ich für meine Mutter einen Eimer Waschmittel besorgen. Als ich die Flügeltür des Supermarkts aufdrückte, kam mir Catarina entgegen. Ich war nicht darauf gefasst. Es war ein richtiger Schock, als sie plötzlich aus der Tür trat. Ich schaffte es gerade noch, ein unbeteiligtes Gesicht zu machen und an ihr vorbei in den Laden zu gehen.

Noch während die Flügeltür hinter mir zuschlug, wurde mir klar, was für ein Idiot ich gewesen war: Catarina hatte mir nämlich zugenickt, gelächelt und »Servus, Paul!« gesagt. Als sei nichts gewesen.

Erst als ich schon im Laden war, begriff ich, dass sie mich freundlich gegrüßt hatte.

Ich stemmte mich gegen die Leute, die hinter mir durch die Tür kamen, und versuchte, mich nach draußen zu drängen. Catarina war nicht mehr zu sehen. Während ich wie betäubt im Eingangsbereich stand und von Menschen mit vollen Einkaufstüten beiseitegeschoben wurde, machte ich mir klar: Catarina hatte nur »Ja« gesagt, weil sie Angst vor meinem Vater hatte. Was hätte sie auch sagen können? »Nein, Sie können mir gar nichts verbieten, Herr Maar! Ich gehe weiter mit dem Paul!« Als ob eine Dreizehnjährige einem Mann wie meinem Vater das zu sagen gewagt hätte! Sie hatte »Ja« geantwortet, aber gedacht: Und morgen treffe ich mich trotzdem wieder mit Paul.

Was dachte sie jetzt von mir? Ich war die ganzen letzten Tage nicht in der Stadt gewesen. Ich war ihr aus dem Weg gegangen. Und jetzt hatte ich so getan, als sei sie eine Fremde. Nun würde sie denken, ich hätte wirklich mit ihr Schluss gemacht und wollte nicht mehr mit ihr gehen. Ich musste sie unbedingt treffen und ihr alles erklären.

Meine Mutter ahnte, was ich vorhatte. Sie fand einen Vorwand nach dem anderen, der mich abhalten sollte, nachmittags in die Stadt zu gehen. Mal hörte sie mich englische Vokabeln ab, mal schickte sie mich zum Einkaufen in den kleinen Laden an der Ecke Klingenbrunnstraße. Oder sie ging mit mir gemeinsam in die Stadt, was sie sonst selten getan hatte.

Es dauerte fast drei Wochen, bis ich Catarina wiedertraf. Sie ging gerade vom Imbissstand weg, als ich dort ankam.

»Servus, Catarina«, sagte ich.

Sie behandelte mich nicht wie einen Fremden, eher

wie einen Feind. Sie schaute mich böse an und ging an mir vorbei, ohne ein Wort zu sagen.

Verwirrt, wie betäubt stand ich da. Ich ließ das Geld für die Currywurst in der Tasche. Der Appetit war mir vergangen. Langsam schlich ich nach Hause. Auch das Abendessen ließ ich ausfallen. »Keinen Hunger«, sagte ich, ging in mein Zimmer und legte mich ins Bett, ohne meine Kleider auszuziehen.

Ich habe alles kaputtgemacht. Wenn ich ehrlich bin, habe ich Catarina vor dem Kaufhaus nicht nur deshalb nicht gegrüßt, weil sie gesagt hatte, sie würde mich nicht mehr sehen wollen. Nein, es war auch ein bisschen deshalb, weil mein Vater es mir verboten hatte, weiter mit Catarina zu gehen.

Sie dagegen hatte sich einen Dreck um meinen Vater gekümmert und mich freundlich gegrüßt! Ich habe alles kaputtgemacht!

Am nächsten Morgen stand ich erst auf, als meine Mutter schon zweimal an die Tür geklopft hatte. Die Niedergeschlagenheit vom Vorabend war noch da. Ich spürte nicht die geringste Lust, in die Schule zu gehen. Je näher ich der Schule kam, desto größer wurde meine Unlust. Drei Stunden auf dem Platz sitzen und Lehrerfragen beantworten. Die albernen Witze der Mitschüler. Das Korbballspielen in der letzten Doppelstunde.

Wenn ich es mir nur vorstellte, bekam ich Magenschmerzen. Darum ging ich in der Amtsgerichtstraße nicht geradeaus zu unserer Schule, sondern bog nach links ab, wo ein Fußweg in die Innenstadt führte.

Das Kaufhaus hatte noch geschlossen, es öffnete erst um neun. Ich schaute mir sämtliche Schaufenster an und ging dann zum Imbissstand, um mir eine Tüte Pommes Frites zu kaufen.

Als das Kaufhaus endlich öffnete, schlenderte ich durch die Gänge, blieb dann vor der Abteilung mit den Büchern stehen, blätterte in den verbilligten Büchern, die in einem Korb unter der Aufschrift »Sonderangebote« lagen, und las mich an *Das Tagebuch der Anne Frank* fest. Schon als ich die Inhaltsangabe auf der Rückseite des Buches gelesen hatte, wurde mir bewusst, wovon es handelte, und wieder stieg die Scham in mir auf, die Last, zu einem Volk zu gehören, das diese Verbrechen begangen hatte.

Nach einer Weile kam ein Verkäufer zu mir und sagte. »Die Bücher sind zum Kaufen da, nicht um sie hier zu lesen!«

Für einen Kauf hätte mein schmales Taschengeld nicht ausgereicht. Ich legte das Buch zurück in den Korb und ging.

Die große Uhr vor dem Optikergeschäft in der Spitalgasse zeigte auf zehn. Wenn ich erst um ein Uhr nach Hause kommen wollte, so als sei ich in der Schule gewesen, musste ich noch drei Stunden warten. Ziellos ging ich durch bestimmt zehn Straßen und Gassen. Als mir auch das langweilig wurde, setzte ich mich in den Grünanlagen am Obertor auf eine Bank und sah den Altersheimern von Sankt Anton beim Taubenfüttern zu.

Zu Hause stellte ich die Büchertasche im Flur ab und tat so, als käme ich wie immer aus der Schule.

Am nächsten Tag ging ich nicht in die Schule, weil

ich keine Entschuldigung für den Vortag hatte. Am übernächsten Tag hatte ich immer noch keine. Also ging ich wieder ins Kaufhaus und anschließend hinunter zum Mainufer, setzte mich auf ein Mäuerchen und schaute dem Wasser beim Fließen zu.

Am vierten Tag traf mich Harry Adelfinger aus unserer Klasse, als ich gerade nach links zum Kaufhaus abbiegen wollte.

»He, Maar, hier geht's zur Schule!«, sagte er, fasste mich am Arm und zog mich mit sich nach rechts. »Was soll der Umweg? Keine Zeit! Es ist schon zehn vor acht.«

So landete ich mit ihm in der Schule.

»Maar, deine Entschuldigung!«, forderte der Böhm, noch bevor ich mich auf meinen Platz setzen konnte. »Wo warst du die letzten drei Tage?«

»Krank«, sagte ich.

»Krank?«, wiederholte er. »Und wo ist die Entschuldigung? Dein Vater war ja wohl nicht auch krank!«

Kurz erwog ich, »Doch!« zu antworten und meiner ganzen Familie eine ansteckende, lebensgefährliche Krankheit anzudichten. Dann ließ ich es und sagte: »Mein Vater war auf einem Kongress.« Das hatte mal Jürgen Kühnert als Entschuldigung vorgebracht, und der Böhm hatte es akzeptiert. Jürgen war der Sohn eines leitenden Managers der Firma Fichtel und Sachs, Kugelfischer, SKF oder so ähnlich.

Der Böhm blickte mich prüfend an und fragte: »Was für einen Kongress besucht denn ein Malermeister?«

»Einen Malerkongress«, sagte ich.

»Aha, einen Malerkongress«, wiederholte er. »Hat ihn da deine Mutter begleitet?«

»Nein.«

»Und warum hat dann nicht sie die Entschuldigung geschrieben?«

Ich zuckte mit den Achseln.

»Morgen liegt die Entschuldigung auf meinem Pult! Und jetzt setz dich auf deinen Platz«, befahl er und begann mit dem Unterricht.

Da ich ihm am nächsten Tag auch keine Entschuldigung aufs Pult legen konnte, ging ich lieber ins Kaufhaus und wanderte dann ziellos durch die Straßen. Meistens stellte ich mir dabei vor, wie es wäre, Catarina zu treffen. Dabei wusste ich genau, dass ich sie nicht treffen würde. Denn sie schwänzte bestimmt nicht die Schule.

Beim Mittagessen erwartete mich mein Vater. Er hatte wohl vor, mal ausnahmsweise zusammen mit Mama und mir am Tisch zu sitzen.

Als er aber mühsam beherrscht fragte: »Wo kommst du her?«, wusste ich Bescheid.

Wenn er angenommen hätte, ich käme aus der Schule, würde er nicht so fragen.

Ich sagte trotzdem »Aus der Schule« und handelte mir links und rechts eine schallende Ohrfeige dafür ein.

»Aus der Schule! Du Lügenstrick!«, schrie er. »Dein Deutschlehrer hat geschrieben, dass du schon eine Woche unentschuldigt fehlst.«

Ich blickte zu Boden und gab keine Antwort. Meine Wangen brannten von den beiden Schlägen.

»Wo hast du dich herumgetrieben?«, wollte er wissen.

In der Maserung des Holzfußbodens konnte ich ganz

deutlich ein Schiff erkennen. So hatte wahrscheinlich das Boot ausgesehen, mit dem Tom Sawyer und Huckleberry Finn von zu Hause abhauten. Nein, es war ja kein Schiff gewesen, sondern ein Floß. Ich dachte an den schwarzen Kahn, mit dem Lud und ich den Main entlanggefahren waren.

»Wird's bald? Warst du in der Stadt und hast dich mit dieser Catarina getroffen? Hat sie dich angestiftet, die Schule zu schwänzen?«

Ich schüttelte den Kopf. Ja, es wäre schön gewesen, wenn ich sie in der Stadt getroffen hätte, und sie nicht mit einem verächtlichen Gesichtsausdruck an mir vorbeigegangen wäre, sondern freundlich »Servus Paul!« gesagt hätte. Aber dass dies nie mehr so sein würde, dafür hatte mein Vater ja gesorgt!

»Johanna, sag doch auch was dazu!«, forderte er meine Mutter auf. »Er ist so verstockt, ich hätte gute Lust, ihn ordentlich durchzuprügeln.«

Meine Mutter sagte schnell: »Sag doch Papa, wo du gewesen bist! Wir müssen es doch wissen.«

»In der Stadt halt«, sagte ich.

»In der Stadt halt«, wiederholte er. »Ich will ihn nicht mehr sehen. Er soll in sein Zimmer gehen und da bleiben!«

Im Hinausgehen hörte ich meine Mutter sagen: »Er ist so verändert in letzter Zeit. So verändert.«

In meinem Zimmer legte ich mich ins Bett, ohne mich vorher auszuziehen. Nur die Schuhe hatte ich abgestreift. Eine Weile lag ich nur da und starrte zur Decke. Dann stand ich auf, holte mir mein neues Lieblingsbuch aus dem

258

Regal, und schlug es an der Stelle auf, die ich mit einem Busfahrschein markiert hatte.

»Tom Sawyers Seele war ganz in Melancholie getaucht. Lange saß er da, die Ellbogen auf die Knie gestemmt, das Gesicht in den Händen, und dachte nach. Ihm schien es, als sei das Leben bestenfalls eine Last, und er beneidete fast Tom Hodges, der von dieser Bürde erlöst worden war. Es musste schön sein, so friedlich da unten zu liegen – für immer und immer – während der Wind die Blumen und Gräser streichelt, die auf dem Grab stehen.«

Ich las die Stelle in letzter Zeit oft, und mit jedem Lesen schien sie mir noch schöner und wahrer zu sein.

Ich stellte mir vor, was sie sagen würden, wenn ich tot im Grab läge. Am meisten würden Oma Kuni und Opa Schorsch trauern. Meine Eltern hätten hoffentlich ein schlechtes Gewissen, weil sie mich aus Obertheres weggeholt und mich hier meiner Einsamkeit, meinem Kummer und einem tristen Leben ausgesetzt hatten.

Für das Schwänzen wurde ich von der Schule mit einer Stunde Rektoratsarrest bestraft. Das Schwänzen war wohl auch der Grund, weshalb sie mich sitzenbleiben ließen.

Wütend trat ich gegen den Papierkorb, als ich aus dem Klassenzimmer ging. Er kugelte über den PVC-Boden und spuckte Papierschnipsel und zerknüllte Tüten aus.

»Du kannst mir nichts mehr befehlen. Ich bin ja nicht mehr in deiner Klasse«, dachte ich, als der Schindler hinter mir herrief, ich solle den Papierkorb aufheben. Ohne mich umzusehen ging ich aus der Tür.

Ich wusste, was mich zu Hause erwartete, und wurde auch nicht getäuscht: Mein Vater holte weit aus, als er das

Zeugnis gelesen hatte, und verpasste mir links und rechts eine Ohrfeige. Da ich in Erwartung der Schläge meine Hände schützend auf die Wangen gelegt hatte, ohrfeigte ich mich gewissermaßen selbst.

PRIMAVERA

———

Dass ich sitzengeblieben war, erwies sich schon bald als Glücksfall. In der alten Klasse hatte der Notendurchschnitt in Mathe und Physik bei 2,2 gelegen. Ohne mich wahrscheinlich bei 2,0. Der Notendurchschnitt in Bildender Kunst lag etwa bei 3,5.

In der neuen Klasse war es genau umgekehrt. Die Mitschüler sprachen sich auch nicht mit Nachnamen an, sondern mit Franz, Günther oder Ted. Das waren die Namen meiner engsten Freunde in der neuen Klasse. Franz bekam in der Klasse den Namen »der Dichter«, ich wurde bald »Paul, der Maler«, die Rollen waren klar verteilt.

Franz hatte eine Eins in Deutsch, verfasste Gedichte und schrieb kleine Essays über literarische Themen, die zum Teil sogar im *Schweinfurter Tagblatt* veröffentlicht wurden. Zum hundertsten Todestag von Johann Freiherr von Eichendorff am 10. März 1958 bekam er eine halbe Seite für seine Würdigung Eichendorffs in der Wochenendausgabe.

Paul, der Maler, hatte eine Eins im Fach Bildende Kunst, gestaltete die Titelseiten der schulischen Jahresübersicht, bespannte zum Schulfasching bestimmt 40 Meter des Ganges mit Zeitungsendrollen, die er dann eigenhändig bemalte, und gewann mit seinem Team mehrmals den Schaufensterwettbewerb der Buchhandlungen. Endgültig anerkannt wurde ich in der Klasse, als ich einen mit 300 D-Mark ausgelobten Plakatwettbewerb gewann, an dem sich auch die stadtbekannten Maler und Graphiker beteiligt hatten. Jeder gab seinen Entwurf anonym ab, beschriftete ihn mit einer Nummer, die außen auf einem verschlossenen Briefumschlag zu stehen hatte. Aus der Jury wurde mir erzählt, man habe sich sehr gewundert, als man den Umschlag öffnete und ein unbekannter Name zum Vorschein kam.

Man wunderte sich noch mehr, als sich herausstellte, dass der Entwurf von einem 17-jährigen Schüler stammte.

Mit Günther unternahm ich lange Fahrradtouren durch Franken, einen Aquarellblock, Farben und Bleistifte in der Satteltasche. Wenn uns ein Motiv gefiel, stiegen wir ab, zeichneten oder malten. In einem der aufbewahrten Blätter aus der Schulzeit habe ich später Schloss Wetzhausen wiedererkannt, den damaligen Sitz des »Fränkischen Theaters«. Später siedelte das Theater nach Stöckach um und sollte so etwas wie meine zweite Heimat und meine Geburtsstunde als Bühnenbildner und Autor werden.

Günther wurde später Dombaumeister in Würzburg.

Hatte ich mich früher oft mit Magenschmerzen auf den Weg zur Schule gemacht, so ging ich jetzt gern, voller Vorfreude, meine Freunde dort zu treffen. Ich stilisierte mich als Künstler. Einen alten, unbenutzten schwarzen Hut meines Vaters klopfte ich flach, bis er oben einen waagrechten Abschluss hatte, trug auch im Sommer eine mantelähnliche schwarze, weite Jacke und band mir einen langen roten Schal um. Das hatte ich so auf einer Lithographie von Toulouse-Lautrec gesehen, die den Chansonnier Aristide Bruant zeigte, für mich der Inbegriff eines Bohemiens. Ich muss unfreiwillig komisch gewirkt haben, wenn ich in dieser Maskerade mit weit nachwehendem roten Schal auf dem Rad zur Schule fuhr.

Franz und ich fassten den Entschluss, in den großen Ferien mit dem Rad über Florenz nach Rom zu fahren und dort die großen Museen zu besuchen, unser Schulkamerad Gunnar hatte Interesse, uns zu begleiten.

Das musste aber erst mal meinen Eltern vermittelt werden. Franz sollte mich dabei unterstützen. Er war noch nie bei uns zu Hause gewesen, und ich unterrichtete ihn vorher vom Witzerepertoire meines Vaters. Es war überschaubar und wurde nicht variiert. Die eine Variante, wenn es zum Beispiel um einen Lehrer ging, lautete so: »Ist das der Mann, der auf der rechten Seite nur einen Arm hat?« Wenn man verneinte und richtigstellen wollte, dass Herr Sitter oder Sooß durchaus zwei Arme hatte, brach mein Vater in Lachen aus und rief: »Aber doch nicht auf der rechten Seite!«

Auf den zweiten Standardwitz meines Vaters hatte ich Franz leider vorbereitet, was ihm einen schlechten Einstand bescherte, denn mein Vater fühlte sich um seinen Triumph betrogen.

Auf seine Frage: »Mit welcher Hand putzt du eigentlich deinen Hintern ab?«, die viele schon wegen des intimen Themas in peinliche Verlegenheit gebracht hatte, antwortete Franz: »Ich putze ihn nicht mit der Hand ab, Herr Maar, sondern mit Toilettenpapier.«

Das führte dazu, dass mein Vater auf der Stelle kehrtmachte und mit einem gemurmelten »Ein Obergescheiter!« missgelaunt hinter der nächsten Tür verschwand.

Wir trugen unseren Plan also erst mal meiner Mutter vor. Sie wehrte entsetzt ab: »In deinem Alter! Und gleich ins Ausland! Das hältst du doch nie durch! Du hast bestimmt einen Herzfehler. Oma Kuni findet das auch. Wenn du dich anstrengst, bekommst du immer blaue Lippen. Da ist es doch viel wärmer als hier. Dann kommst du irgendwann nicht mehr weiter vor Erschöpfung, was dann? Soll dich dein Vater etwa mit dem Auto zurückholen? Der war auch noch nie in Italien und wird sich bestimmt verfahren!«

Mit dem letzten Argument hatte sie recht. Wenn man von den kriegsbedingten Aufenthalten in Frankreich und Amerika absah, war mein Vater nie im Ausland gewesen, nicht einmal in Österreich. Bis zu seinem Tod hat er nicht einen Tag Urlaub gemacht.

Auch die Beteuerungen von Franz, dass ich ein exzellenter Radfahrer und bisher an keinem noch so steilen Berg abgestiegen sei, stießen auf taube Ohren.

Unsere Rettung kam von einer Kapazität, von der sich meine Mutter eigentlich Unterstützung erhofft hatte. Bei einem Besuch unseres alten Hausarztes, Doktor Brander, erwähnte sie meinen Plan, mit Freunden nach Italien zu fahren und bat ihn, es mir doch auszureden. Zu ihrer Verblüffung zeigte er sich begeistert, nannte dies einen guten Schritt, der mich selbstsicherer, mutiger und erwachsener machen würde, und gratulierte mir zu dieser Entscheidung. Da sich mein Vater von der Meinung des

Arztes überzeugen ließ, stand unserem Plan nichts mehr im Wege.

Und so fuhren Franz, Gunnar und ich am zweiten Ferientag los in Richtung Italien. Jeder von uns hatte 50 D-Mark dabei, das sollte für sechs Wochen Italien reichen. Außerdem hatte ich ein Postsparbuch, mit einem Guthaben von 40 D-Mark, von dem ich in Deutschland bei jeder Poststelle Geld abheben konnte. Das war praktischer als ein Bankkonto, denn es gab nicht in jedem Ort eine Bankfiliale, in jedem kleinen Dorf aber eine Post.

In den riesigen, seitlichen Satteltaschen, die fast bis zum Boden reichten, und in den Rucksäcken auf den Gepäckträgern hatten wir unsere Ausrüstung verstaut, aufgeteilt zwischen uns Fahrern: drei Luftmatratzen, ein Zweimann- und ein Einmannzelt mit Zeltstangen und Heringen, einen Spirituskocher, einen Kochtopf, zwei blecherne Wasserflaschen und einige Kleider zum Wechseln.

Unsere Reise ist mir nur bruchstückhaft in Erinnerung. Es gibt aber Ereignisse und Orte, die mir im Gedächtnis geblieben sind.

Da ist zum Beispiel Verona.

Eigentlich wollten wir dort nur die Altstadt besichtigen und danach noch dreißig Kilometer weiterfahren. Dann bekamen wir mit, dass gerade in der berühmten Arena aus der Römerzeit die Oper *Aida* aufgeführt wurde. Es war sogar eine Premiere. Unser Geld hätte für eine Eintrittskarte nie gereicht. So standen wir außerhalb der Mauern und lauschten der Musik und den Gesangsstimmen, die gut zu hören waren. Eine italienische Familie schleppte ein Fernsehgerät vor die Haustür und zeigte uns durch Gesten, dass eine Live-Übertragung der Oper gezeigt wurde. Sie luden uns freundlich ein, neben ihnen Platz zu nehmen. Nach kurzer Zeit stellte man den Ton aus, und wir sahen jetzt die Bühne, die Sänger und das Orchester auf dem Bildschirm und hörten dazu aus der Arena die Originalmusik.

Als die Trompeten des Triumphmarsches ertönten, konnte es sich Gunnar nicht verkneifen, eine bayerische Version mitzusingen: »Ma- rie, geh, lass dein Fensterl auf, ich steig zu dir hinauf, heut bei der Nacht …«

Unsere Gastgeber wunderten sich, denn in der italienischen Originalversion, die wir gerade hörten, war diese Passage nicht mit Gesang unterlegt.

Wir zelteten auf ausgewiesenen Campingplätzen, Franz und ich im größeren Zelt, Gunnar im kleinen. Oft waren wir nach achtzig Kilometern Fahrt so müde oder faul, dass wir das Zelt gar nicht aufbauten, sondern nur unsere Luftmatratzen aufbliesen und uns am Wegrand in eine Wiese legten. Die italienischen Nächte waren warm.

Wenn wir an einem See vorbeikamen, machten wir Rast und badeten: im Gardasee, im Lago di Como, im Lago di Bolsena und im Lago Trasimeno, wo wir aber von Fischern vertrieben wurden, weil wir dort schwammen, wo sie ihre Netze ausgelegt hatten.

In Florenz trennte sich Gunnar von uns beiden und fuhr allein nach Rom weiter. Er war zunehmend ungeduldig geworden, weil wir in Florenz entgegen unserem ursprünglichen Plan nicht zwei, sondern vier Tage blieben. Schuld daran waren Botticelli und eine junge Frau, die am Rand des Zeltplatzes eine winzige Konditorei, eine Pasticceria, betrieb.

Wir hatten die Uffizien besucht und waren dort einen Nachmittag lang geblieben. Gunnar stand lange vor dem Caravaggio-Gemälde, das die Opferung Isaacs zeigte. Es war ein brutaler Anblick. Der bärtige, glatzköpfige Abraham hatte seinen Sohn am Kopf gefasst, den vor Angst schreienden, nackten Isaac mit der linken Hand auf den Opferstein gedrückt, in der rechten das scharf geschliffene Messer, und war gerade dabei, ihm die Kehle zu durchschneiden. Von links kam ein lockenköpfiger, androgyner, nackter Engel ins Bild, der Abrahams Unterarm festhielt und mit dem ausgesrteckten Zeigefinger der anderen Hand auf einen Widder am rechten Bildrand wies.

Ich erzählte den beiden, dass mich diese Bibelszene schon als Kind empört hatte, Gunnar hingegen inspirierte sie zu der Frage, ob ein Polizist, der Zeuge dieser versuchten Tötung gewesen wäre, Abraham wohl hätte erschießen dürfen oder sogar müssen, um die Tat zu verhindern. (Kein Wunder, dass Gunnar Jahrzehnte später bei der Bundeswehr sogar bis zum Oberst aufgestiegen ist.)

Franz und mich begeisterten besonders die Gemälde Botticellis und seine Frauenbilder. Die Frauen auf den Bildern seiner Zeitgenossen wirkten fremd mit der hohen, ausrasierten Stirn und den steifen, übervoll bestickten, teppichähnlichen Brokatkleidern. Botticellis Frauen trugen das Haar offen und wirkten, als könnten sie einem auf dem Bürgersteig einer heutigen Stadt entgegenkommen, ohne dass sie groß aufgefallen wären, es sei denn, durch ihre Schönheit.

Eine der Frauenfiguren hatte es sowohl Franz als auch mir angetan: die Venus mit ihren schwermütigen Gesichtszügen und die linke der drei Grazien auf dem »Primavera«-Bild. Bei beiden schien dieselbe junge Frau Modell gestanden zu haben. Vielleicht Botticellis Geliebte, mutmaßten wir.

Franz und ich waren verblüfft und fast ein wenig verwirrt, als wir am nächsten Tag auf eine Frau trafen, die eine Zwillingsschwester von Botticellis Venus hätte sein können, und verliebten uns auf der Stelle in sie. Sie war die Verkäuferin oder sogar die Besitzerin der Pasticceria in der Straße, die zum Zeltplatz führte. Mindestens einmal am Tag betraten wir nun den Laden, um eine der dort angebotenen Süßigkeiten zu kaufen, um die junge Frau stumm zu bewundern, und um einander hinterher zu bestätigen, wie schön sie sei, dass auch sie diese schwermütigen Botticelli-Augen habe, und was für ein angenehmes, wohlriechendes Parfüm sie benutze.

Ihr zuliebe lernten wir die Bezeichnungen der im schmalen Schaufenster ausgestellten und beschrifteten Köstlichkeiten und waren stolz, abwechselnd Amaretti al Limone, Cantucci all' Albicocca oder Tartuffi Pistacchio auf Italienisch bestellen zu können. Nicht ohne dass wir ihr ein Lächeln entlockten, wenn wir die Namen nicht ganz korrekt aussprachen. Hinterher waren wir uns nie einig, wem von uns beiden sie mehr zugelächelt hatte.

Als wir beim Zählen unseres Geldvorrats dann ausrechnen konnten, dass wir uns auf der Weiterreise wohl von Weißbrot und selbstgekochten Nudeln ernähren mussten, verabschiedeten wir uns schweren Herzens von ihr und von Florenz, um in Richtung Rom weiterzufahren.

Wir blieben nicht lange dort und machten uns schon nach zwei Tagen auf den Rückweg. Dem Vergleich mit Florenz hielt die Stadt nicht stand.

Auf der Rückfahrt von Rom brach ohne besondere Belastung die Gabel meines Fahrrads auseinander. Es war ein waagrechter Bruch, offensichtlich Materialermüdung. Wir schoben die Räder bis zum nächsten Ort und suchten nach einer Werkstatt. Es gab damals in Italien kaum ein Dorf ohne eine Fahrradwerkstatt. Der Besitzer montierte die zerbrochene Gabel ab und nahm sie erst mal mit zur Piazza, schwenkte sie dort triumphierend, hielt sie seinen im Schatten sitzenden Mitbürgern hin, wobei er immer wieder rief: »NSU! La marca nazionale tedesca! NSU!«

Mein Fahrrad trug den Markennamen NSU, und es war ihm eine Freude, seinen Landsleuten vorführen zu können, dass von der deutschen »Nationalmarke« offensichtlich schlechtere Fahrräder gebaut wurden als bei ihnen in Italien. Die Gabel, die er dann einbaute, war einen Zentimeter kürzer als ihre Vorgängerin. Das hatte zum einen zur Folge, dass mein Fahrrad jetzt eine kaum merkliche Neigung nach vorne bekam, zum anderen, dass ich die Felgenbremse am Vorderrad nicht mehr betätigen konnte. Wenn ich die Bremse zog, schleiften die Bremsklötze nicht mehr über die Felgen, sondern trafen die Speichen. Das war gefährlich. Deswegen suchte ich mir ein Holzstück, klemmte es zwischen die Lenkstange und den Bremsgriff und befestigte es mit Heftpflaster aus unserem Verbandskasten. Das verhinderte, dass ich bei einer Gefahrensituation routinemäßig neben der Rücktrittbremse auch die Handbremse betätigte.

Auf dem Weg zur österreichischen Grenze verfuhren wir uns. Nach einem Bad im Comer See fuhren wir nicht nach Nordosten, sondern geradeaus weiter und kamen so zum Splügen-Pass, was uns erst klar wurde, nachdem wir unsere Räder schon um mindestens zwanzig Serpentinen geschoben hatten. Auf einem Hinweisschild war zu lesen, dass der Pass, den wir gerade ansteuerten, in 2114 Metern Höhe lag und die Passstraße 34 Kilometer lang war. Wir hatten, wie ich hinterher erkundete, 75 Spitzkehren zu überwinden. Länger als einen halben Tag schoben wir bei grellem Sonnenschein unsere schwer bepackten Räder bergauf. Immer öfter mussten wir eine kleine Rast einlegen, um Atem zu schöpfen. Etwa fünfhundert Meter vor dem Gipfel kam uns eine kleine Bande von Bergbauernbuben zu Hilfe. Vier Kinder schoben hinten an meinem Fahrrad mit, drei bei Franz. Als wir die Passhöhe schon fast erreicht hatten, streikten sie und zeigten uns durch Gesten, dass nun eine Belohnung fällig sei. Wir wiederum machten durch bedauernde Gesten klar, dass wir blank waren: »Non una sola Lira!«, was auch stimmte. Wir drehten sogar unsere Hosentaschen nach außen, um zu beweisen, dass wir kein Geld zurückhielten. Die Buben fühlten sich um ihren Lohn betrogen, stiegen auf den Abhang, der die Straße begrenzte, und begannen von da oben mit Steinen nach uns zu werfen. Es wurde immer gefährlicher, die Steine immer größer. Franz zog eine der Zeltstangen aus der Satteltasche, schwenkte sie über seinen Kopf und stieg den Abhang hoch, wobei er martialisch brüllte. Das zeigte Wirkung, die Kinder trollten sich.

Die Abfahrt auf der anderen Seite war kaum weniger beschwerlich. Da ich die Vorderradbremse nicht benutzen konnte, betätigte ich nur die Rücktrittbremse. Die schaffte es nur, das schwer bepackte Rad zu verlangsamen, wenn ich mit aller Kraft das Pedal niedertrat. Die Nabe des hinteren Rads wurde dadurch immer heißer, fing sogar an zu glühen, dünnflüssiges Öl floss heraus. Ich musste absteigen und das Rad bergab schieben.

Nach ein paar Kilometern entdeckte ich am Straßenrand einen gefällten Nadelbaum, eine kleine Kiefer. Ich holte ihn mir, band ihn mit der Zeltschnur am Gepäckträger fest, stieg auf und fuhr los. Es kam nicht so, wie ich es gehofft hatte, der nachschleifende Baum bremste das Rad kaum ab, gewann sogar an Fahrt und stieß bei Steilstrecken an den Hinterreifen. Ich begriff, was ich falsch gemacht hatte, stieg wieder ab und band den Baum neu fest. Diesmal mit der Spitze nach vorn. Jetzt wiesen die nadeligen Äste in Fahrtrichtung und sträubten sich beim Fahren so stark auf, dass ich bei den engen Kurven sogar durch Treten der Pedale mithelfen musste.

Am frühen Abend kamen wir unten an. Vorher hatte ich mein Fahrrad von der Baumbremse befreit und die Kiefer am Wegrand deponiert. Erst beim Anblick des blauen Ortsschilds wurde uns bewusst, dass wir nicht in Österreich, sondern in der Schweiz gelandet waren. Wir fanden einen geeigneten Platz, bauten das Zelt auf, schliefen auf der Stelle ein und erwachten am nächsten Morgen nicht wie üblich beim Sonnenaufgang, sondern krochen erst gegen zehn aus dem Zelt. Es fand sich noch eine halbe Stange Weißbrot in einer der Taschen. Das teilten wir uns zum Frühstück und tranken dazu Wasser.

Wir wollten die Schweiz so schnell wie möglich durchqueren, weil ich erst in Deutschland auf mein Postsparbuch zugreifen konnte, und schafften es tatsächlich, noch am späten Abend in Lindau anzukommen. Die Post hatte geschlossen. Aber am nächsten Morgen standen wir gleich zu Beginn der Öffnungszeit am Schalter.

Nach einem ausführlichen Frühstück setzten wir uns wieder aufs Rad und fuhren Richtung Norden. In Kitzingen suchte ich eine Telefonzelle und rief zum ersten Mal nach fünfeinhalb Wochen zu Hause an. Mein Vater meldete sich am anderen Ende. Die Freude in seiner Stimme war unverkennbar. »Leg nicht auf, ich hole deine Mutter!«, rief er, nachdem ich ihm gesagt hatte, dass wir uns spätestens heute Abend zu Hause wiedersehen würden. Ich steckte noch mal zwei Zehner in den Telefonschlitz, damit die Verbindung nicht unterbrochen würde. Meine Mutter brach in Tränen aus, als sie meine Stimme hörte. Da wurde mir erst richtig klar, was es für sie bedeutet haben musste, wochenlang nicht zu wissen, wie es mir ging und ob ich wohlauf sei.

Mein Vater meldete sich noch mal, um zu fragen, was Franz und ich gerne essen würden. Ich beriet mich kurz mit Franz und wir einigten uns auf einen Braten mit Soße, dazu Kartoffelklöße und Karottengemüse. Das konnte ich gerade noch ins Telefon rufen, dann war das eingeworfene Geld zu Ende.

Als wir hinter Gaibach unsere Räder mal wieder einen

steilen Berg hochschoben, hielt neben uns ein weißer VW Käfer. Mein Vater stieg aus und begrüßte uns. Er hatte die voraussichtliche Fahrtroute erraten und war uns entgegengefahren. Ich spürte seinen Stolz über den muskulösen, braungebrannten Sohn. Wir umarmten uns zwar nicht, trotzdem fühlte ich mich ihm sehr nah.

Franz und ich schnallten die Seitentaschen ab und deponierten sie auf dem Rücksitz des Autos. Von der schweren Last befreit, fuhren unsere Räder wie von alleine, und wir kamen pünktlich zum Abendessen zu Hause an.

Ich versuchte, dieses neue Gefühl zwischen meinem Vater und mir zu vertiefen, seinen Stolz auf einen sportlichen Sohn, indem ich in den Ruderclub Franken eintrat und bald Schlagmann im Jugendachter wurde. Mein Vater war als junger Mann ebenfalls Regatten gefahren. Viele Pokale im Wohnzimmer kündeten von seinen Siegen.

Aber der von mir erhoffte Stolz auf den Sohn ging schnell verloren, als unser Achter immer nur den zweiten oder dritten Platz belegte.

Wir lebten jetzt nebeneinander her, hatten ein unausgesprochenes Stillhalte-Abkommen. Er hatte aufgehört, mich zu schlagen, und beschränkte sich darauf, mir gelegentlich zu versichern, dass aus mir höchstens mal ein »Straßenkehrer« werden würde. Es war nicht zu übersehen, dass er sich veränderte, er wurde saturiert und weniger aktiv, legte einige Kilo zu und ging abends selten ins Bett, ohne vorher mindestens eine halbe Flasche Weißwein geleert zu haben. Manchmal war es auch eine ganze Flasche. Dann saß er lange stumm brütend am Tisch, bevor etwa bizarre Theorien über Ufos aus ihm herausbrachen.

Berichte über fliegende Untertassen füllten damals die Zeitungsspalten. Er wusste angeblich alles über sie: Kurz vor Kriegsende waren die Wissenschaftler, die in Peenemünde an der Entwicklung der deutschen Aggregat-4-Rakete gearbeitet hatten, in ein U-Boot gestiegen und aus Deutschland verschwunden. Lediglich Wernher von Braun hätte sich geweigert, mit einzusteigen, er litt unter Klaustrophobie, bekam Panik in überfüllten Räumen und hätte es keine zehn Minuten im engen U-Boot ausgehalten. So sei er lieber zu den Amerikanern übergelaufen und hätte dort für sie die Mondrakete gebaut. Die anderen Wissenschaftler wären nach einigen Umwegen schließlich am Südpol gelandet und hätten dort eine Produktionsstätte errichtet, von der aus sie die fliegenden Untertassen starteten. Man wisse doch, dass es am Südpol warme Zonen gäbe. Es war kein Zufall, dass alle Karten der Antarktis zensiert und nicht im Handel erhältlich waren!

Wenn meine Mutter seine Theorien als Spinnereien abtat oder, noch schlimmer, wenn sie ihm widersprach, konnte es sein, dass er einen Wutanfall bekam und sie so lange beschimpfte, bis sie weinend aus dem Zimmer lief.

Im nüchternen Zustand, am nächsten Morgen, tat ihm sein abendliches Verhalten leid. Er schaffte es aber nie, sich bei ihr zu entschuldigen. Zum Zeichen seiner Reue kaufte er Unmengen von Fleisch nebst einem Ringel warmer Fleischwurst und brachte es ihr in die Küche. Sie aber konnte den Geruch frischen Fleisches nicht ertragen und hätte lieber vegetarisch gelebt. Er seinerseits versuchte, ihr die Qualität der eingekauften Fleischstücke am eigenen Körper zu demonstrieren, indem er sich etwa mit der Bemerkung »Eine besonders schöne Lende!« mit der Hand über den unteren Rücken strich oder bei »Ein feines Stück Rindfleisch aus der Hüfte« mit beiden Händen seine Hüften umfasste und meine Mutter dabei beifallheischend anblickte. Sie ließ sich davon nicht beeindrucken, trug das neue Fleischstück umgehend in die Waschküche im Untergeschoss und verstaute es dort in der Tiefkühltruhe.

Sonntags kochte mein Vater selbst und steigerte sich über Lendchen süßsauer im Römertopf über Bœuf Stroganoff zu Tafelspitz, wobei seiner Meinung nach das Bürgermeisterstück am besten dafür geeignet war. Er zeigte, wo wir es uns vorzustellen hatten, indem er sich mit beiden Händen am linken Hüftknochen fasste. »Genau oberhalb der Kugel! Das zarteste Fleisch überhaupt!«, erklärte er dabei.

Das zarte Stück wurde dann mit Meerrettichsauce und Preiselbeeren angerichtet.

Zur Katastrophe kam es, als im Keller eine elektrische Sicherung herausgesprungen war, was wochenlang niemand bemerkt hatte. Meine Mutter fiel beim Öffnen des Truhendeckels fast in Ohnmacht. Aufgetautes, verwesendes Tierblut füllte bereits ein Viertel der Tiefkühltruhe.

Mein Vater kippte mit meiner Hilfe die Truhe, legte sie flach auf den Zementboden und spritzte sie mit einem Gartenschlauch aus. Das blutgefärbte Wasser versickerte im Abfluss.

Dann schippte er mit einer Kehrschaufel die stinkenden Fleischstücke aus der Truhe, befreite sie von ihren Papierhüllen und Plastiktüten, bevor er sie in einer Plastikwanne verstaute. Mit der Wanne im Kofferraum, das Auto stank noch nach Wochen, fuhr er zu einem Tierheim. Er hoffte, dort das Fleisch loszuwerden, und pries es als Futter für die dort hinter Gittern lebenden Hunde an. Doch der Leiter des Tierheims wies die freundliche Gabe zurück, und mein Vater musste die Wanne wieder ins Auto zurücktragen. Das weiß man aus seiner Erzählung. Was aber mit dem Fleisch letztlich geschah, verschwieg er der Familie.

Mein Bruder Bernd hatte die Vermutung, dass die Füchse im Steigerwald vorerst nicht mehr mühsam auf Mäusejagd gehen mussten. Ich glaube aber, das Fleisch ist bei einer Abdeckerei gelandet, und mein Vater musste noch Gebühren zahlen, um es loszuwerden.

Die Tiefkühltruhe wurde entsorgt und durch eine neue ersetzt.

AUF DEM SOZIUSSITZ

Der erste Stock unseres Hauses war seit Kriegsende von einer Familie bewohnt worden, die sich lange geweigert hatte auszuziehen. Nun war es so weit. Der erste Stock stand unserer Familie wieder zur Verfügung, was zu großen Veränderungen führte. Das Zimmer, das Bernd und mir als Schlaf- und Arbeitszimmer gedient hatte, wurde nun zum Büro, und wir bekamen ein Zimmer gleichen Zuschnitts in der Etage darüber. Das elterliche Schlafzimmer im Parterre wurde zu einem Wohnzimmer mit einer sogenannten Sitzlandschaft umgestaltet, die so angeordnet war, dass alle gute Sicht auf unsere neue Fernsehtruhe hatten.

Anfangs war es noch nicht allgemein üblich, ein solches Gerät zu besitzen, zum Fernsehen ging man in die Gastwirtschaft. Der Apparat thronte hoch über den Köpfen der Gäste auf einem Regal, das solide in der Wand verankert war. Die Fernseher der Anfangszeit hatten ein immenses Gewicht. Stand eine Fußballübertragung an, wurde sie schon tagelang vorher auf einem handgeschriebenen Plakat an der Tür der Gaststätte angekündigt.

Nach einigen Jahren wurde es dann chic, eine eigene Fernsehtruhe im Wohnzimmer stehen zu haben. Man lud

Gäste ein, die noch nicht in der Lage waren, sich mit einem solchen Möbelungetüm den Platz im Wohnzimmer teilen zu dürfen. Meistens luden meine Eltern Onkel Bruno und Tante Erna ein. Die beiden waren inzwischen ein Ehepaar, somit hatten zwei Brüder zwei Schwestern geheiratet und waren gleichzeitig verschwistert und verschwägert.

Wenn alle Platz genommen hatten und die Weißweingläser gefüllt waren, drehte mein Vater den kleinen Messingschlüssel, öffnete feierlich die beiden dunkelbraunen, hochglänzend lackierten Holztüren, die den Blick aufs Heiligtum tagsüber versperrten, und drückte den Einschaltknopf. Man wartete fast eine Minute, bis der Bildschirm hell wurde und saß dann staunend und vor allem schweigend auf den braunen, gemusterten Polstern der Sitzlandschaft. Zwischenbemerkungen wurden meist mit einem mahnenden »Pssst!« unterbunden. Die einzigen Kommentare, die opportun waren, hatten sich darauf zu beziehen, was das Fernsehen doch für ein Wunder sei.

»Es ist schon ein kleines Wunder, dass wir Bilder von Menschen sehen, die Hunderte von Kilometern weit weg sind«, sagte etwa Onkel Bruno, der als Gast wusste, was man von ihm erwartete.

Mein Vater übertrumpfte diese Feststellung durch ein »Ja, vielleicht sogar Tausende!«

Damit war der Höhepunkt der Unterhaltung schon überschritten, und man wandte sich wieder schweigend dem Fernsehmöbel zu.

Es gab nur ein Programm, man konnte nicht umschalten, wenn wieder mal ein »Bunter Abend« lief. Mich langweilte das neue Medium und dessen spärliches Programm, ich ging lieber ins Union-Kino, ins LuLi oder ins Weltbio. Ich erinnere mich an meinen ersten Film, den ich im Kino sah. Er hatte einen starken, lang anhaltenden Eindruck auf mich gemacht. Sein Titel: *Mein großer Freund Shane*.

Ich schaute ihn zweimal innerhalb einer Woche an, so sehr begeisterte er mich.

Wenn ich mir heute seine Bilder ins Gedächtnis rufe, stelle ich etwas irritiert fest, dass Alan Ladd, der edelmütige Held des Films, eigentlich genau so aussah, wie man in der Hitlerzeit den »arischen« Menschen dargestellt hatte, großgewachsen, blond und mit strahlend blauen Augen, während Jack Palance, der gemeine, hinterlistige Schurke, mit seinen schwarzen Haaren und den hohen, mongolisch wirkenden breiten Wangenknochen an die Figuren auf Plakaten der Nazizeit erinnerte, die unsere Furcht vor den östlichen »Untermenschen« schüren sollten.

* * *

Meine Freundschaft mit Franz hatte sich durch die gemeinsam ausgestandenen Erlebnisse und Strapazen vertieft. Wir hatten keine Geheimnisse voreinander und ließen einander an unseren spätpubertären Wirrungen teilhaben. Franz war unglücklich in eine zierliche Schülerin der Olympia-Morata-Schule verliebt. Sigrid war ihr Name, er nannte sie Laura. Sie bewies ihm oft genug, dass er sich bei ihr keine Chancen ausrechnen durfte, hielt das Ganze aber in der Schwebe und zeigte sich entgegenkommend, wenn die Gefahr bestand, dass er sich ganz von ihr abwandte. Sie nahm die ihr gewidmeten Gedichte gnädig entgegen und zeigte sie in der Klasse herum. Franz entsprach nicht dem Schönheitsideal der damaligen jungen Mädchen. Er war fünf Zentimeter kleiner als ich, untersetzt, hatte einen quadratisch wirkenden Schädel und grob wirkende Gesichtszüge, denen man Franzens hohe Sensibilität nicht ansah.

Ich war der Bote, der kleine Briefchen überbrachte. Meist nahmen sie den Weg von Franz zu seiner Laura, selten von ihr zu Franz. Seine Botschaften waren meistens Gedichte. Es waren für ihn keine Gelegenheitsgedichte, er war als Dichter so selbstbewusst, dass er sie auf der Schreibmaschine seines Vaters abtippte, dabei ein Kopierpapier einlegte, das Original lochte und in einem Aktenordner mit der Aufschrift »Poesie« abheftete. Mir überließ er den Durchschlag zur Probe und auch ein bisschen zum Bewundern. Wenn er sie herumzeigte, fand ich den Gegensatz zwischen dem poetischen Inhalt und der äußeren Form der Papiere grotesk. Mit den beiden gestanzten Löchern an der linken Seite sahen sie wie die Kostenvoranschläge meines Vaters aus.

Schließlich erkannte er, dass er bei Sigrid nie eine Chance haben würde, und überreichte mir sein Abschiedsgedicht. Ich erinnere mich daran:

Milchweiß war die Nacht
und ein Lichtschwert spaltete
den Nebel
Als ich dich sah

am Arm des Anderen.
Leb wohl, Laura

Seine Gedichte wurden jetzt düsterer. Eines, das ich in
mein Tagebuch abgeschrieben hatte (eine Kopie bekam
ich diesmal nicht), ging so:

Heißer Nachmittag.
Alles Lebendige
hat sich hinter Tapeten
verborgen.
Die Blume im Topf
stirbt im Zusehen.
Gleichgültig umgibt das Zimmer
ihre Agonie:
Länge mal Breite mal Höhe.

Ich sagte ihm, mir seien die neuen Gedichte zu freudlos
und pessimistisch, und schlug ihm vor, ich würde sein
Gedicht fortsetzen und ins Positive wenden. Ich schrieb:

Drüben
tritt Botticellis Venus
auf den Balkon und
ein Mann leiht dem dunklen Mund
des Hauses
seine Stimme.
Rufe von Kindern
wirbeln hoch
wie verbranntes Papier und

für die Dauer
einer Sekunde
hält die Zeit
meine Hand in der ihren.

Wie er tippte ich mein Gedicht auf der Schreibmaschine ab und überreichte ihm eine Kopie. Allerdings ohne sie vorher zu lochen. Er nahm dies wortlos zur Kenntnis und äußerte sich auch nicht dazu. Ich hatte den Eindruck, dass ich damit eine Grenzüberschreitung begangen hatte. Ich war der Maler, er der Dichter!

Natürlich hatte ich ihm von Nele und dem Kuss vor der Hoftüre erzählt. Einmal, als Franz und ich an einem warmen Abend vor der Eisdiele Vogler bei einem Milchshake saßen, und ich ihm gestand, dass ich Sehnsucht nach Nele hatte, sie aber jetzt in den Ferien nicht sehen konnte, stand er mit einem »Das werden wir gleich ändern!« vom Tisch auf und verschwand. Im Hinausgehen zeigte er mir durch eine Geste, dass ich sitzen bleiben und warten solle.

Es dauerte eine Viertelstunde, dann kam er wieder. Auf dem Motorrad seines Vaters. Er musste es heimlich genommen haben, sein Vater wusste ja, dass Franz keinen Führerschein besaß.

Ich stieg auf den Soziussitz und wir fuhren nach Stöckach, dem Sitz des Theaters. Es war schon fast Mitternacht, als wir dort ankamen. Franz parkte das Motorrad an der Bushaltestelle, setzte sich ins Wartehäuschen und schickte mich los zum Schloss.

Mir war etwas bang, als ich auf das Haus zuging. Hinter keinem der Fenster brannte Licht, offenbar schliefen schon alle. Die Haustüre war nicht verschlossen. Im Dunkeln tastete ich mich im breiten, barocken Treppenhaus nach oben. Neles Zimmer lag im zweiten Stock, gleich rechts neben der Treppe. Hoffentlich muss nicht ein Schauspieler auf die Toilette, macht Licht im Flur, trifft auf den nächtlichen Einbrecher und alarmiert das ganze Haus, dachte ich mir.

Mit Herzklopfen stand ich eine Weile vor Neles Zimmertüre. Wie würde sie reagieren, wenn ich unangemeldet mitten in der Nacht in ihr Zimmer eintreten und sie aus dem Schlaf wecken würde? Schließlich öffnete ich die Tür, trat mit einem »Nele? Ich bin's! Entschuldige, dass ich dich wecke!« ins Zimmer, knipste das Licht an – und erstarrte: Im Bett lag nicht Nele, sondern eine unbekannte Frau. Sie war sofort hellwach und forderte mich mit einem »Ein junger Mann besucht mich? Was für eine schöne Überraschung!« auf, am Bettrand Platz zu nehmen, und legte mir gleich die Hand aufs Knie. Sie war schätzungsweise fünfzig Jahre alt, hatte verwuschelte, rot gefärbte Haare und wohl vergessen, sich vor dem Schlafengehen abzuschminken. Ihre Augenlider waren blau bemalt.

»Eigentlich habe ich Nele hier erwartet«, stammelte ich.

»Ach so«, sagte sie mit einem Bedauern. »Die schläft heute unten bei ihrer Mutter und hat mir ihr Bett überlassen.« Sie lächelte. »Ich werde sie holen. Wen darf ich ihr ankündigen?«

»Paul«, sagte ich.

Kurz darauf kann Nele barfuß und im weißen, durchscheinenden Nachthemd ins Zimmer, und wir umarmten uns. »Man verdirbt zärtliche Gefühle, wenn man sie bis ins einzelne erzählt«, schreibt Stendhal.

Als ich zu Franz kam, lag er schlafend auf der Bank im Wartehäuschen. Ich weckte ihn, schwang mich dann hinter ihm aufs Motorrad, und wir fuhren durch die Nacht zurück nach Schweinfurt.

* * *

Früher war mein Vater am späten Freitagnachmittag zu allen seinen Baustellen gefahren, die Aktentasche voll mit Briefkuverts, auf denen der Name des jeweiligen Empfängers in Druckschrift zu lesen war, und hatte den Arbeitern den Wochenlohn persönlich vorbeigebracht. Nachdem er unser Kinderzimmer zum Büro umgestaltet hatte, mit einem imposanten Eichenschreibtisch und einem lederbezogenen, hohen Stuhl, wurde das Procedere geändert. Er fuhr nicht zu seinen Arbeitern, nun hatten sie nach Dienstschluss zu ihm zu kommen, um im Büro die vorbereiten Lohntüten abzuholen. Sehr zum Kummer meiner Mutter, weil am Freitagnachmittag ständig die Wohnungsklingel schrillte. Zwar kamen die Arbeiter alle nach Dienstschluss, da aber einige in der Nähe arbeiteten, andere am entgegengesetzten Ende der Stadt, hatten sie unterschiedliche Wege. Die meisten kamen auf dem Fahrrad, diejenigen, die morgens mit dem Arbeiterbus aus den umliegenden Dörfern in die Stadt fuhren, kamen zu Fuß.

Wenn alle Arbeiter ihre Lohntüte erhalten und ein schönes Wochenende gewünscht hatten, musste meine Mutter erst mal den Flur und das Büro mit dem Staubsauger vom weißen Staub befreien, den sie an ihren Arbeitsstiefeln ins Haus gebracht hatten.

Die Arbeiter schätzten meinen Vater, weil er zuverlässig war, auch alle irgendwie weiterbeschäftigte und keinen entließ, als später die Baukrise es eigentlich erfordert hätte. Sie sprachen ihn nicht mit »Herr Maar« an, sondern nannten ihn Meister, fränkisch »Mässter«. Aber sie zitterten auch vor ihm. Wenn er einen von ihnen zusammengeputzt hatte, erzählte er später beim Mittagessen, dass er dem Fischer Josef heute Morgen mal »ordentlich die Manschetten gerollt« habe.

Als die Zahl seiner Arbeiter die dreißig überschritten hatte, schaffte er es nicht mehr, die Büroarbeit allein zu bewältigen, und stellte Herrn Wenner ein.

Herr Wenner saß nun an einem zweiten, viel kleineren Schreibtisch und hatte unter anderem die Aufgabe, die Rechnungen und Kostenvoranschläge nachzurechnen, die mein Vater bereits ausgefüllt hatte. Der Taschenrechner war noch lange nicht erfunden, mein Vater bediente sich einer altertümlichen, massiven Rechenmaschine, bei der die gewünschten Zahlen eingestellt wurden, indem man an vier senkrecht angebrachten Zahnrädchen drehte. Bei einem Quadratmeterpreis von 7,85 Mark hatte das linke Rädchen auf null, das zweite auf sieben, das nächste auf acht und das ganz rechte auf fünf zu stehen. Wollte er nun den gesamten Quadratmeterpreis eines Zimmers etwa mit sechzehn Quadratmetern berechnen, musste er eine seitlich angebrachte Kurbel sechzehnmal drehen, dann zeigte eine kleine Öffnung unten in der Maschine das Ergebnis an. Da er sich aber selten sicher war, ob er tatsächlich sechzehnmal gedreht hatte oder eine Umdrehung zu viel oder zu wenig getätigt hatte, besonders wenn er dabei abgelenkt wurde, war es nun Herrn Wenners Aufgabe, die Resultate noch einmal auf dem Papier nachzurechnen und zu prüfen.

Herr Wenner war ein liebenswürdiger kleiner Mann mit schütterem Haar. Mein Vater behandelte ihn oft schroff, und ich hatte manchmal den Eindruck, dass er ihn nur deshalb angestellt hatte, weil er jemanden brauchte, an dem er seine schlechte Laune auslassen konnte. Herr Wenner war schüchtern, still, fast kontaktgestört, er sprach von sich aus nie einen Erwachsenen an, und wartete, bis man das Wort an ihn richtete. Vor Kindern legte er seine Scheu ab. Er war es, der mich beiseitenahm und – nachdem er sich versichert hatte, dass mein Vater nicht lauschte –, eindringlich auf mich einredete: »Paul, ich habe deine neuen Bilder gesehen. Du musst unbedingt auf eine Kunstakademie gehen. Das Geschäft soll dein Bruder übernehmen. Glaub mir!« Ich hielt mich an seinen Rat und wurde Kunststudent.

Eine Aura von unausgesprochener Traurigkeit und Melancholie umgab ihn. Geduldig und ohne Widerspruch ließ er die Vorwürfe meines Vaters auf sich niederregnen. Vermisste mein Vater etwa eine Rechnung, beschuldigte er sofort Herrn Wenner, das Papier »verschlampt« zu haben. Als er die Rechnung dann auf dem eigenen Schreibtisch unter anderen Papieren entdeckte, hielt er es nicht für nötig, dies Herrn Wenner mitzuteilen, oder sich gar für den ungerechten Vorwurf zu entschuldigen.

Wenn ich Herrn Wenner beobachtete, schien es mir

manchmal, als habe ihn mir ein warnendes Schicksal vor Augen gestellt, um mir vorzuführen, wie ich als Erwachsener einmal sein würde, wenn ich nicht meine Schüchternheit und die Abhängigkeit von meinem Vater ablegen würde.

Ich hätte Herrn Wenner gerne zu mehr Lebensfreude und Selbstsicherheit verholfen, doch das schafft man nicht als Jugendlicher. Aber als erwachsener Autor konnte ich ihm eine Figur zur Seite stellen, die all das verkörpert und im Übermaß besitzt, was ihm abgeht: Lebensfreude, Witz, Mut, Selbstsicherheit und eine große Portion Frechheit.

Die Figur Sams tauchte zum ersten Mal in meinem Theatermärchen »Der König in der Kiste« auf. Da gibt es einen liebenswerten Königssohn, der sich auf Reisen begibt. Als er zurückkehrt, ist die Schlossfassade schwarz gestrichen und Soldaten patrouillieren vor dem Schloss. Eine Hexe hat die Gestalt des Königssohns angenommen und regiert das Land mit Terror und Gewalt. Als der Prinz das Schloss betreten will, wird er von der Wache abgewiesen. Hilfe findet er bei wandernden Puppenspielern, die ihn, verborgen in deren Karren, ins Schloss schmuggeln sollen. Damit dies gelingt, muss einem Vertrauten des »bösen Königs« ein Figurenspiel vorgeführt werden, das ihn so begeistert, dass er das Ensemble ins Schloss einlädt. Hier kam das Ursams ins Spiel. Es war eine gefräßige Klappmaulfigur, die immer am Samstag auftauchte, und alles auffraß, was ihr begegnete, seien es Menschen, Schafe oder Kühe.

Eberhard Möbius, der Regisseur der Uraufführung im Malersaal des Hamburger Schauspielhauses, überzeugte mich, dass dieses Sams in der Geschichte nichts zu suchen habe, und dass die Puppenspieler besser ein Stück aufführen sollten, das die Eitelkeit des Zuschauenden bedienen würde. Ich sah das ein, verfasste eine neue Puppenspiel-Sequenz, und das Sams landete in einer Schreibtischschublade.

»*Der König in der Kiste*« stellt hohe Ansprüche an die Schauspielkunst des Hauptdarstellers, weil er sowohl den guten wie den bösen Königssohn darstellen und den Zuschauern nur durch Körperhaltung, Mimik und Agieren vermitteln kann, ob er jetzt der eine oder der andere war.

Das Sams schlummerte fünf Jahre in der Schublade, bis ich meinem Herrn Taschenbier die erwähnte Komplimentärfigur zuschreiben wollte, und einen Namen für sie suchte. Ich erweiterte das Spiel mit den Namen der Wochentage: Wenn am Sonntag die Sonne scheint, Herr Taschenbier am Montag Besuch von seinem Schulfreund Mon bekommt, er am Dienstag zum Dienst geht, und nach dem Mittwoch in der Wochenmitte am Donnerstag ein gewaltiges Gewitter mit Donner erlebt, dann muss ihm nur sein Chef am Freitag frei geben, und dem Erscheinen des Sams' am Samstag steht nichts mehr im Wege.

* * *

Gleich nach dem Abitur wurde ich zur Bundeswehr eingezogen. Franz war freigestellt worden, weil er der einzige erwachsene Sohn seiner verwitweten Mutter war und für sie zu sorgen hatte.

Die Wehrpflicht war per Gesetz eingeführt worden,

die ersten Wehrpflichtigen der neuen Bundeswehr waren im Jahr zuvor zum Dienst verpflichtet worden. Wir waren damals naiv, uninformiert und überzeugt, dass die Wehrpflicht genauso unumstößlich zu befolgen sei wie die Schulpflicht. Dass man den Kriegsdienst verweigern könne und Ersatzdienst leisten, war keinem aus unserer Klasse bewusst. Erst als nach anderthalb Jahren meine Dienstzeit beendet war, stellte ich den Antrag, als Kriegsdienstverweigerer anerkannt zu werden. Dabei half mir, dass ich den Antrag nicht stellte, um mich vor dem Wehrdienst zu drücken. Den hatte ich ja schon abgeleistet.

Die Zeit bei der Bundeswehr ist mir als öde und zeitfressend in Erinnerung geblieben.

Nahezu alle aktiven Offiziere hatten im Zweiten Weltkrieg in der Wehrmacht gedient. Konrad Adenauer, der damalige Bundeskanzler, wies die durchaus berechtigte Kritik an diesem Zustand mit der Bemerkung zurück, er könne keine achtzehnjährigen Generäle aus dem Hut zaubern.

Die Vorgesetzten sprachen nicht von den Russen, gegen die wir unser Land verteidigen sollten, sondern von »dem Russen« oder »dem Iwan«.

»Bei dieser schlechten Deckung hätte dich der Russe längst kaltgemacht!« oder »Wenn der Russe kommt, sieht's bitter aus!«

Man legte mir als Abiturienten nahe, die Offizierslaufbahn einzuschlagen. Ich verzichtete darauf und wurde am Ende als einfacher Gefreiter entlassen.

In der Bundeswehrzeit ging auch mein Glaube an die Kirche als Institution endgültig zuschanden. Er war schon vorher brüchig gewesen und nur eine Mischung aus Erziehung und Gewohnheit hatte ihn am Leben gehalten. Der Auslöser war das *Katholische Feldgesangbuch*, autorisiert vom katholischen Feldbischof der Wehrmacht, das mir in der Bibliothek der Kaserne in die Hände geriet. Man hatte vergessen, es nach 1945 zu entsorgen. Ich kann wörtlich daraus zitieren. Das Entwenden von Gegenständen hatte ich ja bei Hecht und Pit gelernt. Durch meinen Diebstahl war auch die Gefahr gebannt, dass es meinen Nachlesern vergiftete Überzeugungen einfiltrieren könnte oder sie sich in ihrer Denkungsweise bestätigt sahen.

Da gibt es zum Beispiel das Gebet für Führer, Volk und Wehrmacht: »In deiner Hand, o Gott, liegt die Herrschaft über alle Reiche und Völker der Erde. Laß uns ein heldenhaftes Geschlecht sein und unserer Ahnen würdig werden. Segne die deutsche Wehrmacht (…) und gib ihren Angehörigen die Kraft zum höchsten Opfer für Führer, Volk und Vaterland. Segne besonders unseren Führer und obersten Befehlshaber.«

An anderer Stelle: »Die Wurzeln ihrer Kraft (der Wehrmacht) liegen in einer ruhmreichen Vergangenheit, im deutschen Volkstum, deutscher Erde und deutscher Arbeit. Gehorsam ist die Grundlage der Wehrmacht. Feigheit ist schimpflich. Zaudern unsoldatisch.«

Ich konnte mir nicht vorstellen, was der katholische Bischof nach einem verlorenen Ersten Weltkrieg unter einer ruhmreichen Vergangenheit verstand, außerdem fühlte ich mich an die Einschätzung meines Vaters erinnert, der mich als Zauderer sah, wenn nicht sogar als Feigling.

Nach einem Jahr bei der Bundeswehr steigerte sich

meine tägliche Niedergeschlagenheit und Unlust durch ein schreckliches Ereignis fast zu einer Depression: Franz war tot!

Ich erfuhr es durch einen Brief meiner Mutter, als Franz schon eine Woche unter der Erde lag. Auch sie hatte es nicht gleich erfahren.

Er hatte an einem Radrennen um den Doktor-Schleyer-Gedächtnispreis teilgenommen, hatte gewonnen und war unmittelbar nach seinem Sieg ohnmächtig vom Rad gestürzt und ins Krankenhaus eingeliefert worden. Dort war er an einer Gehirnblutung gestorben.

Lange habe ich um ihn getrauert. Trotzdem habe ich sein Grab nie aufgesucht. Ein abwegiger Gedanke ließ es nicht zu.

Tief im Innersten fühlte ich die Hoffnung, er wäre gar nicht tot, sondern nur verreist und würde eines Tages gealtert und braungebrannt von einer langen Reise zurückkehren.

Der Anblick der Grabstätte hätte diese Illusion unwiederbringlich zerstört.

Im Rückblick kommt es mir so vor, als habe Franzens Tod bei mir eine Weiche umgestellt. Es wäre schändlich, würde ich behaupten, ich hätte davon profitiert. Aber die festgelegten Tätigkeitsfelder Maler-Dichter lösten sich auf. Ich empfand sogar eine Verpflichtung, seinen Weg fortzusetzen. Nun wilderte ich nicht im verbotenen Wald, wenn ich zu schreiben begann. Franzens Revier stand ja verwaist. Ich las viel, hatte auch in der Bundeswehrzeit in jeder freien Minute zum Buch gegriffen, um die tägliche

Langeweile zu überbrücken. Der Säulenheilige unter meinen Lieblingsautoren wurde Jorge Luis Borges.

Leider ist das Tagebuch meiner studentischen Jahre auf ungeklärte Weise verschwunden. Gerne hätte ich Passagen daraus zitiert. Ich erinnere mich vage an eine Eloge auf Borges. Ich schrieb, dass Freimaurer sich angeblich an einer bestimmten Fingerstellung beim Händeschütteln erkennen. Wenn ich Borges läse, sei es so, als ob er mir die Hand reichte, und wir an der Stellung unserer Finger sofort spürten, dass es zwischen uns eine geheime Verbindung gab.

So ist es nicht verwunderlich, dass ich in meinem ersten veröffentlichten Text den südamerikanischen Dichter schon in der Einleitung zitierte. Es war eine Funkerzählung für den Süddeutschen Rundfunk.

Sie beginnt so:

Im letzten Teil des kleinen Buches Historia Universal de la Infamia, *das seinen großen Titel mit Würde vor sich herträgt, stellte Jorge Luis Borges seinen Lesern Geschichten vor, er nennt sie »Beispiele von Magie«, die er nicht selbst geschrieben hatte. Er stellt das Lesen über das Schreiben, da es eine Tätigkeit sei, die dem Schreiben den Vortritt lasse, also höflicher, entsagender, intellektueller sei.*

Diese Aussage ermutigt mich, Ihnen eine Geschichte mit dem Titel »Turmkonstruktionen« vorzustellen, die in Wirklichkeit aus zwei Geschichten besteht, die ich durch die Lektüre eines wissenschaftlichen Berichts und einer historischen Reisebeschreibung kennengelernt habe.

Es folgen nun zwei angeblich authentische Geschichten. Die erste ist eine wissenschaftliche Abhandlung, verfasst von einem Privatdozenten an der Humboldt-Universität, die damals noch zur DDR gehörte. Professor Signo ist Sinologe und hat in alten chinesischen Aufzeichnungen den Aufriss eines merkwürdigen, scheinbar sinnlosen Doppelturmes entdeckt, dessen Hälften spiegelbildlich untereinander angeordnet sind wie die Figuren auf Spielkarten. Er entwickelt eine Theorie, was der Sinn und die Aufgabe des seltsamen Turms gewesen sein könne. Die von mir verfasste Abhandlung war so glaubwürdig, dass der zuständige Redakteur des SDR bei mir anrief und nachfragte, ob er sich von der Humboldt-Universität wohl die Erlaubnis zur Veröffentlichung besorgen müsse. Die zweite Geschichte habe ich einem spätmittelalterlichen Weltreisenden zugeschrieben, der von Lissabon aufbrach, nach Goa fuhr, um schnell reich zu werden, und nach siebzig Jahren zurückkehrte, arm wie zuvor.

Im Armenhaus hängt der alte Mann seinen Erinnerungen nach an die glänzenden Stierkämpfe à la Portuguesa unter dem weißen Himmel von Liampoo und schwärmt von der Schönheit einer japanischen Fürstentochter, die bei einem Bankett Spottverse auf die Europäer gesungen hatte, weil sie keine Tischsitten kannten und mit den Fingern aßen.

Der Höhepunkt seines Berichts ist die Schilderung eines göttlichen Wunders, bei dem ein Turm die entscheidende Rolle spielt.

Und die Hörer, die erst die Geschichte Professor Signos gehört haben und die Konstruktionsweise des Turmes kennen, wissen nun, dass es sich dabei keineswegs um ein Wunder gehandelt hat.

Die Funkerzählung wurde wohlwollend rezensiert. Das ermutigte mich, gleich anschließend mein erstes Buch zu schreiben, ein Kinderbuch mit dem Titel *Der tätowierte Hund*. Es wurde im Verlag Friedrich Oetinger veröffentlicht. Damit hatte ich endgültig die Nachfolge von Franz angetreten. Ich war Autor geworden.

WENN ALLE TAGE EIN BRIEF KÄME

Kurz nachdem ich das Manuskript dieses Buches abgeschlossen hatte, überreichte mir meine Schwester Barbara einen schmalen, an den Ecken abgestoßenen Karton. Er enthielt Briefe aus dem Nachlass unserer verstorbenen Mutter. Darunter war auch ein dicker Umschlag mit der Aufschrift »Briefe von Edmund aus dem Krieg«. Ich las sie alle.

Manche sind akkurat mit Tinte und Feder geschrieben, alle Zeilen waagrecht im gleichen Abstand, andere – besonders die aus dem letzten Kriegsjahr – mit Bleistift hastig mit fliegender Schrift schräg übers Blatt notiert »in der Hoffnung, dass das Schnellboot vielleicht noch durchkommt«.

Die Briefe meines Vaters zwangen mich, meine Sicht auf ihn zu verändern und mein hartes Urteil zu revidieren. Sie lösten einen Gefühlswirrwarr in mir aus, Verunsicherung, und die quälende Frage: Wie konnte aus dem liebenden Ehemann und dem zärtlichen Vater dieser Briefe der Schreckensmann werden, vor dem ich mich in mein Zimmer verkroch, sobald ich nur hörte, dass er die Haustüre aufschloss?

In allen Briefen erkundigt er sich nach seinem Paul, hofft, dass es ihm gut geht, versichert, dass er seinen Sohn liebt und sich auf ein Wiedersehen mit ihm freut, was ihm hoffentlich noch vergönnt sein wird. Bei manchen dieser Briefe kann man sich des Eindrucks nicht erwehren, dass ihm mein Wohlergehen mehr am Herzen liegt als das seiner Ehefrau.

Das klingt auch an in einem seiner Briefe, den ich hier transkribiert habe. (Seine Orthographie und die Unterstreichung sind beibehalten):

Sonntag, den 10. Mai 1942

Meine liebe Frau!

Gestern erhielt ich Deinen <u>lieben</u> Brief und 2 Päckchen. Meinen besten Dank dafür. Von der Ortsgruppe Obertor erhielt ich ein Päckchen mit 3 Schachteln Zuban-Zigaretten. Schöner ist es ja, wenn alle Tage ein Brief käme.

Nun zu Deinem Brief. Viel kann ich Dir ja darüber nicht schreiben, denn ich kenne Dich ja und weiß, dass Du mir eine liebe treue Frau bist, und unser gemeinsamer Wunsch wird bestimmt nach dem Kriege in Erfüllung gehen, vorausgesetzt, daß ich wieder glücklich heimkomme.
Sollte mir aber doch etwas zustoßen, was wir ja nicht hoffen, so weiß ich, daß Du mich nie vergessen kannst. Auch wirst du Deine Liebe zu Paul in der gleichen Weise im Herzen tragen. Du wirst Paul die liebe Mutter weiter bleiben.
Wir haben uns ja noch nie so richtig darüber ausgesprochen. Ich kann aber nicht von Dir verlangen, daß Du in solch einem Falle Dein ganzes Leben allein bleiben sollst. Mit den Jahren würde auch diese Wunde heilen und Du könntest Dich nach einem Mann umsehen. Man weiß ja nicht, wie die Zeiten werden, oder

welche Umstände dazu beitragen können. Schau, mein liebes Hannchen, ich hatte Betty auch so lieb und lernte Dich kennen und lieben und daß ich Dich sehr liebe, weißt du ja zur Genüge. Für Dich als Frau würde es ja schwerer sein wie bei einem Mann. Aber ich habe nur eine Angst, dass Paul dann einen Vater bekommen würde, der nicht gut zu ihm wäre! Das würde für mich der größte Schmerz sein. Ich sprach schon einmal mit Bruno darüber, aber nur so oberflächlich. Mein Wunsch würde der sein, dass Du Deine Zuflucht bei meinem lieben Bruder Bruno nehmen würdest. Du weißt ja, Bruno ist ein guter Mensch, und Du und Paul würdet eurer Sorgen enthoben sein.

Ich will aber damit nicht sagen, dass Bruno einen Lückenbüßer machen soll, aber wie ich Bruno kenne, achtet er Dich sehr und würde es bestimmt sich nicht nehmen lassen, mir diesen Wunsch zu erfüllen, um euch wieder glücklich zu machen. Du würdest ihm eine gute und liebe Frau werden.

Nun wirst du Dir Gedanken machen und fragen. Warum schreibt Edmund dies alles? Es kam mir heute so in den Sinn und ich musste Dir einmal darüber schreiben. Mach dir aber deswegen keine unnötigen Gedanken, ich schrieb nur dieses, weil ich Dich und Paul so lieb habe. Sollte mal der Fall eintreten, so lasse diesen Brief Bruno lesen. Nun, mein liebes Hannchen, ich werde dich mit diesen Zeilen traurig gemacht haben. Aber es musste einmal sein. So sei denn für heute gegrüßt, und einen lieben Kuß von Deinem Edmund.

Dieser Brief macht mich fassungslos und erinnert an Traditionen aus dem Alten Testament, wo der Bruder eines verstorbenen Helden dessen Ehefrau als Kebsweib annehmen und für ihren Unterhalt sorgen musste.

Mein Vater wollte – wohl ohne eine Spur von Eifersucht zu empfinden – seine Ehefrau an den Bruder weitergeben, um es mir, seinem Sohn, zu ersparen, dass ich vielleicht einen Vater bekäme, der nicht gut zu mir sein würde.

Dabei bekam ich doch dann in ihm einen Vater, der wirklich nicht immer gut zu mir war! Wie kann ich das alles verstehen?

Langsam entsteht in mir ein Szenario, eine Vision, fast ein Verdacht: Einzig der Gedanke an ein Wiedersehen mit dem geliebten Sohn hat ihm geholfen, die Schrecken des Kriegs durchzustehen, die Mühen der Gefangenschaft, die Arbeit im englischen Kohlebergwerk, das lange, vergebliche Warten auf die Rückkehr.

Dann darf er endlich nach Hause und trifft dort einen Sohn an, der sich verändert hat, nicht mehr der niedliche Lockenkopf aus seiner Erinnerung ist, ein Muttersohn, der den Vater vehement ablehnt und ihm immer wieder zu verstehen gibt, dass er nicht willkommen ist. Und die übergroße Liebe des Vaters schlägt um in Enttäuschung und Feindschaft.

Und dies beantwortet meine Frage vom Anfang. Die Frage, wie der liebende Vater zum Schreckensmann werden konnte. Die Antwort ist bitter: Auch ich habe dazu beigetragen.

INHALT